财政部规划教材
全国财政职业教育教学指导委员会推荐教材
全国高职高专院校财经类教材

多专业综合实训教程
（第二版）

叶剑明　主编

中国财经出版传媒集团
中国财政经济出版社

图书在版编目（CIP）数据

多专业综合实训教程/叶剑明主编．—2版．—北京：中国财政经济出版社，2018.8

财政部规划教材　全国财政职业教育教学指导委员会推荐教材　全国高职高专院校财经类教材

ISBN 978－7－5095－8345－6

Ⅰ.①多…　Ⅱ.①叶…　Ⅲ.①经济管理－高等职业教育－教材　Ⅳ.①F2

中国版本图书馆CIP数据核字（2018）第138485号

责任编辑：郭爱春　　　　责任校对：李　丽

封面设计：孙俪铭

中国财政经济出版社出版

URL：http：//www.cfeph.cn

E－mail：cfeph＠cfeph.cn

社址：北京市海淀区阜成路甲28号　邮政编码：100142

营销中心电话：010－88191537　北京财经书店电话：64033436　84041336

三河市宏图印务有限公司印刷　各地新华书店经销

787×1092毫米　16开　18.25印张　440 000字

2018年8月第2版　2020年7月河北第3次印刷

定价：42.00元

ISBN 978－7－5095－8345－6

（图书出现印装问题，本社负责调换）

本社质量投诉电话：010－88190744

打击盗版举报热线：010－88191661　QQ：2242791300

第二版编写说明

本书是财政部规划教材、全国财政职业教育教学指导委员会推荐教材，由财政部教材编审委员会组织编写并审定，作为全国高职高专院校财经类教材使用。

多专业综合实训是四川财经职业学院2010年9月面向全院所有专业开设的一门综合实训必修课程，匆匆忙忙已经走过了8年。8年来，我们磕磕绊绊，走得很辛苦，但看到学生们对该课程忘情的投入、发自内心的喜爱、总结会上泪流满面的感谢和感恩，我们经常被感动着、幸福着、满足着，作为老师，还有什么比看到学生学到知识而更开心的事呢？

8年来，每一次开课，我们老师都会对课程作一些调整和优化，有些是实训内容，有些是教学组织，有些是管理模式，有些是课程评价，每一次课程的结束，都总觉得还不完美，还需要进一步调整和优化。有时我们在想，多专业综合实训像一个大海，它可以容下我们企业经营管理的所有内容，而我们带给学生的，仅仅是我们能看到、能触摸到的很少一部分，而要使这门课程真正完善，做到尽善尽美，需要我们更多人不懈的努力，长期的坚持，也许是20年，也许是30年，也许是更久。

8年来，多专业综合实训课程取得了一些成绩和进步，凝聚了太多人的心血、智慧和汗水，凝聚了无数人的关爱和期望。感谢在课程进行中给我们提出了很多很好改进意见和建议的山西财政税务专科学校的赵丽生校长、江苏财经职业学院的程淮中院长、天津工业大学孙永利老师、贵州轻工职业技术学院经管系李德建主任、遵义职业学院喻竹老师、辽宁经济管理职业学院孙义老师，等等。特别要感谢的是我们的团队老师，虽然遇到了很多的困难，但我们从来没有放弃过。

8年来，我们一直在探索，一直在总结，一直在改进。为了使课程更加贴近现实、贴近应用，更加适应新时代企业经营管理的需要，也为了给自己一个交代，我们在2011年出版的《多专业综合实训教程》的基础上，对教材的部分内容进行了修订和完善。

本书第1章、第2章、第4章4.1由叶剑明、王元波编写，第3章、第4章4.3、第7章由马红莉编写，第4章4.2由王玉编写，第4章4.4.1至4.4.4由马彩云编写、第4章4.4.5至4.4.7由刘静编写，第4章4.5由杨瑞芳编写，第5章由胡秀梅编写，第6章由陈曦编写，第8章由刘旭东编写，全书由叶剑明总纂、定稿。

本书在本次和前期编写过程中，得到了学院黄友书记、黄吉秀院长、易思飞副院长的指导和支持，得到了会计一系、会计二系、工商管理系、财税金融系、会计信息管理系领导和老师的关心和帮助，刘瑶、黄睿、党爱、江春燕、曾文伊、呼桂霞等老师等参与了教材前期的编写，提出了许多宝贵的意见和建议。本书还得到了北京方宇博业科技有限公司、新道科技股份有限公司的大力帮助和支持，在此一并表示感谢。

多专业综合实训要走的路还很长，我们真切希望能得到你的关注和呵护，希望得到你的指导和点拨，恳请不吝指正。

编　者

2016 年 5 月 28 日于成都

第一版编写说明

本书是财政部规划教材、全国财政职业教育教学指导委员会推荐教材，由财政部教材编审委员会组织编写并审定，作为全国高职高专院校财经类教材使用。

21 世纪是一个充满竞争的时代，而竞争的焦点是人才的竞争。随着社会经济的发展，社会急需具有创新精神和实践能力的高素质、复合型、应用型人才，要求学生能理解业务，能够熟练运用现代管理工具分析和处理业务，善于沟通、协调和配合，要具有“T”形知识结构。为此，高等教育必须创新教育观念、创新教学模式、创新教学手段、创新教学内容。

近年来，各学校在实践教学模式上进行了各种有益的尝试和实践，取得了许多宝贵的经验，构建起了单项实训、单专业综合实训、顶岗实习的实践教学体系。但由于学生缺乏对企业、业务和工作的深入了解，从学校走向工作岗位后，很长一段时间无所适从，适应性差。用人单位也需要花费比较长的时间对学生进行岗位培训，学生才能慢慢上岗，导致用人单位对学生评价低，对学校意见大。为了使学生更快更好地融入工作，增强核心竞争力，树立就业自信心，四川财经职业学院在多年实践教学探索的基础上，于 2010 年 9 月创造性地开设了多专业综合实训课程，受到学生的热烈欢迎和喜爱，取得了满意的效果，得到了众多院校的肯定，填补了我国职业教育跨专业综合实训的空白。

多专业综合实训，又称为跨专业综合实训，就是遵循“将社会搬进校园”的理念，建立制造企业、贸易公司、会计师事务所、银行、税务局、工商局、新闻中心等高仿真的“微型经济社会”，模拟现实社会经济环境和职场工作环境，按照现实工作岗位要求，学生在其中仿真企业运营管理和模拟工作，在工作的过程中了解和熟悉职业工作岗位、企业、行业和社会，从而培养学生的职业意识、提高学生的职业能力和综合实践能力。

多专业综合实训是一种全新的实践教学模式，涉及面宽，涵盖内容非常复杂，对老师的专业知识、业务能力、教学组织与管理等各个方面提出了严峻的挑战。四川财经职业学院是全国第一家采用此模式进行综合实训的高职院校，目前，按此模式开课的院校也极少。在几乎没有参考资料和可借鉴的经验与案例的情况下，凭借教学团队老师的一腔热血和豪情，凭借对教育事业的热爱和忠诚，经过数次教学研讨，反复进行课程设计，最终开设出了此课程。为了对教学实践进行总结，为了满足课程实训教学的需要，同时，也为使更多院校分享实践教学改革的成果，我们在前期编写的校内实训教材的基础上，组织编写了本书。

本书第 1 章、第 2 章由叶剑明编写，第 3 章、第 7 章、第 4 章 4.3 由马红莉编写，第 4 章 4.1、4.2 由吕蓉编写，第 4 章 4.4、4.5 由刘静编写，第 4 章 4.6 由刘瑶编写，第 4 章

4.7 由杨瑞芳、党爱、陈云奇、江春燕编写，第 5 章由刘凤娇、呼桂霞编写，第 6 章由陈曦编写，第 8 章由曾文伊编写，全书由叶剑明总纂、定稿。

本书编写过程中，得到了四川财职院黄友书记、李高伟院长、余坤和副院长等领导的大力支持和指导，得到了工商管理系、会计系、财务与审计系、财税金融系、电子商务系领导和老师的关心和帮助，北京方宇博业科技有限公司开发部、实施部多位专家参与了教材的编写讨论，提出了许多宝贵的意见和建议，在此一并表示感谢。

本书从提出编写到定稿，数次讨论，数易其稿，但即便如此，编写结构、内容、表现方式等各个方面还是显得非常稚嫩，非常不成熟。我们怀着忐忑的心情，等待各个方面给我们提出中肯的意见和建议。

多专业综合实训犹如一个襁褓中的婴儿，很多方面还需要规范和优化、充实和完善，我们真切希望能得到读者的关注和呵护，希望得到读者的指导和点拨。我们深信，通过大家不懈努力，多专业综合实训课程一定会开启经管类综合实训的新篇章。

编　者

2012 年 6 月

目录

第 1 章　认识多专业综合实训 ………………………………………… (1)

1.1　多专业综合实训及意义 ………………………………………… (1)
1.2　实训组织架构设计 ……………………………………………… (2)
1.3　实训流程设计 …………………………………………………… (4)
1.4　实训条件 ………………………………………………………… (5)
1.5　实训安排 ………………………………………………………… (10)

第 2 章　企业经营环境 ……………………………………………… (13)

2.1　企业行业背景 …………………………………………………… (13)
2.2　市场环境 ………………………………………………………… (20)
2.3　政策环境 ………………………………………………………… (35)

第 3 章　创建我的企业 ……………………………………………… (37)

3.1　我的创业规划 …………………………………………………… (37)
3.2　我的企业筹备 …………………………………………………… (40)
3.3　我的企业成立 …………………………………………………… (44)

第 4 章　经营我的企业 ……………………………………………… (45)

4.1　我是 CEO ………………………………………………………… (45)
4.2　走进行政管理部 ………………………………………………… (52)
4.3　走进人力资源部 ………………………………………………… (61)
4.4　走进运营部 ……………………………………………………… (72)
4.5　走进财务部 ……………………………………………………… (102)

第 5 章　走进会计师事务所 ………………………………………… (173)

5.1　工作职责 ………………………………………………………… (173)

5.2 岗位设置 …… (174)
5.3 我是会计师事务所所长 …… (175)
5.4 我是会计师事务所审计员 …… (179)

第6章 走进银行 …… (207)

6.1 工作职能 …… (207)
6.2 岗位设置 …… (209)
6.3 我是银行行长 …… (209)
6.4 我是银行副行长 …… (219)
6.5 我是营业部主任 …… (223)
6.6 我是综合柜员 …… (228)
6.7 我是大堂经理 …… (239)
6.8 我是信贷部经理 …… (242)
6.9 我是信贷专员 …… (245)

第7章 走进综合服务公司 …… (251)

7.1 工作职能 …… (251)
7.2 岗位设置 …… (251)
7.3 我是综合服务公司总经理 …… (252)
7.4 我是客户经理 …… (257)

第8章 走进税务局 …… (264)

8.1 工作职责 …… (264)
8.2 岗位设置 …… (265)
8.3 工作流程 …… (265)
8.4 我是税务局局长 …… (265)
8.5 我是税务局征管员 …… (270)

第 1 章　认识多专业综合实训

随着社会经济的发展、市场竞争的加剧，企业对人才的要求越来越趋向高素质、复合型、应用型人才。目前，由于各种原因，学生并不能真正参与到顶岗实训企业的经营和管理中。多专业综合实训就是学生通过模拟工作来体会职业工作岗位、体会企业、体会行业、体会社会，从而培养学生的职业意识、提高学生的职业能力和综合实践能力。

1.1 多专业综合实训及意义

近年来，随着科学知识的交叉、分化和综合化与边缘学科、新兴学科、交叉学科的不断涌现，社会对人才的要求越来越趋向于通才型、交叉型、复合型、创新型，要求现代人才具备广博、坚实的基础知识、深厚的文化素养和熟练的专业技能，强调要具有较强的职业综合能力和解决实际问题的能力。我国著名高等教育学家潘懋元教授认为，一个现代化的专门人才，必须具备这样的知识结构：第一，比较宽厚的基础知识；第二，一定深度的专门知识；第三，一般的“前沿”知识，即一般地了解所学专门学科和相关学科的动态、趋势和重要的科学新成就、新问题；第四，必要的横向学科知识和科学方法论知识；第五，一般的基本文化知识，或者虽与所学专业无直接联系但有利于扩大眼界、开拓思路、提高文化素养的某些知识。归根到底，就是要处理好“通”和“专”的关系并做到“融会贯通”。

与其他学科相比，经济管理专业属于综合应用性学科，它注重理论联系实际，分析、解决实践中的问题。另外，经管类专业知识内隐的成分比较大，如何使内隐知识显性化，实践充当着非常重要的角色。要提高经管类学生的专业技能，使其掌握大部分隐于实践中的知识，教学实践是一个重要环节，通过拓宽实践渠道，培养理论联系实际、知识面广、适应能力强、创新型、复合型人才，实施素质教育，提高学生的综合素质，是高等院校面临的问题。

传统教学模式注重理论传授，导致学生动手能力差且由于缺少实际体验，对相关的理论知识也难以真正深入理解掌握、融会贯通，收集和处理数据的能力差，缺乏创新精神。因此，必须改革传统的教学模式，加大实验和实践环节的教学力度，加强学生了解、接触和从事实际工作的意识和能力。

从理论上来讲，校外实训是非常理想的实训方式，学生可以零距离接触企事业单位内部多个部门和多个岗位的业务活动。但在市场经济环境下，置身于激烈的竞争环境，企业中每个工作人员的任务十分饱满，工作压力大，企业对接受学生实训没有积极性。同时，现阶段企业的各项事务处理工作非常复杂，多数企业已开始利用计算机进行事务处理和业务管理，对系统数据的安全性和保密性有一定考虑，即使接受了实训学生，也大多不愿意让没有经验的人接触系统。如此一来，不少单位出现了不情愿接待经管类专业大学生毕业实践的情形。即使有些单位碍于情面不得不作出安排，也只是让学生在实训过程中充当跑龙套、打下手的角色，实训基本上是在走过场，学生的实践能力得不到真正的培养和锻炼，经管类专业实践环节的问题也变得日益突出起来。

虽然学生通过校外实训可以零距离接触企业，但校外实训并不能取代校内实训。目前，校内实训主要以单专业实训为主，没有将各个专业涉及的上下游岗位串联起来，导致学生在学校学习没有形成立体化的知识和能力。相对应的，很多学校实验室建设也更多考虑的是各个专业的需求，缺乏经管类专业实训的整体性设计，没有全面、完整、有层次地考虑实践教学和实验室各构成因素；各专业实践资料处于彼此孤立、分割状态，没有把整个实验室资源进行有效集约配置；实训形式单一，很多脱离经济管理实际工作职业环境。反映在具体的教学活动中，只见学生对单一任务的解决技能，不见学生对业务的综合处理能力。反映在教学成效的评价上，只见学生的考试成绩，不见学生运用理论分析问题、解决问题的成果。这样导致的直接后果就是，毕业生走上工作岗位后，磨合期长，适应性差，难以迅速进入工作状态，难以满足社会对人才的要求。

综上所述，由于社会对经济管理人才的需求提出了新的更高要求，对于培养具有这种高素质、全面发展的人才基地的高等院校来说，无论是教学模式，还是教学内容以及教学形式来说都要相应地发生变革，这样才能培养出适合市场发展的优质人才。正是在此背景下，我们尝试搭建跨经济管理专业综合实训平台，建立多专业综合实训基地，开展多专业综合实训。

多专业综合实训是在一个以制造业为主体的仿真商务环境、政务环境和公共服务环境中，利用仿真经营模拟演练实践教学平台，以仿真经济业务、管理模式和票据单证为载体，以现代信息技术为支撑，进行仿真经营和业务运作的综合实训。它可进行宏观微观分析、多组织对抗和多人协同模拟经营，将经营模拟与现实工作接轨，实现仿真环境下的部门级管理、企业级经营和供应链级协同的三级模拟综合实训。

多专业综合实训在学科划分上横跨多个专业，将团队管理、战略决策、市场营销、企业经营、财务管理等多专业、多学科高度融合，通过与虚拟环境中的不同对象进行交互作用和影响，产生“沉浸”于等同真实环境的感受和体验，在拓宽学生知识宽度的同时，培养学生应用专业知识解决实际问题的能力，在模拟与现实接轨的基础上真正实现最真实化的实训。

1.2 实训组织架构设计

企业在劳动专业化分工的推动下，人类社会已经形成了三大类社会组织：政府组织、营利组织和非营利组织。营利组织包括了两类最重要的组织形式：制造业和服务业。制造业和服务业的区别主要体现在产品上。制造业提供的产品是有形的，可触摸的物质产品，产品一般存在时间长，不会瞬间消失，可以储存。而服务业提供的产品则完全相反，是无形的，不可触摸的，产品产生和消费一般是同时进行的。制造企业是运行、管理最复杂的组织，目前，经管类专业的教学课程均是以制造企业为蓝本设计的，为此，我们在对经管类多专业综合实训组织架构进行设计时，考虑以制造企业为核心来进行设计。

企业股东（投资人）发起建立企业，然后在原材料市场上获取人力、物料、技术、设备，通过企业生产制造（物理、化学变化），生产出产品，投放到产品市场销售。因此，制造企业的主要业务表现为资金筹集业务、物资供应业务、产品生产业务、产品销售业务。资金筹集业务是指为满足企业生产经营所需的资产而从各种渠道筹集资金的经济业务，其中主要表现为银行贷款。因此，资金筹集业务主要涉及银行。物资供应业务是为满足生产经营的需要，通过市场取得必要的材料物资所进行的经济业务，包括取得、验收物资及与供应单位办理款项结算。物资采购主要涉及材料供应商、设备供应商、租赁公司等上游供应商及银行；企业的材料物资需求信息需要发布出去，因此会涉及媒体公司、交易市场、物流公司、招投标公司等。要签订商品购销合同，会涉及律师事务所等服务机构。产品生产过程是制造业最具特色的阶段，在这一阶段劳动者借助设备将原材料加工成设计要求的产品，在企业产品生产过程中除产品生产以外，还会与其他单位、职工个人以及企业内部有关部门之间发生资金和业务往来。在这个过程中，会涉及税务局、社会保障局、公积金管理中心等政务服务机构及银行等；还会涉及水、电、气、通信等其他企业。产品销售过程是产品价值和使用价值的实现过程，因此，在这一过程中，销售产品、货款结算、支付各种销售费用、计算和缴纳销售税金等业务形成了产品销售业务，涉及客户、媒体公司、招投标公司、物流公司、交易市场、税务局、营销咨询公司、银行等。

综合来看，企业从设立到物资采购直至产品生产和销售整个过程，对外涉及的单位如表1－1所示。

表1－1　制造企业经济业务及其涉及的外部单位或机构

序号	制造企业业务活动与核算	涉及的主要外部单位或机构
1	企业设立	会计师事务所、银行、工商局、税务局
2	资金筹集	会计师事务所、银行
3	物资供应	材料供应商、设备供应商、租赁公司、媒体公司、交易市场、物流公司、招投标公司、律师事务所、银行
4	企业生产经营	税务局、社会保障局、公积金管理中心、供应商、银行
5	产品销售	客户、银行、媒体公司、招投标公司、物流公司、交易市场、税务局、营销咨询公司、律师事务所
6	会计核算	会计师事务所

经管类多专业综合实训的目的是模拟一个真实的小社会，为学生营造一个真实的工作场景，在这个工作场景中学生可以“真实”地工作，接触并处理在工作中遇到的各种业务和问题。为了保证企业的日常运行，企业内部还需要设置若干职能管理部门，如产品设计部、市场开发部、财务部、行政部、人力资源部、后勤保障部，等等。为此，我们可以根据制造企业涉及的外部单位和机构来构建实训环境中的机构和岗位，如表1－2所示。

表 1-2 多专业综合实训基地组成单位及其内部机构设置一览表

名称	作用	设置部门
制造企业	业务核心单位，连接供应商和客户公司，同时又与其他外部单位发生业务往来。学生在实训中既要对企业经营进行决策、计划、经营和控制，又要学会与外部单位进行谈判、沟通和协调	行政部、人力资源部、采购部、生产部、营销部（市场、销售）、财务部
供应商	作为制造企业的上游企业，向制造企业出售设备、材料等	行政部、人力资源部、财务部、营运部
客户公司	作为制造企业的下游企业，向制造企业购买生产的产品	行政部、人力资源部、财务部、营运部
招投标公司	开展招投标业务，使学生感受招投标的过程及要求	行政部、财务部、营运部
第三方物流公司	为客户提供运输、仓储、配送等物流服务，以及提供相关的物流信息等	行政部、财务部、营运部
咨询公司	提供企业经营、销售和管理的全套咨询服务，主要让学生感受现代服务业在企业经营中的作用	行政部、财务部、业务部
会计师事务所	审查企业会计报表，出具审计报告，验证企业资本，出具验资报告，代理记账、会计咨询、税务咨询、管理咨询等	行政部、财务部、业务部
IT 服务公司	为用户提供 IT 信息咨询、管理软件实施、服务，硬件维修等	行政部、财务部、业务部
工商局	企业工商登记注册，年检，市场监督，广告、商标管理等	业务窗口
税务局	税务登记、税收征管、税务稽查、税务辅导、发票管理	业务窗口
海关	监管进出境的运输工具、货物、行李物品、邮递物品和其他物品；征收关税和其他税、费；编制海关统计；办理其他海关业务	业务窗口
劳动与社会保障局	办理五险一金的缴存业务	业务窗口
商业银行	办理银行开户、存取款业务、资金结算、资金借贷等业务	行政部、营业部、信贷部
人才交流市场	人才招聘信息发布、招聘的组织与协调	
媒体公司	跟踪报道实训新闻，编辑出版实训简报	编辑部

表 1-2 是针对院校在组织多专业综合实训时涉及的单位和机构，在实际执行时，根据各校专业设置和培养目标的不同，可以进行合并、增减和调整。

限于篇幅，本书只介绍实训组织中最基本的经济组织，即制造公司、贸易公司、会计师事务所、综合服务公司、税务局、银行。

1.3 实训流程设计

多专业综合实训设计企业为新创立的企业，从团队组建、公司注册登记到公司经营的整个过程（见图 1-1），其他服务单位或机构为企业提供服务并实施监督。企业的实训流程包括：

（1）实训团队组建。第一，指导老师根据实训场地和实训要求设计实训的组织架构，明确设置的公司和机构数量并告知实训学生。第二，指导老师根据学生填写的应聘书，通过面试的方式招聘单位负责人。第三，招聘单位员工。单位负责人根据所聘单位的工作实际，制定出人员招聘计划，制作招聘海报，在规定的时间和地点，统一参与人员招聘，招聘本单位员工。第四，召开成立大会。人员招聘完成后，单位负责人召集员工召开成立大会，介绍公司的基本情况，团队成员及其分工，研究、制定本单位的管理制度和要求。第五，环境布置。为了营造工作氛围，各单位应根据需要领取各种办公用品用具，布置工作环境。

（2）公司注册。在多专业综合实训中，各公司是从公司创立、办理工商登记开始的。包含了公司核名、工商注册登记、银行开户、税务报到整个过程。在进行公司注册登记完成后，每个企业都可以领到自己的营业执照。

（3）经营准备。在多专业综合实训中，制造企业首先要选择厂址、购买厂房、生产线、仓库，研究市场、市场开发和产品研发，在此基础上才能开展正常的经营活动。

（4）企业经营。各单位按实际工作要求作为标准，每期编制资金预算、制定经营计划，经营过程中，按照计划进行材料采购、产品生产和销售，每期经营结束进行报表审计和税款缴纳。

（5）实训总结。实训结束时，要求学生按照“5S”要求进行资料整理和环境整理，并进行个人总结、单位总结，在实训成果资料归档后，召开全体实训人员总结大会。

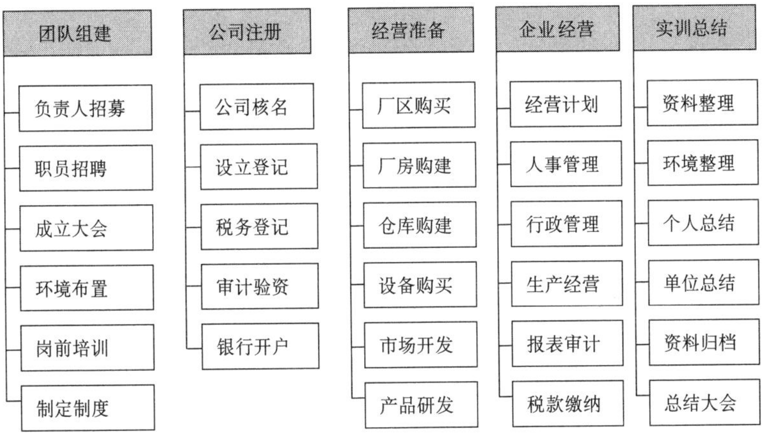

图1-1　多专业综合实训流程图

1.4 实训条件

1.4.1　实训基地

为了顺利、有效地开展实践教学，需要建立实训基地。通过综合实训基地，实现“把社会搬进校园”，让学生在实训基地开展仿真的职业活动，掌握企业运作原理与规律，熟悉企业运作流程，全方位、多纬度地体会现代企业生产经营管理工作的全过程，提高实际的动手操作能力，全面提高高校经济管理专业学生的经济管理水平、信息技术水平和综合能力，有效地提升财经与管理类各专业学生的综合素质、职业能力、社会能力及就业竞争能力。

实训基地应有专门的实训场所，根据实训人数的不同，实训基地面积也有差异。从环境营造、实现最佳实训效果而言，面积一般不少于3平方米/人，如果是100名学生同时实训，实训场地面积应不少于300平方米。实训场所可以是集中在一间大开间的房间，亦可由多个独立的小房间组成。对于独立房间的布局需要根据实训的内容、实训学生的人数进行专门的规划设计。多个独立的小教室组成对规划设计的要求就更高一些，为了提高实训高效性，这些独立小房间应该在一个实训楼里。

综合实训教学场所规划的原则是以实训主题对应的模拟机构为核心，其他关联性机构围绕核心机构，充分考虑核心机构的场所的大小和与周边机构往来的便捷性。依据这个原则，教学场所规划示意图如图1－2所示。

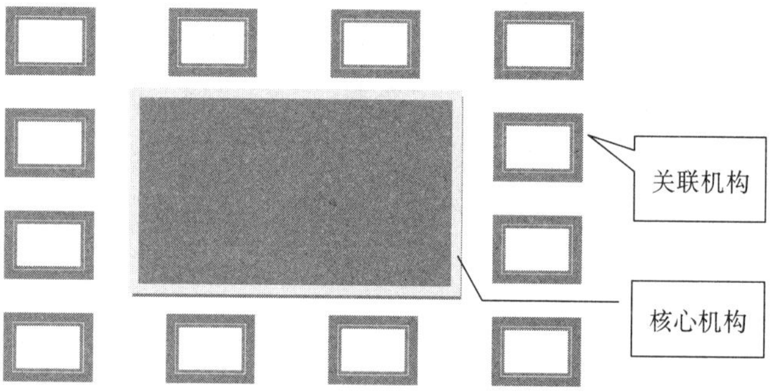

图1－2 实训场所规划示意图

为了使综合实训环境更加逼真，除了满足上述基本原则外，还可以在具体场景的规划上进行设计和仿真模拟。为此，建设经管类多专业综合实训基地，应当坚持如下原则：

（1）为学生提供真实的职业环境。

第一，基地在环境布置、设备配置、文化氛围、管理模式等方面要力求与生产、建设、管理、服务第一线相一致，充分体现规范性、先进性和实效性，形成真实或仿真的职业环境。在基地的实践教学中，学生有机会亲身经历和了解现代企业生产组织管理的全过程，能身临其境地感受企业的文化与氛围。

第二，体现基地的地域特征。教育直接面向企业培养人才，有为地方经济服务的重要职能，其鲜明的地域性特征决定了基地的地域特征，具体表现为：实训室的设备和设施在类型、功能、技术参数等方面尽量贴近当地企业；教学计划中的各个教学环节根据未来岗位的工作特点妥善安排；按照当地行业对技术与工艺的具体要求设计训练项目；实训室与当地行业、企业建立稳定的合作关系；一批来自生产第一线的工程技术人员成为实训室的兼职教师。

第三，实训项目的针对性。实训项目应与未来职业结合紧密，训练过程注重质量意识、安全意识、程序化意识与标准化意识，在实践教学中引入国家标准与行业标准，强调技术的应用性与训练的实效性。

（2）科学分类、合理布局。实训基地由一系列的实训室构成，实训室如何分类是建设实践教学基地首先要确定的问题。财经与管理类的许多专业，其职业岗位面对的不是产品而是各种报表、账单、票据等文件，其技术应用不是去操作机器生产制造产品，而是用计算机和设备、工具去处理各种事务，这些文件或事务按照一定的流程在不同的岗位上得到处理。实训室可以考虑按实务流程布局。

（3）贴近现实，力求真实。经管类多专业综合实训基地是运用现代信息技术、手段和方法，去实践经济活动与管理活动过程，认识和把握经济与管理活动规律的，因此，基地建设从业务流程安排、工作岗位设置到企业情境设计都要尽可能地贴近企业经济与管理活动实际，突出模拟实训的高度仿真性。从办公场地、使用的设备、办公用品用具、实训指导教师、管理方式与手段、业务触发机制等方面充分考虑如何贴近现实。指导教师应有来自实际工作、具有丰富工作经验的单位业务骨干而不仅仅是一般的理论课教师。

环境的设计要使学生有一个接近或仿佛置身于企业的实际环境中的感觉，使学生自觉调整自身不同于课堂上课的状态。环境模拟得越真实，实训的效果就越好。环境模拟不仅包括一个单位内部的工作环境，还包括企业与外部关联单位之间的工作关系，如税务局、工商局等政务服务中心，会计师事务所、物流中心等现代服务业，人才市场等公共服务业等。在仿真企业环境中，以企业业务流程为主线，在各个企业内部要设置各种主要业务工作岗位，并建立起各个业务岗位的管理工作职能及其相互之间的有机联系，将各个业务部门、各个职能岗位有机地连接在一起，让学生体会到自己在流程中所处的位置和应完成的工作，了解和掌握各个岗位的业务处理程序和方法以及岗位之间、单位之间业务联系的途径和方式，体会企业基于流程的运作模式，从而达到树立全局观念、增强业务工作能力的目的。

1.4.2　实训设备

综合实训平台：本实训借助 B/S 架构的多专业综合实训平台，在使用时需要的基础设备是计算机及网络环境。另外，为了进行信息的公布和交流互动，投影、打印设备、电话传真设备及扩音设备的投入使用能给整个实训带来更好的效果。

网络需求：综合实训平台可以架构在互联网、局域网及独立 PC 三个环境下。互联网环境需要具有固定的对外服务器。

计算机要求：首先综合实训平台的运行需要一台对外提供服务的服务器，根据部署设计不同，这个服务器可以是一台物理主机或者多台物理主机。客户端根据实训时学生的人数进行配置普通微机，数量上可以是每人一台，亦可为了节省每个模拟机构一台。具体的配置方案在项目实施时进行综合考虑和设计。

投影及扩音设备：用于点评及信息的展示。

打印复印设备：用于实训过程中业务单据及各种文档的输出和复印。

1.4.3　实训教具

综合实训平台在教学活动中涉及的教具包括学生的胸牌、业务单据模板、执照及证书、业务流程挂板、仿真业务工具等。

（1）胸牌：用于区分学生在实训过程中所扮演的角色，亦可作为实训中的身份认证。为了增加学生实训的真实感，有条件的学校可为学生制作工作服。此类教具可多次使用，实训结束后回收。胸牌配备表如表 1－3 所示。

表 1－3　　多专业综合实训胸牌配备一览表

序号	胸牌类别	胸牌名称	备注
1	指导教师胸牌	管委会主任	
2		顾问	
3	实训学生胸牌	总经理	制造企业和贸易公司负责人
4		行长	银行行长
5		经理	制造企业、贸易公司和银行的部门经理
6		职员	制造企业、贸易公司和银行的一般职员
7		局长	税务局、工商局局长
8		综合柜员	税务局、工商局工作人员
9		新闻记者证	新闻中心记者
10		工作人员	管委会干事

（2）业务表单模板：用于在实训过程中进行手工业务的仿真，此类教具是消耗品，可整理纳入实验报告。实训中涉及的主要业务表单如表 1－4 所示。

表 1－4　　外围服务单位业务表单模板一览表①

序号	业务表单类别		业务单据名称
1	工商类	工商登记	• 企业名称预先核准申请书 • 企业名称预先核准登记通知书 • 登记驳回通知书 • 企业设立登记申请书 • 公司登记受理通知书 • 准予设立（变更、注销）登记通知书 • 住所或营业场所使用证明 • 单位投资人（单位股东、发起人、合伙企业合伙人）名录 • 指定代表或共同委托代理人的证明 • 企业登记证照颁发及归档记录表
		工商年检	• 企业法人年检报告书 • 年检材料受理通知书
2	税务类	发票类	• 发票事项审批表 • 普通发票验旧表 • 代开普通发票申请表 • 代开增值税专业发票缴纳税款申报表 • 增值税专业发票 • 增值税普通发票

① 此处仅是举例，实训中，可根据实际情况增删。

续表

序号	业务表单类别		业务单据名称
2	税务类	涉税审批备案类	• 备案类减免税报送资料清单 • 纳税人减免税申请审批表 • 税务行政许可申请表 • 税务认定申请审批表 • 退税申请书 • 退抵税申请审批表 • 一般纳税人简易征收申请认定表 • 增值税一般纳税人申请认定表
		税务登记类	• 财务会计制度及核算软件备案报告书 • 扣缴义务人登记表 • 纳税人存款账户报告表 • 纳税人税种登记表 • 税务登记表变更表
		纳税申报类	• 固定资产进项税额抵扣情况表 • 企业所得税优惠明细表 • 企业所得税优惠申请审批表 • 增值税纳税申报表 • 企业所得税年度纳税申报表 • 税收通用缴款书 • 城市维护建设税申报表 • 企业所得税月（季）度预缴纳税申报表（A类） • 地方各税（费、基金）缴纳申报表 • 个人所得税代扣代缴报告表
3	银行类	银行开户	• 开立单位银行结算账户申请书 • 银行询证函
		银行结算	• 银行收费凭证 • 现金支票 • 转账支票 • 银行进账单 • 现金送存银行凭证 • 委托收款凭证 • 银行存款利息凭证 • 银行对账单 • 空白凭证领用单 • 空白凭证购买单
		银行信贷	• 银行贷款申请书 • 贷款调查报告 • 借贷抵押合同 • 银行借贷合同 • 贷款收账通知 • 贷款利息凭证 • 偿还贷款凭证

续表

序号	业务表单类别		业务单据名称
4	会计师事务所	审计	• 审计业务约定书 • 内部控制调查表 • 总体审计计划 • 具体审计计划 • 审计工作底稿 • 审计报告

（3）执照及证书：作为实训过程中的业务仿真及机构认证。此类教具可以从综合实训平台中打印输出，也可由学校制作成仿真教具。实训中涉及的主要业务证照如表 1－5 所示。

表 1－5　　多专业综合实训业务证照一览表

序号	证照类别	证照名称
1	工商类	• 企业法人营业执照正本 • 企业法人营业执照副本
2	银行类	• 开户许可证 • 贷款卡

（4）业务印章：包括单位印章、业务印章及会计用印章等。

（5）实训挂板：包括企业文化宣传语、实训组织结构图、业务流程图、流程规则展板及示意性指示牌等。

1.4.4　教辅资料

多专业综合实训配套的教辅资料包括实训指导书和实训手册，主要用于指导学生进行训练和学习，方便教师进行课程设计和教学。实训指导书用于学生在实训过程中的规则、业务流程、实训项目及系统指导；实训手册用于学生在实训时记录实训过程、形成实训成果，同时用于教师针对实训成果进行评价与点评。另外，综合实训平台在系统内容含有详细的电子操作手册，为学生和教师在使用平台时提供操作帮助。

1.5
实训安排

1.5.1　实训单位及岗位安排

实训单位和岗位安排如表 1－6 所示。

表 1-6 实训单位及岗位设置一览表

单位类别	单位名称	部门及岗位设置
工业园区	制造企业	行政部：总经理、总经办主任 财务部：财务总监、出纳、成本会计、总账会计 人力资源部：经理 采购部：经理、采购专员 生产部：经理、计划员、车间主任、仓管员 营销部：经理、市场专员、销售专员
金融及政务服务	银行	行长、副行长、营业部主任、大堂经理、综合柜员、信贷部经理、信贷专员
	工商	局长、综合柜员
	税务	局长、综合柜员
企业服务中心	会计师事务所	所长、审计、会计服务、税务服务、管理咨询
	贸易公司	行政部：总经理、行政经理 财务部：财务总监、出纳、总账会计 运营部：运营总监、业务经理
	第三方物流公司	行政部：总经理、行政经理 财务部：财务总监、出纳、总账会计 运营部：经理、业务员
	招投标公司	行政部：总经理、行政经理 运营部：经理、业务员
	新闻中心	主任、文字及摄影记者、编辑、视频制作、微信运营
	管委会	主任、工作人员

注：①实际执行时，实训组织中各单位可以根据实际需要进行调整。例如，某财经学校由于专业以财经类为主，在实训时，为了便于管理，增加了管委会；为了收集实训信息，设置了新闻中心；未设置第三方物流公司的实体公司，而是由系统担任；未设置招投标公司，招投标业务由管委会负责等。

②各实训单位的部门、岗位可结合实际情况进行调整。

③本教程主要围绕最基本的实训组织介绍，包括制造企业和贸易公司、会计师事务所、银行、工商局、税务局。

1.5.2 实训学时安排

实训学时安排如表 1-7 所示。

表 1-7 多专业综合实训学时安排表

序号	实训内容	计划学时
1	团队组建	6
2	岗前及期中业务培训	4
3	企业注册登记	8
4	经营管理	48
5	工作总结与整理	6
	学时合计	72

1.5.3 实训进度安排

实训时间进度安排如表1－8所示。

表1－8 多专业综合实训时间进度安排表

实训时间		工作任务
第一天	上午	(1) 实训动员大会 (2) 单位负责人招聘 (3) 单位负责人业务培训
	下午	(1) 招聘现场布置 (2) 单位职员招聘 (3) 公司入驻、系统用户注册 (4) 岗前业务培训 (5) 公司成立大会
第二天		企业工商注册登记 熟悉经营规则 熟悉系统操作 制定经营计划和预算
第三天		第一季度经营
第四天		第二季度经营
第五天		中期培训 第三季度经营
第六天		第四季度经营
第七天		第五季度经营
第八天		第六季度经营
第九天	上午	工商年检；所得税汇算清缴；资料整理归档、提交实训资料、个人及单位总结、人员评价
	下午	总结大会

第 2 章　企业经营环境

企业是社会经济的基本单位，企业的发展受自身条件和外部环境的制约。企业的生存与企业间的竞争不仅要遵守国家的各项法规及行政管理规定，还要遵守行业内的各种约定。

企业经营中外部环境的各种约定是企业必须遵守的规则，这些规则也是多专业综合实训中制造企业和贸易公司开展生产经营活动时必须共同遵守的规则。在开始企业模拟经营前，各位参与者必须熟悉并掌握这些规则，才能做到合法经营，灵活运用，在竞争中求生存、谋发展。

2.1 企业行业背景

多专业综合实训以手机行业为背景，企业围绕手机制造和销售展开。手机是目前大家接触最多，使用最频繁的通信工具。实训选择手机作为载体，仅仅是便于理解业务，这个载体可以是手机，也可以是其他产品或服务。

2.1.1 手机行业分析①

现代服务业环境下的现代制造业已经不再像传统制造业一样的封闭，对信息化水平、企业的组织形式、经营的开放性与全球性、企业的研究开发能力与产品的技术含量都有较高的要求。我们假定本系统模拟的行业是一个从生产技术水平相对较低向研发、生产高技术产品发展的行业，行业技术进步快，所生产的产品正朝着多功能、复合化、轻便化、智能化和品位化的方向发展，产品应用范围广，在模拟的时候可以将具体产品限定在某一特定领域，甚至是某几种代表性的产品上，以便具有可操作性。基于此，我们选择手机制造业作为本制造业经营模拟的行业，以手机作为产品。制造企业可以生产多种手机产品，各种类型手机产品的原材料不尽相同。

中国手机市场经过 20 多年的发展，已从原来的需求推动型逐步转向产品拉动型，顾客

---

① 参考文献：http：//www. eepw. com. cn/article/201804/378227. htm。

对手机的要求越来越高。企业正面临手机更新周期变短、价格持续走低、产品设计复杂度不断提升、结构性库存等种种压力。中国手机市场潜力巨大，市场呈现两头增长的态势。一方面，手机更新换代加快，功能全、价格高的新型高端手机深受成熟消费者的青睐，销量稳步上升，对企业利润的贡献也较大；另一方面，新兴市场的低端产品呈现明显增长的势头。中西部地区市场发展迅速。西部地区新增用户增速达 50% 以上。

根据 Gartner 数据，全球智能手机 2017 年总销量为 4. 08 亿部，相比 2016 年同期下降了 5. 6% 。前瞻产业研究院《2018—2023 年中国智能手机行业市场需求预测与投资战略规划分析报告》数据显示，2017 年全球市场手机出货量为 14. 6 亿部，同比下滑 0. 5% （见图 2 - 1）。IDC 表示，全球市场出货量下滑与中国市场需求不振有很大关系（见图 2 - 2），欧洲市场出货量下滑 3. 5% ，美国市场则持平，2017 年中国市场出货量下滑 5% 。

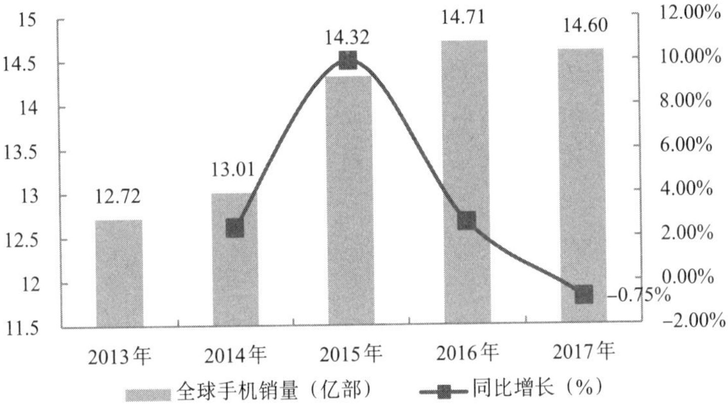

图 2 - 1　2013—2017 年全球手机销量增长趋势图

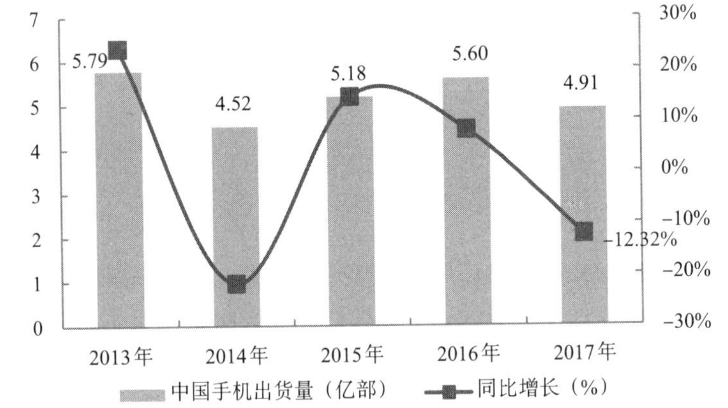

图 2 - 2　2013—2017 年中国手机销量增长趋势图

国内市场由于竞争激烈，手机价格也在往下走。虽然近年来一些手机品牌的高端产品售价不断拉升，但那些真正走量的产品价格却一直在下降。有的号称全面屏、双摄像头、支持人脸识别的手机，价格已经降到 1000 元以下。据前瞻产业研究院预测，2018 年手机市场的竞争会更残酷。

5G 时代即将到来，用户需要更换手机才能使用 5G，这会给广大手机厂商注入一支强心剂。业界用高速率、低时延、大容量来描述 5G 通信的特征，其带来的不仅是上网速率的提升，而且还有新的应用场景会涌现。在4G时代更多专注于人与人之间的连接，而在5G时代，人与物、物与物的大范围连接迎来爆发。从5G产业链来看，行业上游包含基站、天线、光缆、芯片、射频器件等通信设备，中游为各大电信运营商，面对用户的是手机等各类终端设备。5G产业链的成熟需要多方的协同，其中一环出现短板都影响最终手机等终端的普及。

数据显示，2017年全球智能手机出货量为14.6亿部，下降了0.5%，这是自智能手机推出以来首次同比下降。面对越来越饱和的市场，真正的全新应用或许就是等待5G时代的到来。因此，下一个风口或许已经在孕育了，当然谁能真正掌控这种风口的切换，或许也不仅仅是手机本身，因为在5G时代，应用将更加多元，物联网、无人驾驶等技术的突围都在等待5G的基础应用支撑。

2.1.2　手机生产工艺流程

手机从设计到制造，需要经过主板方案设计，结构建模、优化和评审，外形设计与制作，结构手板的验证，模具制造，试产，量产几个阶段。各个企业手机制造过程的工艺流程不尽相同，典型的手机生产工艺流程如图2－3所示。

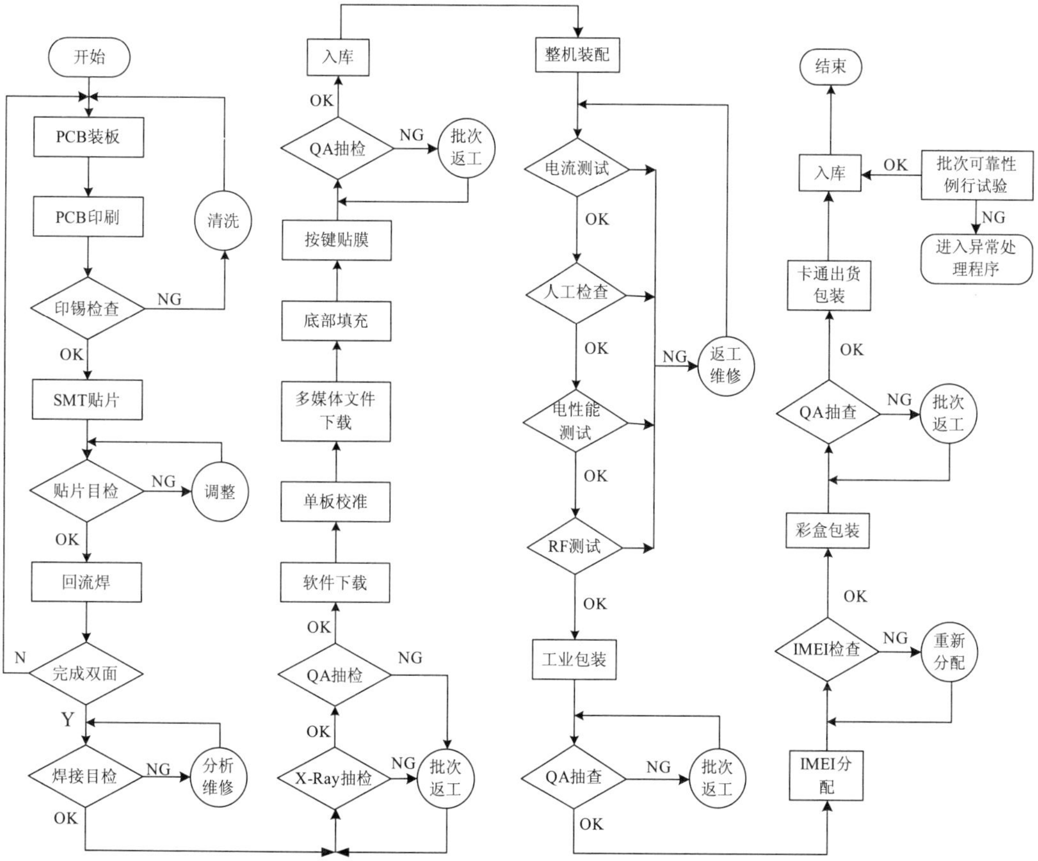

图2－3　手机生产工艺流程图

2.1.3 产品研发

产品研发可以形成具有自主知识产权的产品，提高企业竞争力。实训中，我们假定所有制造企业都可以生产 D 型产品，如果企业想生产新的产品，就需要投入资金和人力进行产品研发。

产品研发分为两种类型，一种是新品研发，一种是技术研发，新品研发主要包括 H 型、L 型、O 型、S 型四种，研发出这四种类型的新产品后，就可以生产新型的产品，赚取更多的价值。技术型研发主要包括智能手机系统、小游戏、高清摄像头、多媒体播放器、环保材料等，技术型研发的主要目的是符合招投标中的需求。

企业产品研发委托第三方机构进行，但企业需投入人力和资金。第三方机构由实训平台系统模拟担任。第三方研发机构有关信息如表 2－1 所示。

表 2－1　　第三方研发机构相关信息表

企业名称	开户银行	银行账号	税务登记号	地址	联系电话
达科特手机研发科技有限公司	建行坪山支行	6225880166773366	91990102870230011A	深圳市坪山区坪山路1222 号	0755－84680123

研发分为新产品研发和新技术研发。研发需要投入资金和人员，资金、研发能力必须大于等于基本研发能力要求。具体每一种产品、技术的资金和研发能力如表 2－2、表 2－3 所示。

表 2－2　　产品研发投入基本信息表 1

类型	研发类型名称	对应产成品	产品质量提升	资金有效期	资金要求（元）	基本研发能力要求
模块	D 型半成品生产许可	D 型产品	0	0	0	0
新品	L 型产品新品研发	L 型产品	0	3	1500000.00	100
	O 型产品新品研发	O 型产品	0	3	2000000.00	200
	H 型产品新品研发	H 型产品	0	5	3000000.00	300
	S 型产品新品研发	S 型产品	0	5	3000000.00	350
技术	驱动和操作系统	L 型产品，O 型产品，H 型产品，S 型产品	20	2	600000.00	80
	应用系统	L 型产品，O 型产品，H 型产品，S 型产品	50	2	1500000.00	100

表 2-3 产品研发投入基本信息表 2

名称	人员类型	招聘费用（元）	工资（元）	生产能力	研发能力	市场能力	产能影响力（%）	研发影响力（%）	市场影响力（%）
生产工人	生产	250	3000.00	15	0	0	0	0	0
管理人员	生产	1000.00	8000.00	0	0	0	20	20	20
研发人员	研发	1500.00	15000.00	0	20	0	0	0	0
专家顾问	研发	5000.00	30000.00	0	0	0	30	40	40
熟练生产工人	生产	500	5000.00	25	0	0	1	0	0
优秀管理人员	生产	2000.00	15000.00	0	0	0	35.00	35.00	35.00

注：①研发投入资金是指购买专利权或技术转让所需资金。研发投入人员是指具有研发能力的人员或管理人员。研发能力计算举例说明：2 个普通管理人员和 10 个研发人员所能达到的研发能力等于 280［20×10＋（20×10）×（20%＋20%）］。

②本期投入资金和人员，下期确定研发成功与否，研发成功的产品当期可以投入生产。

③研发有一定的风险。在本实训中，研发风险是无法改变的，但风险大小是可控的，在运营之前，只要按照公式计算好，风险是可以避免的。在系统已经给出计算公式，风险最大值和最小值也已给出，通过计算可以规避风险。研发资金可以一次性投入，也可以分期投入。但在资金有效期内投入的研发资金才有效。

④产品研发成功之后，可以把全部研发人员撤出。

⑤研发能力要求达到是研发成功的必要条件。

⑥研发成功率＝［（投入研发资金/研发资金要求×80%＋投入研发能力/基本研发能力要求×20%）］×（1＋风险系数），其中风险系数为－1%～1%。只有研发成功率大于等于 1 时，才有可能研发成功。

举例说明：

企业研发 L 型产品，投入资金 200 万元，投入管理人员 1 个，研发人员 10 个，风险系数企业评估过后采用－0.01，代入公式计算：

研发成功率＝｛（2000000/1500000.00）×0.8＋［（20×10＋（20×10）×20%）/100］×0.2｝×（1－0.01）≈1.5＞1，可以研发成功。

其中，200 万元是自己所投的资金，20×10＋(20×10)×20%是投入的研发能力，且研发能力必须大于等于 100，风险系数是企业自己评估，最大风险是－1%，最小风险是 1%。

2.1.4 产品 BOM 结构

手机由于设计工艺不同，其所需要的材料也有区别。一般而言，手机生产需要的材料包括电子料、结构料、手机配件和包装料等。其中，电子料又包括主板、LCD 显示屏、摄像头、喇叭、听筒、麦克风、马达、天线、DOME 片；结构料包括手机壳料、手机按键、五金装饰、手机镜片等；手机配件包括电池、充电器、耳机等；包装料主要包括包装盒、印刷品等。

在模拟实训企业，我们假定在可以预见的生产技术水平条件下，手机制造业可以生产的产品有：L 型——低端手机产品、O 型——普通手机产品、H 型——高端手机产品、S 型——特殊手机产品。生产这些产品所需的物料类型包括：M1——手机核心器件、M2——手机 SKC 套件（按键、外壳、触摸屏）、M3——手机显示器件、M4——手机电池器件、M51——手机摄像器材、M52——手机外设器件（耳机、蓝牙）、M53——手机充电器件、M6 高档装饰原料。其中，M51、M52、M53 有普通物料和特殊物料（标识：－X）的区别。

在物料清单中，D 型产品是半成品，不能直接由 M1、M2、M3 代替。原辅料的详细信息和产品的物料清单结构如图 2-4 至图 2-8 所示，括号中的数字为所需原材料个数。

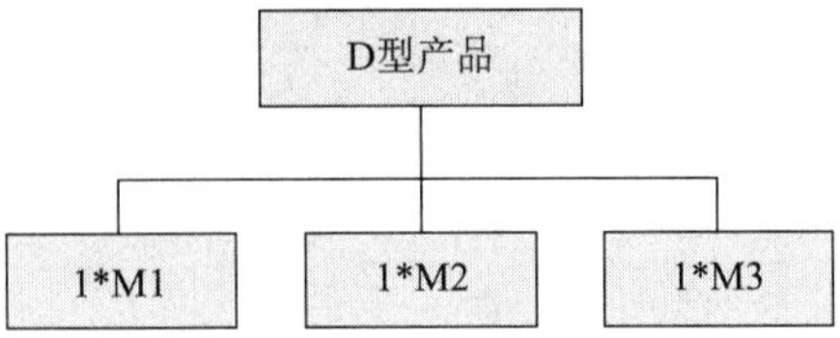

图 2-4　D 型产品的物料清单

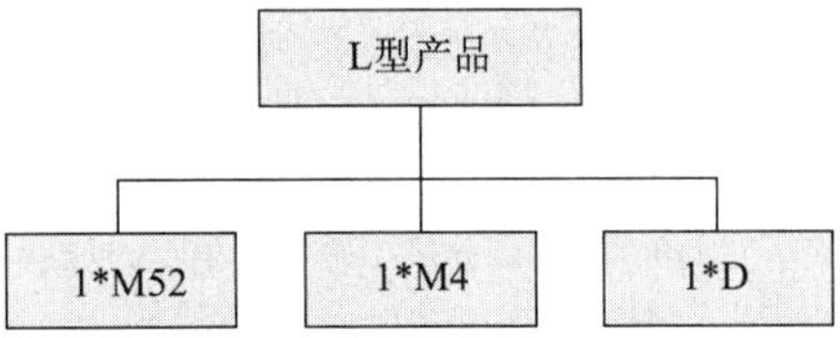

图 2-5　L 型产品的物料清单

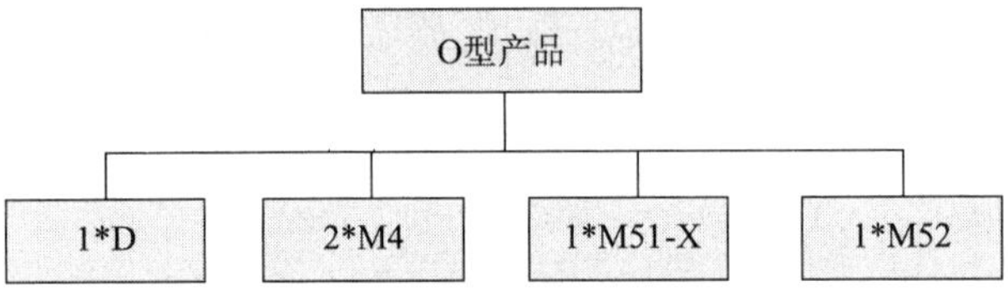

图 2-6　O 型产品的物料清单

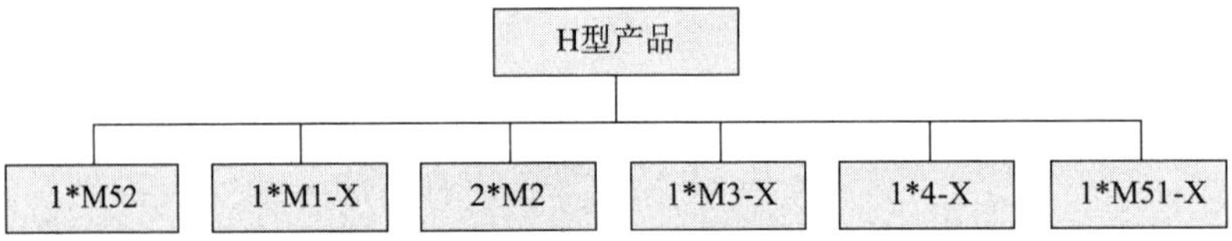

图 2-7　H 型产品的物料清单

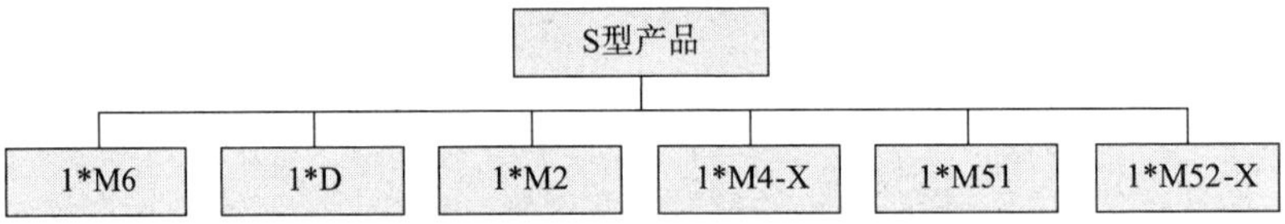

图 2-8　S 型产品的物料清单

2.1.5　产品生产

实训中，我们将手机的制造过程、材料、产品等都进行了抽象，也就是说简化了产品的生产过程，将手机生产直接简化为“投料—生产—完工入库”几个环节。当然，如果要强化生产管理的训练，可以严格模拟手机生产过程。

企业产品生产可以自己生产，也可以委托其他企业贴牌生产。

2.1.5.1 企业自己生产

自行生产，成本低，利润高。自行生产需在基础设施完善的情况下，投入人力、物力，合理分配资源，以最低的成本达到最高的利润。

企业自己生产产品，必须要拥有自己的厂房、生产线，而且还必须具备以下条件：

（1）产品生产需要投入原材料，仓库中的原材料数量只有满足现有产能时，才能开始生产。

（2）每条生产线的本季产量不能低于该生产线的额定产能，不能高于本生产线的允许最大产能。

（3）各生产线可以生产企业研发成功的成品，但只能生产一种产品，如要生产其他类型产品，需进行转产。

（4）每种产品的生产周期均为一个期。即产品本期投入生产，下期即完工入库。

2.1.5.2 贴牌生产

企业如果产能不足，可选择贴牌生产。贴牌生产是指包工包料的外包生产。贴牌生产按固定产量分批进行，且只能生产研发成功的产品。

每家企业可以进行多次贴牌，但贴牌价格会随着所有企业的贴牌次数的增加而增加。例如，某公司第1次贴牌10000元，等到第2次贴牌的时候可能已经是系统的第10次贴牌，那么第2次贴牌价格就以第10次贴牌价格为准。

实训中，贴牌生产的企业是由系统充当的。目前市场上可承接贴牌生产的企业只有4家，承接贴牌生产的企业的基本信息如表2-4所示。

表2-4　　贴牌生产企业基本信息一览表

公司名称	开户银行	银行账号	业务范围	税务登记证号	地址	联系电话
鸿飞手机制造有限公司	工行龙泉支行	5500229999000099001	手机制造、销售	915101088702280982	成都市龙泉驿区永安路666号	028-84645601
乐天手机制造有限公司	工行高新支行	5500229992000189012	手机制造、销售	915107081102280012	成都市高新区创业路186号	028-85645001
智胜手机制造有限公司	工行高新支行	5500229992000229018	手机制造、销售	915188760011234562	成都市高新区府城大道18号	028-85345567
爱贝手机制造有限公司	工行玉林支行	5500229990000999012	手机制造、销售	915101088802880772	成都市武侯区玉林路2108号	028-85533248

贴牌生产相关信息详细信息如表2-5所示。

表 2-5 贴牌生产信息一览表

类型	贴牌单价（元）	贴牌额定量（个）	贴牌产品
H 型贴牌生产	7000.00	500	H 型产品
L 型贴牌生产	4000.00	500	L 型产品
O 型贴牌生产	5000.00	1000	O 型产品
S 型贴牌生产	10000.00	300	S 型产品
D 型贴牌生产	5200.00	300	D 型产品

注：①表中贴牌价格为不含税价格，企业贴牌下单时即支付贴牌费用，同时支付相应增值税额。

②贴牌价格随贴牌次数的增加而无限上涨，表 2-5 仅为示意，具体价格以系统为准。

2.1.6 企业初始资金及其构成

本实训我们设定制造企业和贸易公司是新成立的，在成立初期，由一批创业者一步步把公司组建起来，拥有自己的管理团队和创业资金。需要管理团队建立各项制度，并在产品研发、市场开发、生产设施建设方面开始努力，直至企业的运营管理。

企业成立出资均为股东出资，全额存进银行存款账户。其中：

原材料供货商初始资金为 500 万元，制造公司初始资金为 1000 万元，贸易公司初始资金为 2000 万元，综合服务公司和会计师事务所初始资金为 50 万元。

2.2 市场环境①

2.2.1 厂区建设信息

厂区相当于土地。每个企业（包含制造企业和贸易公司）在整个经营过程中，都必须至少购买一个厂区。在厂区内可以建设产成品库、原材料库、厂房。购买厂区后，所有类型厂区分别允许企业建造产成品库一座、原材料库一座、厂房一座。企业在经营过程中，根据实际需要，要求增加各类建筑数量时，应将厂区进行扩建，使其能够建造更多的产成品库、原材料库或厂房。

实训中，我们假定企业从华夏地产有限公司购入厂区。华夏地产有限公司基本信息如下：

公司名称：华夏地产有限公司

① 实训中涉及的单位名称、地址、电话、税务登记证号、银行账户等信息均为实训所用，如有雷同，纯属巧合，请海涵。

公司地址：成都市龙泉驿区静安路61号

联系电话：028－84642043

税务登记号：915101028702345672

开户银行及账号：建行大面支行6225880111223345

系统为实训者提供了6种不同的地区区域：京津唐经济特区、环渤海经济特区、长三角经济特区、珠三角经济特区、东北老工业基地、西部大开发基地，每个地区内都有不同类型的大、中、小型厂区可供选择。厂区及其基本情况详细信息如表2－6所示。

表2－6 厂区基本情况表

名称	定价（元）	厂房（座）	原材料库（座）	产成品库（座）	所属地域
长江三角洲大型产区	400000.00	3	2	3	长江三角洲
长江三角洲小型产区	100000.00	1	1	1	长江三角洲
长江三角洲中型产区	300000.00	2	2	2	长江三角洲
珠江三角洲大型产区	450000.00	3	3	3	珠江三角洲
珠江三角洲小型产区	100000.00	1	1	1	珠江三角洲
珠江三角洲中型产区	300000.00	2	2	2	珠江三角洲
环渤海大型产区	400000.00	3	3	3	环渤海
环渤海小型产区	150000.00	1	1	1	环渤海
环渤海中型产区	200000.00	2	2	2	环渤海
东北老工业基地大型产区	350000.00	3	2	3	东北老工业基地

注：①由于厂区比较多难以全部展示，此表仅示意部分，详见系统厂区建设信息。

②厂区只能购买，不能租赁，购买后默认当地市场开拓成功。

③当期购买/租赁厂区当期即可使用。

④若租赁厂区，系统会自动续租，月初生成租赁合同。不再租赁需退租，当期退租当期生效。

⑤表2－6中，厂房、原材料库、产成品库间数是指该厂区所能容纳厂房、原材料库、产成品库的多少。

2.2.2 厂房、仓库信息

企业购买厂区后，根据规划决策，选择购买或租赁厂房、原材料库、产成品库，分别用于存放生产线，原材料和产成品。

2.2.2.1 厂房信息

制造企业生产产品需要厂房。购买厂区后，企业可以根据企业规划决策，选择购买或者租赁厂房。企业只有购买或租赁厂房后，才可以购买生产线或者贴牌生产。

厂房建造、租赁和维修商家由实训平台系统模拟担任。市场上厂房建造、租赁和维修商家信息如表2－7所示。

表 2-7　　厂房建造、租赁和维修商家信息表

公司名称	开户银行	银行账号	业务范围	税务登记证号	地址	联系电话
金鼎房产有限公司	建行龙泉支行	6225880166773346	厂房建造	510102870234505	成都市龙泉驿区驿都大道 261 号	028-84680888
蓝点厂房租赁有限公司	建行龙泉支行	6225880166773354	厂房租赁	510102870234506	成都市龙泉驿区驿都大道 262 号	028-84680688
恒久远厂房维修有限公司	建行龙泉支行	6225880166773355	厂房维修	510102870234507	成都市龙泉驿区驿都大道 263 号	028-84680788

购买厂房须一次性付款，支付款项后视同厂房即建成，可立即投入使用。购买的厂房、每期须承担一定金额的维护费用，维护费用在下一期支付。

厂房有大中小三种规格，不同规格的厂房的价格及容量都不同，详细信息如表 2-8 和表 2-9 所示。

表 2-8　　兴建厂房基本信息表

名称	兴建定价（元）	容量	维护费用（元）	折旧年限（年）
S 型厂房	400000.00	1	3000.00	20
C 型厂房	700000.00	2	6000.00	20
B 型厂房	900000.00	3	3000.00	20

注：①表 2-8 中 S、C、B 表示小、中、大型厂房。容量是指所能放置生产线数量。
②兴建厂房，需要指定厂区。
③兴建的厂房当期可以使用。
④厂房的折旧费、维护费，在每期期末系统自动生成，需要在下期结束前支付。

表 2-9　　租赁厂房基本信息表

名称	租金（元）	容量	所在地域
东北 S 型厂房租赁	80000.00	1	东北老工业基地
中原 S 型厂房租赁	82000.00	1	中原经济区
环渤海 C 型厂房租赁	140000.00	2	环渤海
新丝路 C 型厂房租赁	145000.00	2	新丝路经济带
中部 C 型厂房租赁	142000.00	2	长江中部城市群
成渝 B 型厂房租赁	198000.00	3	成渝城市群
珠江 B 型厂房租赁	190000.00	3	珠江三角洲
长江 B 型厂房租赁	200000.00	3	长江三角洲

注：①租赁厂房，不需要厂区。
②租赁的厂房当期可以使用。系统每月会自动续租，不在租赁需要退租。退租当期生效。
③租赁的厂房到达租赁期限时，系统会自动续租并在每期期末扣除租赁费用。

2.2.2.2　仓库信息

购买厂区后，企业可以根据企业规划决策，选择自行兴建或者租赁仓库（包括原材料

库和产成品仓库），用来存放原辅材料和产成品。

仓库建造、租赁和维修商家由实训平台系统模拟担任。市场上仓库建造、租赁和维修商家信息如表2－10所示。

表2－10　仓库建造、租赁和维修商家信息表

公司名称	开户银行	银行账号	业务范围	税务登记证号	地址	联系电话
华旗建筑安装有限公司	建行龙泉支行	6225880166773362	房屋建造	510102888234211	成都市龙泉驿区华安63号	028－84680789
成都东方房屋租赁有限公司	建行龙泉支行	6225880166773350	房屋租赁	510104860234262	成都市龙泉驿区南京863号	028－84642012
信详房屋维修有限公司	建行龙泉支行	6225880166773352	房屋维修	510106866234273	成都市龙泉驿区驿都大道1263号	028－84642073

（1）原材料仓库信息。制造企业储存原材料需要原材料仓库。原材料库有大中小三种规格，不同规格的原材料库的价格及容量都不同，详细信息如表2－11、表2－12所示。

表2－11　兴建原材料库基本信息表

名称	兴建定价（元）	容量	维护费用（元）	折旧年限（年）
小型材料仓库	440000.00	5000	3000.00	10
中型材料仓库	616000.00	7000	7600.00	10
大型材料仓库	880000.00	10000	15600.00	10

注：①兴建原材料库，需要指定厂区。
②兴建的原材料库当期可以使用。
③原材料库的折旧费、维护费，在每期期末系统自动生成，需要在下期结束前支付。

表2－12　租赁原材料库基本信息表

名称	租金（元）	容量	所在地域
环渤海小型材料仓库租赁	90000.00	5000	环渤海
珠江中型材料仓库租赁	130000.00	7000	珠江三角洲
东北中型材料仓库租赁	126000.00	7000	东北老工业基地
新丝路大型材料仓库租赁	185000.00	10000	新丝路经济带
中部大型材料仓库租赁	180000.00	10000	长江中部城市群
长江大型材料仓库租赁	188000.00	10000	长江三角洲

注：①租赁的原材料库当期可以使用。
②原材料库的租金，在每期期末系统自动生成，需要在下期支付。
③不再租赁需退租。

（2）产成品库信息。制造企业和贸易公司储存制造企业生产的手机需要产成品仓库。产成品库有大中小三种规格，不同规格的产成品库的价格及容量都不同，详细信息如表2－13、表2－14所示。

表 2-13 产成品库基本信息表

名称	兴建定价（元）	容量	维护费用（元）	折旧年限（年）
小型成品仓库	360000.00	3000	5400.00	10
中型成品仓库	660000.00	5000	9900.00	10
大型成品仓库	900000.00	8000	13500.00	10

注：①兴建产成品库，需要指定厂区。

②兴建的产成品库当期可以使用。

③产成品库的折旧费、维护费，在每期期末系统自动生成，需要在下期支付。

表 2-14 租赁产成品库基本信息表

名称	租金（元）	容量	所在地域
中原小型成品仓库租赁	88000.00	3000	中原经济区
成渝小型成品仓库租赁	87000.00	3000	成渝城市群
环渤海小型成品仓库租赁	89000.00	3000	环渤海
新丝路中型成品仓库租赁	152000.00	5000	新丝路经济带
珠江大型成品仓库租赁	189000.00	8000	珠江三角洲
长江大型成品仓库租赁	188000.00	8000	长江三角洲
中部大型成品仓库租赁	186000.00	8000	长江中部城市群

注：①租赁产成品库，不需要厂区。

②租赁的产成品库当期可以使用。

③产成品库的租金，在每期期末系统自动生成，需要在下期结束前支付。

④租赁的产成品库到达租赁期限时，系统会自动续租。不再租赁需退租。

2.2.3 生产线信息

制造企业生产产品需要生产线。企业可以根据生产决策，选择购买各种类型的生产线组织生产。

生产线供应和维修商家由实训平台系统模拟担任。市场上生产线供应和维修商家信息如表 2-15 所示。

表 2-15 生产线供应和维修商家信息表

公司名称	开户银行	银行账号	业务范围	税务登记证号	地址	联系电话
腾达设备制造有限公司	建行永安支行	6225880111223344	销售生产线	210102270234501	杭州市上里路 212 号	84680666
舒曼迪设备维修有限公司	建行龙泉支行	6225880166773347	维修生产线	360102270234555	无锡市阳山路 222 号	84680555

购买的生产线须安放在厂房中，当厂房容量不足时，无法购买安装生产线。

购买生产线一次性支付全部价款，付款后视同开始安装。在价款支付完毕的下一期视同生产线安装完成，安装完成的当期可投入使用。

市场中有四种类型的生产线，不同生产线的价格及产量各不相同，详细信息如表2－16所示。

表2－16 生产线基本信息表

类型	购买价格（元）	安装周期	额定生产量	最大生产量	维护费用（元）	折旧年限（年）	转产时间	转产费用（元）
半自动生产线	1600000.00	0	700	1000	16000.00	10	1	16000.00
劳动密集型生产线	100000.00	0	0	500	5000.00	10	0	5000.00
全自动生产线	2800000.00	1	1500	1800	30000.00	10	1	28000.00
柔性生产线	3500000.00	1	1700	2000	40000.00	20	0	0

注：①额定产能是指生产线建成后，没有投入生产工人和管理人员的情况下的默认产能。

②最大生产量是指企业通过招聘生产工人和管理人员，并且将人员调入生产线进行生产，使生产线的产能提高到最大时的产能。产能等于最大产能时，每期产出量将不再提高。

③企业开展信息化可提高生产线的最大产能。

④安装完成的生产线须下达生产指令才能开始生产。

⑤生产线转产须在生产线建成完工，而且在空闲状态下才能进行。转产除了柔性生产线没有转产费用，其他生产线都有转产费用，其中劳动密集型和柔性生产线没有转产周期，半自动生产线和全自动生产线有转产周期。

⑥制造企业需要购买生产线生产产品，从而进行销售。贸易和供应不需要购买生产线。

2.2.4 材料供应信息

原材料采购有两种方式：一是从系统采购，二是从同学模拟的供应商处采购。系统中原材料采购是按批次限量供应，一旦采购完了，将不再供给。

2.2.4.1 从系统采购

（1）从系统中采购的原材料，需要当期付款，并能当期到货。如果当期没有付款或者取消合同则会产生违约金。付款之后，当期需要办理入库，否则将产生10%的损耗，剩余90%的原材料可以在下期入库。

（2）系统在每个厂区所在区域设立原材料供应商，并按批次根据市场情况价格上下波动、有限供应原材料。几个批次被采购完后就不再供给。

（3）若跨地域采购将产生额外物流费用。

（4）供应商比制造企业从系统中采购原材料时价格便宜40%。

（5）从系统采购原材料，同一区域不需要物流费用，跨区域需要物流费用，在入库后，系统自动生成物流费用合同。物流费用由学生创立的企业承担。

2.2.4.2 从模拟供应商采购

（1）从供应商采购原材料，由双方协商付款与到货的时间。

（2）从供应商采购原材料，需要物流费用，在入库后，系统自动生成。物流费用系统默认是卖家承担，如果买家承担，则需要交易结束后通过银行转账。物流费用的多少由承担物流费用的一方和物流公司协商确定。

（3）供应商发货之后，制造企业当期需要办理入库，否则将每期产生10%的损耗。

（4）企业可以在市场上购买同类型企业出售的原辅材料，买方可以按照卖方的价格要求出价，卖方确定后，买方即可获得相应原辅材料。

2.2.5 市场交易规则

2.2.5.1 产品销售方式

（1）制造企业产品销售方式。

①制造企业销售产品给贸易公司。制造企业生产的手机主要销售给贸易公司，其销售方式主要包括三种：

第一种：谈判。制造企业通过与贸易公司谈判，签订销售合同进行产品销售。这是制造企业最主要的销售方式。

第二种：电子商务。也就是通过在系统模拟的市场中进行竞单销售。采用此方式销售产品，企业必须投入广告费，开拓市场，才能接到该市场的订单。

第三种：竞标。制造企业分别可以在经营的第三期和第五期参与市场竞标取得销售订单。竞标必须按照招标人的要求准备标书参与竞标。

②制造企业之间的交易。制造企业之间可以通过“市场交易”将产成品库内的产品摆在市场上出售，买家只能是同类型的企业，由系统模拟的商家不会购买各企业摆放在市场上的产品。

企业可以在市场上购买同类型企业出售的产品，买方可以按照卖方的价格要求出价，卖方确定后，买方即可获得相应产品。

（2）贸易公司销售方式。贸易公司销售方式主要是电子商务，即通过在系统模拟的市场中进行销售竞单，实现销售。参与销售竞单，必须开拓市场，投入广告费，才能接到该市场的订单。

2.2.5.2 市场开拓

企业通过电子商务方式在市场销售产品，必须开拓市场。目前，开拓市场和市场维护主要是委托第三方代为进行的，相应市场开发和维护费用直接支付给第三方市场开发公司。

第三方市场开发公司由实训平台系统模拟担任。第三方市场开发公司相关信息如表2－17所示。

表2－17 第三方市场开发公司相关信息表

公司名称	开户银行	银行账号	业务范围	税务登记证号	地址	联系电话
深力管理咨询有限公司	建行锦江支行	990100245313456	管理咨询、市场开拓	110111321100912	北京市海淀区永丰路1248号	010－85524282

市场开拓主要是卖给系统需要做的，有市场才能拿到订单进而销售。市场开拓分临时性开拓和永久性开拓。市场开拓及维护费用如表2－18所示。

表 2－18　市场开拓和维护费用表

市场名称	资金有效期	暂时性开拓投入（元）	永久性开拓投入（元）	维护费用比率（%）
华东	0/3	80000.00	240000.00	4
华南	0/3	70000.00	210000.00	5
华北	0/3	70000.00	210000.00	6
西北	0/3	60000.00	180000.00	6
华中	0/3	70000.00	210000.00	4
西南	0/3	60000.00	180000.00	5
中原	0/3	70000.00	210000.00	4
东北	0/3	60000.00	180000.00	4

注：①首先要选择是临时性开拓还是永久性开拓。

②若选择临时性开拓费用需每期支付，不需维护费用。

③若选择永久性开拓是一次性投够永久性开拓资金或在资金有效期内累计达到永久性开拓资金，开拓成功后可用。后续需支付维护费用。

④本期投入临时性开拓或永久性开拓费用，下期生效。

⑤临时性开拓需每期支付开拓费，否则系统不会提示继续租赁，不支付费用则临时性开拓取消。

2.2.5.3　产品定价

在开始生产产品前，我们做好规划，就需要给产品定价。销售的时候我们需要报价，报价（卖价）只受定价影响。

产品定价只针对销售系统，销售给模拟的贸易商则只需私下协商价格。产品定价如表2－19所示。

表 2－19　产品定价表

产品名称	市场最高价	当前生效定价（元）	定价（元）
D 型产品	5800.00	5800.00	
L 型产品	6500.00	6500.00	
O 型产品	8000.00	8000.00	
H 型产品	10000.00	10000.00	
S 型产品	15000.00	15000.00	

注：①产品定价可以每期修改，当期修改下期生效。如果不做修改将自动延续。

②产品定价不能超过市场最高价，否则投标竞单时，不能中标任何订单。

③在投标竞单时，报价只能以已生效定价为基准上下浮动30%。例如，D 型产品定价 5800 元，那么我的报价（销售价）就可以是 4060 元至 7540 元之间；若 D 型产品定价 5000 元，那么我的报价（销售价）就是 3500 元至 6500 元；如果定价超过 5800 元则不能参与竞单。

2.2.5.4　市场预测分析

地域对照表（见表2－20）在系统“商业环境”中可见，不同地区之间交易会产生物流费用，在开启企业活动前，学生需了解自己建厂以及仓库等的位置所在，避免产生不必要的物流费用。

在系统中，“商业环境”下会有一些市场预测图表，在开启一项企业活动前，企业可以通过市场预测图进行战略分析，做好生产经营规划。市场预测图如图 2－9 所示。

表 2－20　地域对照表

区域名称	市场名称	代表城市
长江三角洲	华东	江苏昆山
珠江三角洲	华南	广东广州
环渤海	华北	山东济南
东北老工业基地	东北	黑龙江哈尔滨
长江中部城市群	华中	湖北武汉
成渝城市群	西南	四川成都
中原经济区	中原	河南郑州
新丝路经济带	西北	陕西西安

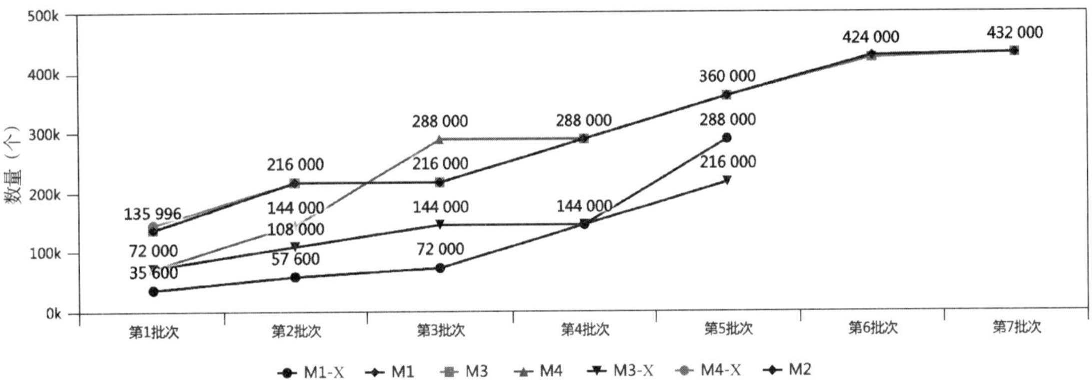

图 2－9　原材料供应数量走势图

2.2.5.5　销售

（1）销售给贸易公司。销售给贸易公司，由双方协商商品价格、付款与到货的时间、违约期和违约金额。之后在系统中签订购销合同。

系统支持制造企业将产品、原材料销售给其他制造企业或贸易公司。

由卖方发起购销合同。

（2）销售给系统（投标竞单）。贸易公司与制造企业均可投标竞单，和系统交易的物流费用由企业自己承担且款到货到，货款两清。

在系统操作时，切换到新的一期时，系统开始释放订单。每个企业可以查看本企业已开拓的市场的订单。贸易公司的订单数量是制造公司的 15 倍。影响竞单的要素分别为：报价、产品质量指数和企业综合实力。竞单时围绕三大要素进行评分，如图 2－10 所示。

评分 = 报价 ×60 + 质量指数 ×10 + 综合实力 ×30。

2.2.5.6　广告投放

企业可以通过各种宣传手段投入广告费，来开拓市场和提高市场影响力。当企业投入资金进行广告宣传后，将在下一期产生相应市场的市场影响力。企业的广告宣传主要是委托第

图 2－10　竞单评分指标权重分配表

注：①报价是指产品竞单时企业的卖价。

②质量指数，资质认证和信息化可以提高产品质量指数。

③综合实力，资质认证、准时交货率（违约）、市场地位（上期交易额）、信息化、市场占有率（广告投放）影响企业综合实力。

④每次竞价，产品报价需在产品定价的30%上下浮动，高于或低于30%都将竞不到单子。

⑤同一订单最多投标2次。已中标的订单可以取消，但是需支付相应的违约金。

三方广告代理公司进行的，第三方广告代理公司由实训平台系统模拟担任。第三方广告代理公司相关信息如表2－21所示。

表 2－21　第三方广告代理公司相关信息表

公司名称	开户银行	银行账号	业务范围	税务登记证号	地址	联系电话
华铭兴源传媒广告公司	建行新乡支行	6225880166773365	广告	912000001234568	深圳市新乡路3段8号	0755－85342828

目前，市场宣传手段包括全球性杂志广告、国内促销、公益广告、全球性促销广告等，无论哪种方式，都需要投入资金。广告投放详细信息如表2－22所示。

表 2－22　广告投放信息表

品牌宣传	最少投放资金（元）	市场反应比率（%）	市场选择形式	相关市场	效益曲线
独立市场促销	250000.00	110	投放单区域		80:100:30
网络营销	300000.00	30	投放多区域	华东，华南，华北，东北，华中，西南，中原，西北	90:80:50:30
地面活动推广	200000.00	90	投放单区域		50:100:80:50

续表

品牌宣传	最少投放资金（元）	市场反应比率（%）	市场选择形式	相关市场	效益曲线
商业影视广告	500000.00	50	投放多区域	华东，华南，华北，东北，华中，西南，中原，西北	50:80:50:10
全市场促销	1000000.00	100	投放多区域	华东，华南，华北，东北，华中，西南，中原，西北	30:50:100:70:50
杂志纸媒广告	300000.00	30	投放多区域	华东，华南，华北，东北，华中，西南，中原，西北	40:70:30:10

注：①广告投放后首先作用于区域，分单区域和多区域。

②多区域的最少投放资金固定，可选择的区域个数不限。各个区域产生的效益一样。

③实际投入资金产生的效益 = 最少投放资金 × 市场反应比例 × 当期广告变化趋势百分比。

④广告变化趋势从投入广告的当期开始生效。生效期数及效益见效益曲线。如效益曲线为80:100:30，则生效期为3，投放广告后第一期生效80%，第二期生效100%，第三期生效30%。

⑤广告会影响投标竞单，以某一市场广告总投入进行占比。

2.2.5.7 仓储与物流

表 2 – 23　　各区域对照表

区域名称	市场名称	代表城市
长江三角洲	华东	江苏昆山
珠江三角洲	华南	广东广州
环渤海	华北	山东济南
东北老工业基地	东北	黑龙江哈尔滨
长江中部城市群	华中	湖北武汉
成渝城市群	西南	四川成都
中原经济区	中原	河南郑州
新丝路经济带	西北	陕西西安

表 2 – 24　　物流距离表

起始地域名称	起始代表城市	目的地地域名称	目的地代表城市	距离（公里）
长江三角洲	江苏昆山	长江中部城市群	湖北武汉	773
长江三角洲	江苏昆山	成渝城市群	四川成都	1913
长江三角洲	江苏昆山	中原经济区	河南郑州	894
长江三角洲	江苏昆山	东北老工业基地	黑龙江哈尔滨	2250
长江三角洲	江苏昆山	环渤海	山东济南	823
长江三角洲	江苏昆山	珠江三角洲	广东广州	1451
长江三角洲	江苏昆山	新丝路经济带	陕西西安	1313

续表

起始地域名称	起始代表城市	目的地地域名称	目的地代表城市	距离（公里）
珠江三角洲	广东广州	东北老工业基地	黑龙江哈尔滨	3309
珠江三角洲	广东广州	环渤海	山东济南	1812
珠江三角洲	广东广州	长江三角洲	江苏昆山	1451
珠江三角洲	广东广州	长江中部城市群	湖北武汉	998
珠江三角洲	广东广州	新丝路经济带	陕西西安	1625
珠江三角洲	广东广州	中原经济区	河南郑州	1441
珠江三角洲	广东广州	成渝城市群	四川成都	1696
环渤海	山东济南	长江三角洲	江苏昆山	823
环渤海	山东济南	珠江三角洲	广东广州	1812
环渤海	山东济南	东北老工业基地	黑龙江哈尔滨	1543
环渤海	山东济南	中原经济区	河南郑州	433
环渤海	山东济南	成渝城市群	四川成都	1600
环渤海	山东济南	长江中部城市群	湖北武汉	833
环渤海	山东济南	新丝路经济带	陕西西安	890
东北老工业基地	黑龙江哈尔滨	中原经济区	河南郑州	1923
东北老工业基地	黑龙江哈尔滨	成渝城市群	四川成都	3020
东北老工业基地	黑龙江哈尔滨	长江中部城市群	湖北武汉	2347
东北老工业基地	黑龙江哈尔滨	环渤海	山东济南	1543
东北老工业基地	黑龙江哈尔滨	珠江三角洲	广东广州	3309
东北老工业基地	黑龙江哈尔滨	长江三角洲	江苏昆山	2250
东北老工业基地	黑龙江哈尔滨	新丝路经济带	陕西西安	2306
长江中部城市群	湖北武汉	中原经济区	河南郑州	528
长江中部城市群	湖北武汉	成渝城市群	四川成都	1161
长江中部城市群	湖北武汉	东北老工业基地	黑龙江哈尔滨	2347
长江中部城市群	湖北武汉	环渤海	山东济南	833
长江中部城市群	湖北武汉	珠江三角洲	广东广州	998
长江中部城市群	湖北武汉	长江三角洲	江苏昆山	773
长江中部城市群	湖北武汉	新丝路经济带	陕西西安	742
成渝城市群	四川成都	中原经济区	河南郑州	1186
成渝城市群	四川成都	长江中部城市群	湖北武汉	1161
成渝城市群	四川成都	东北老工业基地	黑龙江哈尔滨	3020
成渝城市群	四川成都	环渤海	山东济南	1600
成渝城市群	四川成都	珠江三角洲	广东广州	1696
成渝城市群	四川成都	长江三角洲	江苏昆山	1913
成渝城市群	四川成都	新丝路经济带	陕西西安	710
中原经济区	河南郑州	长江三角洲	江苏昆山	894

续表

起始地域名称	起始代表城市	目的地地域名称	目的地代表城市	距离（公里）
中原经济区	河南郑州	珠江三角洲	广东广州	1447
中原经济区	河南郑州	环渤海	山东济南	433
中原经济区	河南郑州	东北老工业基地	黑龙江哈尔滨	1923
中原经济区	河南郑州	长江中部城市群	湖北武汉	528
中原经济区	河南郑州	成渝城市群	四川成都	1186
中原经济区	河南郑州	新丝路经济带	陕西西安	478
新丝路经济带	陕西西安	长江三角洲	江苏昆山	1313
新丝路经济带	陕西西安	珠江三角洲	广东广州	1625
新丝路经济带	陕西西安	环渤海	山东济南	890
新丝路经济带	陕西西安	东北老工业基地	黑龙江哈尔滨	2306
新丝路经济带	陕西西安	长江中部城市群	湖北武汉	742
新丝路经济带	陕西西安	成渝城市群	四川成都	710
新丝路经济带	陕西西安	中原经济区	河南郑州	478

注：①物流费用每种原料或成品的价格为0.02元/公里。物流费用计算公式为：物流费用=0.02×距离×数量。

②物流费用是以两地仓储之间的距离为依据，同一地点不需要物流费用。

③目前系统中物流运输不需要时间，即发即到。

2.2.6 人力资源信息

实训中，各个企业的人员是由两部分构成的，一部分是由实训者充当的职场管理人员，另一部分是在实训平台中招聘的虚拟工作人员。无论哪部分人员，都需要通过招聘产生，向人力资源市场支付招聘费用，定期支付员工的薪酬。

实训者充当的职场管理人员的招聘费用和薪酬标准、支付方式可由组织者自行确定。

企业在实训平台中招聘的虚拟工作人员，由第三方人力资源公司负责推荐，收取推荐费用，同时，为了保证人员薪酬及时到位，各用人企业将虚拟工作人员的工资直接通过银行转账的方式支付给第三方人力资源公司，由第三方人力资源公司转发。

为简化计算，企业只向第三方人力资源公司支付人员的工资，其他费用包括五险一金等由第三方人力资源公司负担。本实训设计第三方人力资源公司由实训平台系统模拟担任。第三方人力资源公司相关信息如表2－25所示。

表2－25　第三方人力资源公司相关信息表

公司名称	开户银行	银行账号	业务范围	税务登记证号	地址	联系电话
龙头人力资源有限公司	建行龙泉支行	6225880166773343	人力资源	510102888222876	成都市龙泉驿区大面西路6号	028－84631024

企业在实训平台中招聘的虚拟工作人员，主要包括科研人员、管理人员和生产工人，他们可提高研发项目的效率、驱动生产线生产。企业通过第三方人力资源公司招聘各式各样的

人才，并且将人员分配到合适的岗位开始工作。每种类型的人员都有各种能力，企业在人才招聘时，注意能力的搭配，尽可能减少人力成本的同时，提高工作效率。人力资源详细信息如表2-26所示。

表2-26　　人力资源信息表

名称	人员类型	招聘费用（元）	工资（元）	生产能力	研发能力	市场能力	产能影响力（%）	研发影响力（%）	市场影响力（%）
生产工人	生产	250	3000.00	15	0	0	0	0	0
管理人员	生产	1000.00	8000.00	0	0	0	20	20	20
研发人员	研发	1500.00	15000.00	0	20	0	0	0	0
专家顾问	研发	5000.00	30000.00	0	0	0	30	40	40
熟练生产工人	生产	500	5000.00	25	0	0	1	0	0
优秀管理人员	生产	2000.00	15000.00	0	0	0	35.00	35.00	35.00

注：①人员招聘需支付招聘费用，支付成功后，招聘的人员当期可投入研发或生产。

②招聘费用按个人计算。

③招聘当期计算薪资但不发放，下一期期初生成薪资待发合同，需要企业及时支付。

④空闲人员才能解聘，当时解聘当时人员撤离，但是当期人员工资需要支付，下期开始不计算薪资。

⑤不同人员能力值不尽相同，我们在招聘人员的时候要合理招聘所需人员，以最少的人达到最大的产能。

举例简单说明：给半自动生产线招2个生产工人、2个管理人员，其提升的产能 = [15 × 2 + 15 × 2 × (20% + 20%)] = 42。

⑥研发能力、生产能力、市场能力并无单位，它是一种能力值，例如：生产能力是10，那我这个生产人员一次就可以生产10个产品。

2.2.7　认证信息

ISO 9000系列标准是保证产品的质量，ISO 14000系列标准是要求组织承诺遵守环境法律、法规及其他要求，并对污染预防和持续改进做出承诺。

企业通过资质认证能够提升产品质量，从而提升竞单几率。认证需要一定的时间，投入一定的认证费用，认证完成后，还需要定期支付维护费用。

企业的认证是委托第三方认证代理公司进行的，企业投入的认证费用和维护费用直接支付该公司。第三方认证代理公司由实训平台系统模拟担任。第三方认证代理公司相关信息如表2-27所示。资质认证详细信息如表2-28所示。

表2-27　　第三方认证代理公司相关信息表

公司名称	开户银行	银行账号	业务范围	税务登记证号	地址	联系电话
北京融通综合服务有限公司	建行昌平支行	6225880166773360	产品认证	110108966612116	北京市昌平区育慧南路22号	010-84611173

表 2－28 资质认证信息表

名称	认证费用（元）	产品质量影响力	认证周期	匹配产品
D 型产品认证	50000.00	10	1	D 型产品
L 型产品认证	50000.00	10	1	L 型产品
O 型产品认证	50000.00	10	1	O 型产品
H 型产品认证	50000.00	10	1	H 型产品
S 型产品认证	50000.00	10	1	S 型产品
ISO 9000 企业认证	100000.00	20	2	D、L、O、H、S 型产品
ISO 14000 企业认证	300000.00	30	5	D、L、O、H、S 型产品

注：①资质认证能够提升产品质量，从而提升竞单几率。

②认证当期投入资金启动，在资金投入足够情况下，启动后经过对应认证周期，系统确认认证成功。

2.2.8 信息化

通过信息化的实施，能够从各方面获得能力提升，包括生产能力、人力资源水平、销售能力、产品性能，从而提高企业竞争力。企业的信息化建设是委托第三方信息化公司进行的，信息公司收取实施费用。第三方信息化公司由实训平台系统模拟担任。第三方信息化公司相关信息如表 2－29 所示，信息化相关信息如表 2－30 所示。

表 2－29 第三方信息化公司相关信息表

公司名称	开户银行	银行账号	业务范围	税务登记证号	地址	联系电话
北京雪飞信息咨询管理有限公司	建行昌平支行	6225880166773364	信息化	110208966614763	北京市昌平区龙水北路 168 号	010－68225016

表 2－30 信息化相关信息表

名称	实施金额（元）	效力曲线	提升订单效益（%）	提升生产产能（%）	提升产品性能（%）	降低人力成本（%）
企业营销政策咨询	600000.00	80:100:50	30	0	0	0
企业 ERP 上线	800000.00	10:50:80:100	30	20	20	20
企业绩效考核咨询	300000.00	20:30:80:100	0	0	25	65
企业薪酬制度解决方案	500000.00	100:80:70:60:50	10	30	10	－70
企业 OA 系统上线	300000.00	10:50:80:100	10	5	0	5
企业移动商务平台上线	600000.00	50:100:80	20	10	0	5

注：①企业信息化项目的实施能够从整体上提升企业的效率，不同的信息化项目影响力不同，能够重叠产生效益。

②信息化项目自实施所产生的作用按照效力曲线发生，最后形成稳定作用力一直延续。

信息化对提升产能影响值计算举例：

企业在不做任何信息化的情况下生产 O 型产品，半自动生产线一条（额定产能 700 件，最大产能 1000 件），投入熟练生产工人 5 人（工资 25000 元），根据 BOM 结构采购可生产

1000 件 O 型产品的原材料，则可生产出产成品为 831 件（计算见生产线）。

企业 ERP 上线后，则根据 ERP 效力曲线：

当期，工资（人力成本）可降低至 24500［25000 －（25000 × 20% × 10%）］元；产能提升至 847［831 +（831 × 20% × 10%）］件（半个不计总数）。

下一期，工资（人力成本）可降低至 22500［25000 －（25000 × 20% × 50%）］元；产能提升至 914［831 +（831 × 20% × 50%）］件。

以此类推，直到达到 100% 后持续 100% 有效（要达到最大产能原材料必须首先达到要求）。

2.3 政策环境

2.3.1 税收政策

工业园区税收政策除以下政策外，其他均按按国家相关税收政策执行：

（1）企业所得税。

①凡在工业园区从事手机制造、销售的企业，从工商注册登记之日起的前两期免征企业所得税，第三、四期在报经税务局批准后，所得税可按 15% 税率征收。

②固定资产折旧：

A. 房屋建筑物折旧年限：120 个月；机器设备折旧年限：30 个月。

B. 企业的固定资产由于技术进步等原因，确需加速折旧的，可以缩短折旧年限或者采取加速折旧的方法，但需报经税务局批准。

③职工薪酬。企业人员薪酬支出在当地上年人均收入（5000 元/月）3 倍以下的，计算所得税时可全额扣除。

（2）城建税和教育费附加。凡在工业园区注册登记的企业，从工商注册登记之日起的前两期免征城建税和教育费附加。

2.3.2 金融政策

2.3.2.1 银行结算①

企业以下业务须开出转账支票到银行转账，其余业务采用委托收款结算方式。当业务发生时，银行直接从企业账户中转账付款。银行付款后，企业需在银行取得委托收款的付款凭证联，作为付款依据。

① 实训时，组织者可根据实际情况灵活调整银行结算方式。

（1）贴牌生产。

（2）采购原材料。

（3）企业之间的交易（制造企业与制造企业，制造企业与贸易公司，贸易公司与贸易公司）。

2.3.2.2　银行信贷

园区在金融政策上对企业给予大力支持。企业在经营过程中，随时可以根据资金的需要，向银行申请贷款。银行在符合规定的条件下，发放贷款。

（1）贷款额度：由企业和银行协商。

（2）贷款期限：由企业和银行协商，以期为单位。

（3）贷款利率：年利率8%。银行可根据市场情况进行调整。

第3章　创建我的企业

多专业综合实训中同学们将体验企业从无到有的整个过程。能够拥有自己的企业是很多大学生的梦想，然而创办一个企业并非只需要激情，更需要理性的思考和务实的行动，还必须清楚地了解创办企业所必需的基本条件，从而判断自己是否具备创业的素质和能力。创业是一种机遇，也是一种挑战，更是一种超越。

3.1 我的创业规划

任何工作都是从计划开始的，有的放矢才能取得成功。想要成功创办一个企业，必须首先考虑以下几个问题：

- 我的企业将要销售什么产品或服务？
- 我的企业将向谁销售产品或服务？
- 我的企业将如何销售产品或服务？
- 我的企业将如何实现赢利？

……

3.1.1　前期市场调查

创办企业的前期，必须进行实地的市场调查来分析你的创业想法是否合理，这是决定企业能否成功的第一步。

市场调查就是指运用科学的方法，有目的地、有系统地搜集、记录、整理有关信息和资料，分析市场情况，了解市场的现状及其发展趋势，为企业战略规划和经营决策提供客观的、正确的资料。市场调查的内容很多，有市场环境调查，包括政策环境、经济环境、社会文化环境的调查；有市场基本状况的调查，主要包括市场规范，总体需求量，市场的动向，同行业的市场分布占有率等；有销售可能性调查，包括现有和潜在用户的人数及需求量，市场需求变化趋势，本企业竞争对手的产品在市场上的占有率，扩大销售的可能性和具体途径等；还可对消费者及消费需求、企业产品、产品价格、影响销售的社会和自然因素、销售渠道等开展调查。

市场调查的方法可以采取观察法、统计数据分析法、问卷调查法等定性和定量的调查方法。市场调查中要根据不同的调查对象采取不同的调查方法，要保证调查结果的信度和效度。在调查结束后，要综合各种因素，认真分析调查结果，形成调查报告。

【知识拓展】

一般来说，影响企业经营的环境因素可分为外在环境和内在环境两大类。内部环境是指企业经营过程中所需的各种内部资源与条件、存在于企业内部而企业有能力控制的因素，如组织文化、员工士气、规章制度等。外部环境是指那些企业外部的自然与社会条件、不在组织控制下的影响因素，如政治、经济、科技等的发展。企业外部环境虽然对于企业来说是不可控因素，但企业可以通过各种方法和途径认识它们，从而为制定管理战略提供切实可行的依据。企业的外部环境还可以进一步划分为一般环境和具体环境，一般环境往往通过具体环境对组织产生直接或间接的影响。一般环境是指那些带来较间接影响的因素，主要有政治、经济、社会和文化、技术等。具体环境是指与组织的日常营运有直接关系，但又非组织内部所能随意控制的因素，即是与实现企业目标直接相关的那部分环境，主要包括：供应商、顾客、人力资源、竞争对手、政府、压力团体。

3.1.2　SWOT 分析

在进行了实地的市场调查，收集到影响企业经营的各类信息后就要进行科学的分析。SWOT 分析法是由美国旧金山大学的管理学教授韦里克提出的，是一种企业战略分析方法，常用于市场竞争环境分析。即根据企业自身的既定内在条件进行分析，找出企业的优势、劣势及核心竞争力之所在。其中，S 代表 strength（优势），W 代表 weakness（弱势），O 代表 opportunity（机会），T 代表 threat（威胁），其中，S、W 是内部因素，O、T 是外部因素。按照企业竞争战略的完整概念，战略应是一个企业“能够做的”（即组织的强项和弱项）和“可能做的”（即环境的机会和威胁）之间的有机组合。

S：优势——分析企业有关的外在环境因素

- 我的企业擅长什么？
- 我有什么新技术？
- 能做什么别人做不到的？
- 和别人有什么不同的？
- 顾客为什么来？

……

W：劣势——分析企业本身的内在环境因素

- 什么做不来？
- 缺乏什么技术？
- 别人有什么比我们好？
- 不能够满足何种顾客？

……

O：机会——分析企业应该走向何处

- 市场中有什么适合我们的机会？

- 可以学什么技术？
- 可以吸引什么新的顾客？
- 怎样可以与众不同？
- 组织在 5～10 年内的发展？

……

T：威胁——分析企业内外潜在的破坏业务的因素

- 市场最近有什么改变？
- 竞争者最近在做什么？
- 是否赶不上顾客需求的改变？
- 整个国家经济形势前景难测？
- 是否有什么事可能会威胁到企业的生存？

……

当做完 SWOT 分析以后，就能够评估创业可行性并做出最终决定。

3.1.3　创业计划书

在对创业可行性进行了认真的判断以后，现在就开始准备编制我的创业计划书。创业计划书是用以描述与拟创办企业相关的内外部环境条件和要素特点，为业务的发展提供指示图和衡量业务进展情况的标准。

一般来说，在创业计划书中应该包括创业的种类、资金规划及基金来源、资金总额的分配比例、阶段目标、财务预估、行销策略、可能风险评估、创业的动机、股东名册、预定员工人数等。创业计划书的质量，往往会直接影响创业发起人能否找到合作伙伴、获得资金及其他政策的支持。它不仅仅是企业经营的一个战略蓝图，更是吸引投资商的重要利器。

【知识拓展】

创业说明书的基本格式

目录

摘要

1. 执行总结

1.1　项目背景　　1.2　目标规划　　1.3　市场前景

2. 市场分析

2.1　客户分析　　2.2　需求分析

2.3　竞争分析　　2.3.1　竞争优势　　2.3.2　竞争对手

3. 公司概述

3.1　公司　　3.2　总体战略

3.3　发展战略　　3.3.1　初期战略　　3.3.2　中期战略　　3.3.3　终极战略

3.4　人力资源组织　　3.5　财务管理制度　　3.6　企业文化

3.7　服务概述

4. 组织管理体系

4.1 组织机构 4.2 部门职责 4.3 管理模式

5. 投资策略

5.1 股份募资 5.2 项目融资

6. 营销战略

6.1 营销目标 6.2 营销模式 6.3 产品流动模式

7. 财务分析

7.1 营业费用预算 7.2 销售预算 7.3 现金流量表 7.4 盈亏分析

8. 风险分析

8.1 机遇 8.2 风险及策略

9. 退出策略

附录：市场调查问卷

3.2 我的企业筹备

3.2.1 团队组建

3.2.1.1 设计组织结构

组织结构设计，是指对一个组织的组织机构进行规划、构造、创新或再造，以便从组织的结构上确保组织目标的有效实现。在进行组织结构设计时，首先要明确组织确立的任务和目标是什么，然后认真分析为了完成组织的任务和实现组织的目标，必须做的事是什么、设立什么机构、什么职务、选什么人来做。要做到因事设职，因职用人，“事事有人做”和“人人有事做”。

常见的一些组织结构的基本类型有直线制、职能制、直线职能制、事业部制、超事业部制、模拟分散制、矩阵制等。按照多专业综合实训中制造企业和贸易公司的人数来看，企业规模相对较小，所以我们采取最常见的直线职能制。制造公司组织结构如图 3－1 所示。

贸易公司不需要进行产品的生产和制造，则不设置生产部。其他部分与制造公司的组织结构相同。

3.2.1.2 招聘我的员工①

（1）明确每个岗位的主要职责，制作岗位说明书。

① 此部分详细内容可参考后续章节（4.1.1）中的《我是 CEO》中的相关内容。

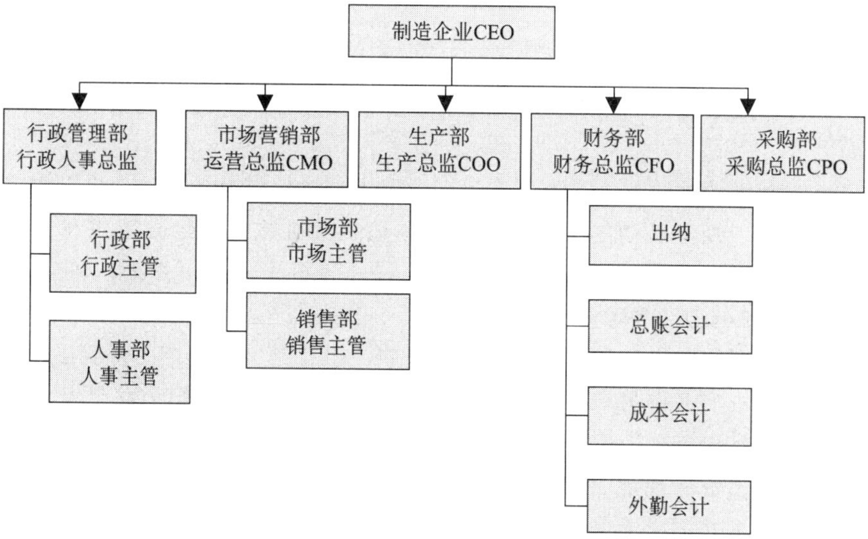

图3-1 制造企业组织结构图

（2）做好人员招聘计划，选择适当的招聘渠道、招聘方法等进行人员招聘。

（3）招聘结束后，与新进员工签订劳动合同，随后进行岗前培训工作。

3.2.2 企业工商注册登记

3.2.2.1 选择企业的法律形态

市场经济是法制经济。凡是进入市场从事生产经营活动的组织和个人都必须事先向登记管理机关提出申请，经登记管理机关依法审查、核准登记注册并发给相应的营业执照后，才能持照从事生产经营活动。那么要进行注册登记，就得先选择企业的法律形态，即以什么样主体形式进入市场。在我国民营企业的法律形态主要有股份有限公司、有限责任公司、外资企业、中外合资企业、个体工商户、个人独资企业、合伙企业等多种形式。其中：

有限责任公司：股东以其认缴的出资额为限对公司承担责任；

股份有限公司：股东以其认购的股份为限对公司承担责任；

个人独资企业：是依据公司法，在中国境内设立，由一个自然人投资，财产为投资人个人所有，投资人以其个人财产对企业债务承担无限责任的经营实体；

合伙企业：是指自然人、法人和其他组织依照公司法，在中国境内设立的普通合伙企业和有限合伙企业；

个体工商户：是指生产资料属于私人所有，主要以个人劳动为基础，劳动所得归个体劳动者自己支配的一种经济形式。个体工商户有个人经营、家庭经营与个人合伙经营三种形式。由于个体工商户对债务承担无限责任，所以个体工商户不具备法人资格；

外商投资企业：是外国企业和其他经济组织或个人以各种方式在中国境内投资，并依法律设立的承担民事责任的企业。分为：外商独资企业、中外合作企业、中外合资企业；

私营企业：是指由自然人投资设立或由自然人控股，以雇佣劳动为基础的营利性经济组织。

不同企业的法律形态有不同的要求，对企业产生的影响也不同，表现在：开办和注册企业的成本；开办和注册企业手续的难易程度；企业的风险责任；企业的决策程序和企业利润分配等方面。

工商局对不同经营性质的企业资质有不同的要求。注册资金就是企业全部财产的货币表现，是企业从事生产经营活动的物质基础，是登记主管机关核定经营范围和方式的主要依据。第十二届全国人大常委会第六次会议决定，对《公司法》作出修改，并自 2014 年 3 月 1 日起施行。公司法修改主要涉及三个方面：

第一，将注册资本实缴登记制改为认缴登记制。也就是，除法律、行政法规以及国务院决定对公司注册资本实缴有另行规定的以外，取消了关于公司股东（发起人）应自公司成立之日起两年内缴足出资，投资公司在 5 年内缴足出资的规定，取消了一人有限责任公司股东应一次足额缴纳出资的规定。转而采取公司股东（发起人）自主约定认缴出资额、出资方式、出资期限等，并记载于公司章程的方式。

第二，放宽注册资本登记条件。除对公司注册资本最低限额有另行规定的以外，取消了有限责任公司、一人有限责任公司、股份有限公司最低注册资本分别应达 3 万元、10 万元、500 万元的限制；不再限制公司设立时股东（发起人）的首次出资比例以及货币出资比例。

第三，简化登记事项和登记文件。有限责任公司股东认缴出资额、公司实收资本不再作为登记事项。公司登记时，不需要提交验资报告。

3.2.2.2 企业名称预选

确定了企业的法律形态以后，就可以为企业进行名称预选。企业名称是一个企业区别于其他企业或经济组织的标志，要能够反映企业的形象和特色，同时必须符合相关的企业登记管理条例的规定。所以组建企业的第一程序便是进行名称预选，填写《企业名称预先核准申请书》并递交工商局核准。名称预先核准的目的就是要审核企业申请的公司名称是否有和其他相关企业出现重名，如果重名，企业则必须为公司起另外的名字直到工商局审核通过为止。因此，企业名称预先核准是企业开业登记设立前必须履行的重要工作。

【知识拓展】

企业名称应符合国家工商管理总局制订的《企业名称登记管理实施办法》，由行政区划、字号、行业、法律形态或组织形式依次组成，法律法规另有规定的除外。例如，成都鼎立农业开发有限责任公司，其中“成都”为行政区划，“鼎立”为字号，“农业开发”为行业，“有限责任公司”为法律形态。

企业名称不得含有下列内容和文字：(1) 有损于国家、社会公共利益的；(2) 可能对公众造成欺骗或者误解的；(3) 外国国家（地区）名称、国际组织名称；(4) 政党名称、党政军机关名称、群众组织名称、社会团体名称及部队番号；(5) 汉语拼音字母（外文名称中使用的除外）、数字；(6) 其他法律、行政法规规定禁止的。

登记主管机关有权纠正已登记注册的不适宜的企业名称，上级登记主管机关有权纠正下级登记主管机关已登记注册的不适宜的企业名称。对已登记注册的不适宜的企业名称，任何单位和个人可以要求登记主管机关予以纠正。

3.2.2.3 办理注册登记的相关业务，完成企业注册登记

企业名称预选通过以后，想要完成企业的注册登记，成为一个合法的市场“新生儿”，还需要完成很多工作。包括以下几个方面：

（1）进行企业选址，签订房屋租赁协议，或提供购房合同或产权证复印件①。

（2）到银行开设基本账户，填写《开立单位银行结算账户申请书》等。

（3）到工商局递交《公司设立登记申请书》；制订企业规章制度，完成企业法人代表登记和单位投资人名录等②。这部分业务在实训中由综合服务公司进行业务代办。

（4）到税务局办理税务登记；并填写《税务登记表》和《纳税人税种登记表》等相关资料。

【温馨提示】

办理税务登记必报资料有：

（1）加载统一社会信用代码的营业执照。

（2）法定代表人（负责人）本人及居民身份证、护照或其他身份的合法证件，其他人代为办理则另需提供公司授权委托书。

（3）单位公章。

企业注册登记的具体业务流程如图3－2所示。

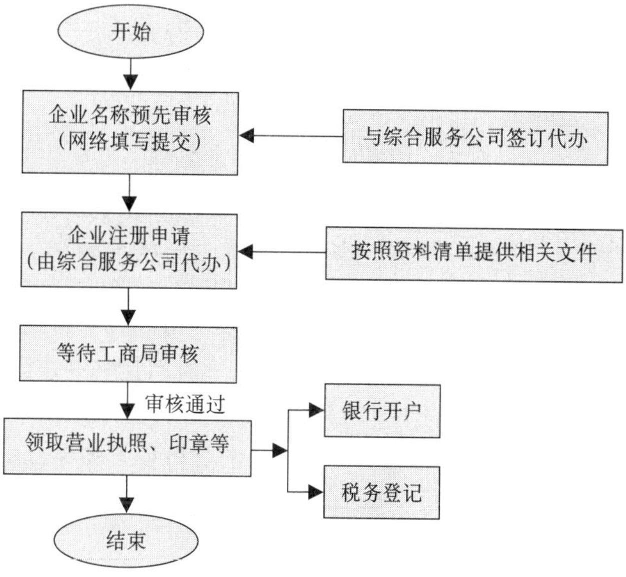

图3－2 企业注册登记流程图

① 多专业实训基地中所有企业都在一个工业园区，企业成立后应与工业园的管委会签订相关《房屋租赁协议》，并根据协议内容按期缴纳租金。

② 企业需提供：《企业名称预先核准通知书》、设立登记申请书、公司章程、股东的法人资格证明或自然人身份证明、股东构成证明、住所证明、相关部门证明、公司法定代表人任职文件和证明等。

工商局核准通过企业登记注册后，将下发企业营业执照和营业执照副本，企业便可择日开业，开始自己的业务经营了。

3.3 我的企业成立

举行盛大的开业庆典，不仅能够提高员工的凝聚力和荣誉感，同时能够宣传企业文化、扩大企业知名度，引起社会各界的广泛关注。虽然会有人、财、物的投入，但与一场成功的开业庆典所带来的社会效应相比还是非常值得的。

（1）提前做好开业庆典的准备工作，对人员进行分工，拟定详细的开业庆典计划书。

（2）精心确认出席人员名单，如上级领导、社会名流、大众传媒、合作伙伴、社区关系和本单位员工，并一一发出邀请或通知、确认能否到场。开业典礼时认真做好来宾接待工作。

（3）精心布置会场：

①在选择具体地点时，应结合庆典的规模、影响力以及本单位的实际情况来决定。场地的大小，应同出席者人数的多少相适应。人多地方小，拥挤不堪。会使人心烦意乱。人少地方大，则会让来宾对本单位产生“门前冷落车马稀”的感觉。

②环境的美化。在反对铺张浪费的同时，应当量力而行，着力美化庆典举行现场的环境。为了烘托出热烈、隆重、喜庆的气氛，可在现场张灯结彩、悬挂彩灯、彩带。张贴一些宣传标语，并且张挂标明庆典具体内容的大型横幅。

③音响的准备。在举行庆典之前，务必要把音响准备好。尤其是供来宾们讲话时使用的麦克风和传声设备，在关键时刻，绝不允许临阵“罢工”，让主持人手忙脚乱、大出洋相。在庆典举行前后，摆放一些喜庆、欢快的乐曲，只要不抢占“主角”的位置，通常是可以的。但是对于播放的乐曲，应选期进行审查。

（4）精心拟定好庆典的具体程序。一次庆典举行的成功与否，与其具体的程序不无关系。拟订庆典的程序时，有两条原则必须坚持：第一，时间宜短不宜长。大体上讲，它应以一个小时为其极限。这既为了确保其效果良好，也是为了尊重全体出席者，尤其是为了尊重来宾。第二，程序宜少不宜多。程序过多，不仅会加长时间，而且还会分散出席者的注意力，并给人以庆典内容过于凌乱之感。总之，不要使庆典成为内容乱七八糟的“马拉松”。

让我的企业在一片欢声笑语中扬帆起航吧！

第4章　经营我的企业

企业成立以后，就可以经营了。经营过程中，必须遵守市场经营规则，遵纪守法。为了让实训者了解企业各岗位的工作，熟练处理各岗位的核心业务，我们梳理了企业各部门的工作职能、工作流程和主要工作任务，并对如何开展各工作任务进行了介绍，供实训中参考。

4.1 我是 CEO

CEO 是企业经营管理的总指挥，他的能力直接影响着企业的生存与发展。

一个优秀的 CEO，最低限度应具备两个条件：一是有科学合理而严格的管理手段，二是有灵活机动、层出不穷的妙手高招。

“适者生存、优胜劣汰。”这就要求 CEO 不仅要有聪明才智，善于决断，具有组织和把握大局的能力，而且要立足时代管理创新的前沿，做企业经营的行家里手、管理大师。

CEO 是企业的法定代表人，负责企业的全面业务，是企业的高级管理人员。CEO 的工作职责是全面负责组建公司、经营公司和管理公司。

4.1.1　我的工作职责

作为企业的负责人，CEO 负责全面组织公司员工完成注册、战略制定、采购、生产、销售、财务核算等工作，实现企业目标。多专业综合实训中，我的工作职责如下：

（1）负责员工的招聘。

（2）负责公司的成立。

（3）负责组织公司的战略制定。

（4）负责组织公司进行正常采购、生产、销售。

（5）负责组织公司全局性的会议召开。

（6）负责协调公司人力资源和调动员工积极性。

（7）负责协调公司对外联络。

（8）负责公司危机处理。

（9）负责组织完成经营指标。

4.1.2 我的工作流程

4.1.2.1 公司组建任务总流程

现实生活中，公司组建是一个复杂而漫长的过程，需要按照《公司法》和工商、税务、银行、会计师事务所的规定进行登记手续，特殊行业的企业还需要有特殊资格许可。一般来讲，一家公司从申请到正式开立银行基本账户，需要 15～30 个工作日。

本模拟实训中将公司组建流程进行浓缩、简化处理，根据实训的需要，组建任务总流程如图 4－1 所示，通常要求在一个工作日内完成。

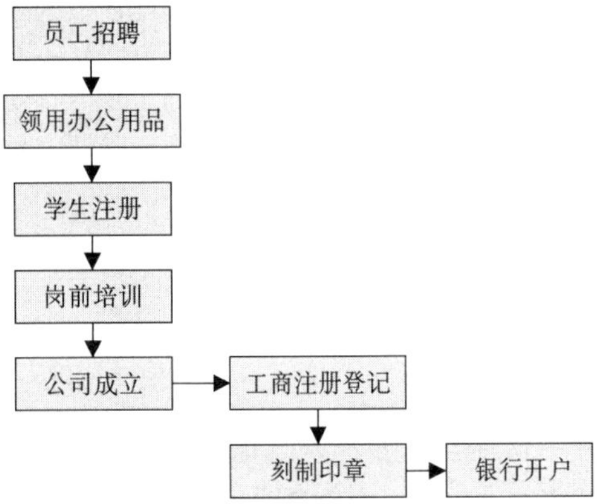

图 4－1 公司组建流程简图

4.1.2.2 公司经营任务流程

不同行业中，不同规模、不同性质的企业经营流程有所区别。本模拟实训中模拟的是手机制造行业中型生产型企业，实训模式下的经营流程如图 4－2 所示。

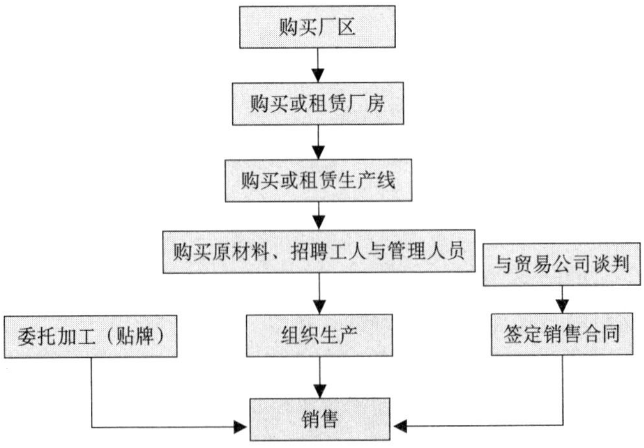

图 4－2 公司经营流程简图

4.1.3　我的工作任务

CEO 的工作任务如表 4 - 1 所示。

表 4 - 1　　CEO 工作任务书

序号	工作任务	第一期	第二期	第三期	第四期	第五期	第六期	第七期
1	组织招聘							
2	组建团队							
3	组织成立公司							
4	制定公司制度							
5	制定公司战略							
6	组织公司运营							
7	公司日常管理							
8	创建企业文化							

注：①每项任务完成后在对应的框内打“√”。

②此工作任务书作为指导教师监督、检查实训学生的参考依据，也是“CEO”自我管理、自我监督的依据。

③“0 期”是指公司筹备期间所属的时间，实际运行中可以是月、季度等，下同。

任务 1　组织招聘

任务描述：

员工招聘是公司成立的前提，也是本次多专业综合实训得以实施的必要条件。一个公司员工性别结构、专业结构、性格结构搭配是否合理，直接影响公司实训经营结果和实训成绩。因此，员工招聘工作非常重要，CEO 应足够重视，开动脑筋创造性开展工作，尽可能为自己公司招聘到优秀的员工，为公司经营奠定良好的人才基础。

任务实施：

第一步：尽快物色并确认人力资源经理协助自己完成公司招聘工作。

人力资源经理是公司招聘工作必不可少的人物，而且是重要人物，因此 CEO 在确认自己被选中以后，应尽快地从自己熟悉的同学、朋友中物色适合的、愿意与自己搭档、愿意担当人力资源经理的人选。

第二步：与人力资源经理一起制作一张醒目的招聘广告。

在这个过程中，需要提醒注意的是：尽量为自己的企业取一个响亮的、别致的名字；招聘广告中要明确标示招聘岗位、招聘要求；招聘广告尽量做得醒目、有吸引力。

第三步：与人力资源经理一起组织现场招聘。

按照实训进度的要求，通常会安排一个统一的时间、在统一的地点进行现场大型招聘。为了给企业找到合适的员工，建议 CEO 和人力资源经理：提前到达招聘现场，找到显眼的、合适的招聘场地并贴上公司的招聘广告，并且适时地采取一些具吸引力的现场招聘策略吸引求职者前来面试、求职。

任务要求：

为保证多专业综合实训的效果，在本轮招聘环节设定基本要求如下：

（1）应尽可能招聘不同专业的员工。应尽量避免一个公司的员工全部来自 CEO 所在班级，导致公司内部专业结构不合理，出现营销专业的做不来会计报表、会计专业的根本不懂营销的极端情况，从而根本达不到多专业综合实训的目的。对于某些岗位要设定专业限制条件，例如，财务部门应重点选择会计、财务管理等相关专业，营销部应重点选择营销、工商管理等相关专业。

（2）应尽可能考虑性别搭配。俗话说，“男女搭配，干活不累”。事实上，在招聘时、工作中适当地考虑男女搭配比例，可在一定程度上提高工作效率，营造良好的、和谐的工作氛围。

（3）应根据员工的专业、性格、求职意愿进行合理选择。招聘工作是一项技术活，要在很短的时间之内选到合适人员，是很不容易的事，因此，CEO 在组织招聘时，应事先确定一个基本标准，并根据招聘现场的实际情况进行灵活变通。

（4）任人唯贤而不是任人唯亲、唯熟。这话说起来容易做起来难，CEO 只有根据现场实际情况灵活把握。

【知识拓展】

招聘小技巧

（1）物色一个得力的人力资源经理。

（2）制作一张吸引人的招聘海报。

（3）提前储备、物色关键岗位员工（财务总监、销售总监、生产总监等）。

（4）利用自己的人格魅力去吸引优秀人才加盟。

任务 2　组建团队

任务描述：

员工招聘工作完成以后，CEO 和人力资源经理一起将员工带至实训基地公司所在办公场地，熟悉工作环境、熟悉团队成员、熟悉教材、领用实训用品、系统注册，完成团队组建工作。

任务实施：

第一步：组织召开第一次公司会议，组织员工之间相互介绍认识（来自班级、担任职务），熟悉团队成员。可以和行政经理一起组织一次破冰活动，消除大家的陌生感。CEO 介绍公司发展愿景，人力资源经理介绍人员分工及岗位职责，让每位员工初步了解自己的工作职责、工作内容。

第二步：协同行政经理一起完成公司员工位置分配。

第三步：协同行政经理完成办公用品、实训资料的领用、登记与分配。

第四步：组织员工进行系统注册（注意实训期数的对应、学号的唯一）。

第五步：组织员工按照规定的时间、地点参与各专业指导教师组织的岗前培训，了解业务、系统和实训规则。

任务结果：

公司员工彼此熟悉、每个员工初步了解实训、达到实训条件，进入实训状态。

任务3　组织成立公司

任务描述：

公司成立是公司组织正常生产经营的前提条件，本实训中成立工作在员工岗前培训完成之后进行，主要依据系统提示进行实际模拟操作。

任务实施：

第一步：统筹安排人员进行公司名称预先核准、工商注册登记，领取营业执照。

第二步：统筹安排人员刻制单位印章。

第三步：统筹安排人员到银行办理银行开户手续。

以上具体操作流程、表格内容详见相应部门的相关规定。公司内部分工由CEO安排，建议安排财务、行政人员分工协作完成。具体任务规则详见业务规则部分，具体岗位任务分工详见各岗位操作部分。

CEO协调组织公司各部门员工在规定的时间内完成相应任务。

注意：在办理公司注册的同时，其他业务岗位人员熟悉经营规则、熟悉系统操作，制定公司经营计划和经营预算，为公司成立后的正式经营打下基础。

任务结果：

在规定的时间内组织公司员工完成公司成立的各项手续，进入公司经营前状态。

任务4　组织制定公司制度

任务描述：

制定完整、规范的管理制度是一个公司良好运行的基本保证。CEO应在公司成立以后，带领公司团队逐步制定并不断完善公司的管理制度，包括会计核算制度、财务管理制度、员工考勤考核制度、员工管理制度、销售制度、采购制度，等等。

任务实施：

第一步：组织召开公司管理层会议，布置公司制度制定要求并落实责任。

第二步：督促公司各部门在规定的时间内拟定出制度初稿并讨论。

第三步：公布制度并实施。

第四步：根据实际情况定期进行修订、完善。

任务结果：

带领团队在规定的时间内完成实训规定的制度制定工作。

任务5　组织制定公司战略

任务描述：

公司战略决定公司的发展方向和发展高度，是企业的指导方面，是企业的“纲”。CEO

应高度重视公司战略的制定，立足长远考虑公司的发展和未来。

任务实施：

第一步：公司成立之初组织生产、销售、采购、财务参加的高管会议，进行公司战略规划。

第二步：在公司内部公布战略规划，树立长远发展思路。

第三步：在公司经营过程中各项决策时考虑公司的战略发展，妥善平衡现实与长远发展之间的关系。

第四步：根据企业和市场实际情况，适时、适当调整战略规划。

任务结果：

公司有一个大家认同的并为之努力的长远发展思路和企业愿景。

任务6　组织进行公司经营

任务描述：

经营是公司的核心和发展的源泉。公司只有正常经营，才可能赢利并长远。CEO应带领公司团队围绕公司目标组织采购、生产、销售，进行财务核算，保证公司实现目标。

任务实施：

第一步：组织进行公司选址、市场开拓。

第二步：组织或参加采购、生产、销售、财务方面的重要会议。

第三步：进行采购、生产、销售、财务方面的重大决策。

第四步：在面对采购、生产、销售、财务方面的矛盾时协调解决相关矛盾。

任务结果：

公司能在CEO的组织下正常经营，团结奋进、勇创佳绩，各部门配合良好，公司经营业绩良好。力争成为实训先进团队。

任务7　管理公司

任务描述：

作为高级管理人员，管理是CEO的重要任务，并贯穿于公司的全过程，是对CEO综合能力的全面锻炼和检验的过程。具体包括计划、组织、领导和控制职能，贯穿于财务管理、税务管理、工商管理、员工管理、企业经营管理、善后管理过程中。

作为CEO，就是要在企业进行这些工作任务时履行计划、组织、控制和管理的职能，促使企业良性运转。各相关模块的工作任务及职责，详见对应章节，此处不作赘述。

任务实施：

第一步：计划。计划职能即事前的安排与盘算，一般包括长期计划、中期计划和短期计划。每个部门要提前制定公司业务计划，提出资金需求计划，财务部汇总后编制公司总预算，根据资金情况会同各个部门确定公司预算，确定公司经营计划。

“凡事预则立、不预则废”，可见计划对一个组织的重要性。无论是公司成立的各项具体事宜、还是公司经营过程中的供应、生产、销售、财务管理，都要尽可能地事先安排、盘算，做到心中有数、有的放矢。这样才有可能取得较好的业绩。

第二步：组织。即合理安排人力、物力、财力进行有效运行的职能。组织职能同样贯穿企业经营全过程。

第三步：控制。即运用合理手段和方法，对管理对象进行合理引导与制约，以保证管理目标的实现，例如，制度约束、绩效考核等方式均属于控制职能。

第四步：领导。领导职能是管理工作的最高境界职能，与管理人员的教育程度、性格、企业目标紧紧相关。

需要说明的是，上述管理的四项职能通常是交叉、相互渗透运行的，不一定严格按上述步骤按部就班。

任务结果：

在 CEO 的管理下，公司运转良好、业绩良好，内外部反映良好，CEO 也感觉良好，能力和素质得到全面提升和升华。

任务8　组织创建企业文化

任务描述：

企业文化是企业的性格、个性、气质，是一个企业区别于其他企业的显著标志。一个企业的文化往往与企业管理者的性格、价值取向紧密相关。因此，CEO 应重视企业文化的建设，带领团队建立一个具有企业鲜明个性的文化氛围，并乐享其中。

任务实施：

第一步：组织召开公司会议，确定公司的价值取向，比如设计公司 LOGO、确定公司的发展方向和企业口号（宣言）。

第二步：在日常经营过程中注意渗透并强化公司的文化、价值取向。

任务结果：

带领我的团队在公司内营造团结、和谐、上进的团队氛围，创造具有特色的企业文化，员工工作愉快、表现突出。

【知识拓展】

1. CEO 应具备的知识储备

（1）熟悉行业规则。

（2）知晓管理常识。

（3）善用管理艺术。

2. CEO 应有的风采

（1）系统思维。在原有物质基础上，加入自己独特的思维方式，研发创新出新的产物或商业模式，做出世人认可的产品、成就。

（2）强大的知识结构体系，知识结构体系为其系统思维提供有力的支撑。

（3）富有创造力的灵魂，不断更新自己的观念，秉着打破常规的态度，规划出被常人所能理解接受的方向。

（4）极强的演讲表达能力，面对一个人影响一个人，面对 1000 人影响 1000 人，面对多少人发表演讲，就能给予多大的影响。

（5）富有领导力，领导力包括合理任命、合理分工、制定合理的规则，合理发挥每个人的优势，等等。

（6）强大的人脉关系。领袖是一个交际的高手，同时领袖放得下自己的身份和地位，和任何阶层的人建立良好的关系是他们的杀手锏。

（7）敢于PK的精神，勇于挑战、竞争。在激烈的商界拉锯战中，勇者总是拔头筹，从不说NO，只有YES。

（8）懂得感恩、分享、回馈。

4.2 走进行政管理部

行政管理部是公司总经理直接领导下的综合管理部门，负责公司行政、文秘、档案、后勤、固定资产及对外宣传等方面的管理工作。主要工作包括：负责本部的行政管理和日常事务，协助总经理搞好各部门之间的综合协调，落实公司规章制度，加强对各项工作的督促和检查，沟通内外联系，保证上情下达和下情上报，负责对会议文件决定的事项进行催办，查办和落实，加强对外联络，拓展公关业务，负责全公司组织系统及工作职责研讨和修订，负责公司对外宣传，负责公司其他内勤事务的管理。

4.2.1 工作职能

（1）拟订、完善公司各项规章制度。拟订、完善公司各项规章制度，并对规章制度的实施执行情况进行监督；制定行政、总务及安全管理工作发展规划和计划。

（2）全面负责办公室日常工作。组织制定办公室年度、月度工作目标及工作计划，并组织实施；负责组织经理办公会、重大业务会议，并负责记录；负责督办、检查总经理办公会及部门经理例会决议的执行情况；组织起草公司重要文件；组织起草公司各项管理规章制度并监督实施；参与公司重大决策的研讨和制定；负责组织策划公司的重大公关、庆典活动、工会工作；负责组织外事接待活动，妥善处理各种对外事务；审核、控制公司办公费用及接待费用。

（3）组织危机管理工作及外部投诉处理。组织公司危机管理工作，包括危机预防、危机发生时的及时处理及危机发生后的企业形象恢复；组织公司外部投诉处理工作，并协调相关部门解决；承办公司各项法律事务。

（4）协调公司各部门之间的关系。负责组织各部门的信息传递工作，保证各部门信息沟通顺畅；协调各部门的工作行为，使工作流程顺畅，实现共同的战略目标；负责公司的年终总结工作，包括会议安排及跟催各部门编写总结报告。

（5）负责公司对外形象宣传、公共关系和公司企业文化建设。代表公司与相关部门、上下级单位往来，保持与政府部门及相关企业的良好合作关系；负责公司的对外工作，协调公司与政府部门及企业的关系；负责组织公司企业文化建设，提炼和宣传企业理念，举办各种活动，增强员工凝聚力。

（6）内部组织管理。负责将部门工作计划分解到个人，并监督计划完成情况；评价考核下属员工工作完成状况；控制部门预算使用情况。

（7）完成公司领导交给的其他任务。

4.2.2　岗位设置

一般来讲，企业会根据本企业的规模、部门划分、人员数量等确定行政部门的构成，大型企业的行政部通常设行政部经理一名，直接下级有行政专员、前台、司机、保洁等。在多专业实训过程中，由于企业规模较小，业务量少，故只设一名行政部主管，负责完成行政部门的相关工作。

4.2.3　我是行政经理

4.2.3.1　我的工作职责

（1）完成公司工商行政登记。

（2）整理公司内部资料。

（3）文件归档。

（4）公司内部资料领用管理、登记。

（5）印章使用管理、登记。

（6）外来人员登记。

（7）会议记录和会议纪要。

（8）负责公司对外宣传，向新闻中心投稿。

（9）团队建设（协助 CEO 破冰，并组织团队活动）。

（10）办公室布置与管理（5S 管理）。

4.2.3.2　我的工作任务

行政经理工作任务书如表 4－2 所示。

表 4－2　行政经理工作任务书

序号	工作任务	第一期	第二期	第三期	第四期	第五期	第六期	第七期
1	工商注册登记							
2	办公文具用品管理							
3	文档的分类、标识、登记							
4	会议记录和会议纪要							

续表

序号	工作任务	第一期	第二期	第三期	第四期	第五期	第六期	第七期
5	合同管理							
6	进行资质认证							
7	印章使用管理、登记							
8	外来人员登记							
9	办公室布置与管理							
10	填写工作日志							

注：①每项任务完成后在对应的框内打“√”。

②此工作任务书作为指导教师监督、检查实训学生的参考依据，也是学生自我管理、自我监督的依据。

任务1　工商注册登记

任务描述：

公司注册是开始创业的第一步。要求行政人员在正式工作的第一天完成公司工商注册登记，草拟《公司章程》。

工作流程：

一般来说，公司注册的流程包括：企业核名→提交材料→领取执照→刻章，即可以完成公司注册。但是公司想要正式开始经营，还需要办理以下事项：银行开户→税务报到→申请税控和发票→社保开户。注册公司具体的流程如图4－3所示。

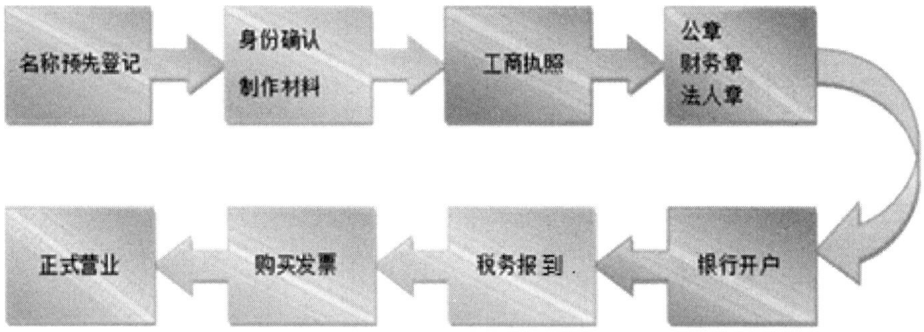

图4－3　注册公司的基本流程

工作程序：

公司注册工作流程如图 4－4 所示。

图 4－4　公司注册工作流程

工作要求：

（1）编写“公司章程”：可以在工商局网站下载“公司章程”的样本，根据自己公司要求进行修改。章程最后需要所有股东签名。

（2）名称登记。

（3）工商局名称审核。

（4）公司登记。

在第一个工作日的上午完成工商注册登记，包括系统上的操作以及线下需要完成的作业，在工商局领取营业执照正本及副本等。

任务 2　办公文具用品管理

任务描述：

为加强公司内部管理，提高文件的最大利用率，同时对资料的领用、使用及维护进行合理化的管理，结合公司的实际情况，做好内部资料的领用、登记及管理。

工作流程：

领用工具流程：

（1）领用人在行政部填写工具领用登记表填写详细的领用时间、内容与相关情况。

（2）行政部按要求发放要求领用的工具。

（3）领用人在规定时间内归还领用的工具至行政部，填写归还日期。

工作要求：

为加强公司办公用品管理，控制费用开支，规范公司办公用品的采购与使用，本着勤俭节约和有利于工作的原则，根据公司实际情况，完成办公文具的管理。具体要求如下：

（1）办公用品由行政部门统一保管，并指定保管人，按公司核定的费用标准向使用人发放。

（2）各部门应指定专人领取办公用品。

各部门要控制和合理使用办公用品，杜绝浪费。水笔芯、圆珠笔芯、胶水、墨水、涂改液、计算器等办公用品重新领用时应以旧换新。

凡调出或离职人员在办理离职或交接手续时，应将所领用的办公用品（一次性消耗品除外）如数归还。有缺失的应照价赔偿，否则不予办理有关手续。

（3）办公设备的耗材及维修费用。

①计算机、打印机、复印机、传真机等办公设备的耗材及维修费用，总部另定定额标准。属多个公司共用的，按集团总部规定的标准进行分摊；属各部门或个人保管使用的，计入所在公司定额费用。

②耗材包括：打印、复印纸，激光打印机碳粉、硒鼓，针式打印机色带，喷墨打印机墨盒（水），复印机碳粉，传真纸，鼠标，键盘等；其申购由设备使用部门负责，并经总经理批准，属多个公司共用的，由指定管理公司的行政部门负责申购。

任务3　文档的分类、标识、登记

任务描述：

为保证公司文件的完整，便于查找利用，做好收集、立卷、保管、等工作，维护文件档案的完整和安全，要求行政人员对文档进行专门的管理。

工作要求：

（1）切实做好文件档案的收集、分类、整理、立卷、归档工作，保证文件档案资料的齐全完整，提高案卷质量，使文件档案管理工作达到标准化、制度化、规范化的要求，并逐步实现电子信息化管理。

（2）凡是公司在工作中形成的文件和具有查考利用价值的各类资料、原始记录、出版物、各种图表簿册、照片以及与本公司生产经营活动相关的上级公文等都要齐全完整地收集、整理、立卷、保管。

（3）人力资源管理人员要做好公司员工人事档案的收集、整理、立卷、管理工作，确保资料完整。

（4）对公司安全生产相关文件资料专门建档进行管理。

（5）立卷应根据其相互联系、保存价值分类整理立卷，保证档案的齐全、完整，能反映公司的主要情况，以便于保管和利用。

（6）文件资料档案的保管、查阅。

①所有档案必须入框上架，科学排列，便于查找，避免暴露或捆扎堆放。

②文件柜、档案室要保持整洁卫生，要定期检查、经常核对文件档案资料，发现问题及时处理、报告并做好相关记录，确保文件档案资料的完整与安全。

（7）公司内部员工因工作需要查阅档案资料，须报请公司分管领导批准，外单位人员要查阅、复印公司档案，必须持单位介绍信并经本公司分管领导批准后，方可查阅；公司所有档案一律不允许外借。不论是谁查阅、复印档案，公司档案管理员都必须如实进行登记，注明查阅时间、查阅内容、查阅人姓名、批准领导、是否复印等相关内容。

（8）对于公司机密文件及档案的管理，要有专柜存放并单独设锁，无关人员不准接触，工作人员要严守机密。

（9）在实习期结束时，需按照档案管理的相关要求，整理公司运营期间所有的业务资料，并且按照部门的不同进行分类及编目，将所有资料装盒子、立档。

任务4 会议记录以及会议纪要整理

任务描述：

要求行政人员完成每日晨会的会议记录工作，选择其中2天的会议编写会议纪要。

工作要求：

会议记录写作要求：

（1）六要素齐全。时间、地点、主持人（或主持单位）、参加人（代表或单位）、议题、决议。

（2）要条理化。用综合概括式把众多意见分类整理后再分项书写。

（3）注意语言的准确简洁和习惯语的使用。

会议纪要写作要求：

（1）要真实地反映出会议的情况和与会者的观点。

（2）要突出中心议题，真正地写出会议的“要”来。

（3）要条理清晰，语言准确，使人一目了然。

（4）纪要写完后，必须经主管领导过目，同意签发，加盖公章，才能形成文件。

相关知识要点：

会议纪要与会议记录的区别：

会议纪要有别于会议记录。二者的主要区别是：

第一，性质不同。会议记录是讨论发言的实录，属事务文书。会议纪要只记要点，是法定行政公文。

第二，功能不同。会议记录一般不公开，无须传达或传阅，只作资料存档；会议纪要通常要在一定范围内传达或传阅，要求贯彻执行。

任务5 合同管理

任务描述：

要求行政人员对公司内部合同进行归口，专人、专职、全程的审查、监督和管理，该专人应独立于公司其他部门，直接受总经理领导。

工作要求：

（1）建立适合的管理流程，确定审批的权限和责任。

（2）以预防法律风险为前提，做好审核、备案及后期的纠纷处理。

（3）建立完善的查询、档案管理制度，方便资讯查询和文本管理。

任务6 资质认证

任务描述：

与CEO、运营、财务等部门进行沟通，明确资质认证的目的。

工作要求：

（1）资质认证能够提升产品质量。

（2）认证当期投入资金启动，在资金投入足够的情况下，启动后经过对应认证周期，系统确认认证成功。

相关知识要点：

资质认证规则如表 4－3 所示。

表 4－3　　资质认证规则

名称	认证费用（元）	产品质量影响力	认证周期	匹配产品
D 型产品认证	50000.00	10	1	D 型产品
L 型产品认证	50000.00	10	1	L 型产品
O 型产品认证	50000.00	10	1	O 型产品
H 型产品认证	50000.00	10	1	H 型产品
S 型产品认证	50000.00	10	1	S 型产品
ISO 9000 企业认证	100000.00	20	2	D、L、O、H、S 型产品
ISO 14000 企业认证	300000.00	30	5	D、L、O、H、S 型产品

任务 7　印章使用管理、登记

任务描述：

印章使用登记。

工作要求：

（1）由行政人员建立印章使用登记册，对印章使用情况逐项登记。具体登记工作由行政人员负责。财务专用章使用，由财会人员登记。

（2）印章登记内容包括：印章名称、使用时间、使用分类（发文、证明、介绍信等）、内容要点、签批领导、盖章数量、经办人签字等。

范例：印章使用登记表模板如表 4－4 所示。

表 4－4　　印章使用登记表

日期	印章名称	用印事由	印章份数	批准人	用印人签字	用印部门	备注

任务8 外来人员登记

工作要求：

要求学生制作《外来人员登记表》，以便查询外来办事人员的时间、事由等信息。

范例：外来人员登记表模板如表4－5所示。

表4－5 外来人员登记表

日期	时间	单位	姓名	所到部门	事由

任务9 办公室布置与管理

工作要求：

完成5S管理方案的设计，要求学生在本公式内部实行5S管理，完成5S检查。

相关知识要点：

（1）5S是整理（SEIRI）、整顿（SEITON）、清扫（SEISO）、清洁（SEIKETSU）、素养（SHITSUKE），又被称为“五常法则”或“五常法”。

①5S现场管理法：整理。将工作场所任何东西区分为有必要的与不必要的：把必要的东西与不必要的东西明确地、严格地区分开来；不必要的东西要尽快处理掉。

②5S现场管理法：整顿。通过前一步整理后，对工作场所需要留下的物品进行科学合理的布置和摆放，以便用最快的速度取得所需之物，在最有效的规章、制度和最简洁的流程下完成作业。

③5S现场管理法：清扫。清除工作场所现场内的脏污、清除作业区域的物料垃圾，保持工作场所干净、亮丽的环境。

④5S现场管理法：清洁。将整理、整顿、清扫实施的做法制度化、规范化，并贯彻执行及维持其成果。

⑤5S现场管理法：素养。努力提高员工的自身修养，使员工养成良好的工作、生活习惯和作风，让员工能通过实践5S获得人身境界的提升，与企业共同进步，是5S活动的核心。

（2）整顿的“3定”原则：定点、定容、定量。

①定点：放在哪里合适（具备必要的存放条件，方便取用、还原放置的一个或若干个固定的区域）。

②定容：用什么容器、颜色（可以是不同意义上的容器、器皿类的物件，如筐、桶、箱篓等，也可以是车、特殊存放平台甚至是一个固定的存储空间等均可当作容器看待）。

③定量：规定合适的数量（对存储的物件在量上规定上下限，或直接定量，方便将其推广为容器类的看板使用，一举两得）。

范例：办公室5S检查表（见表4－6）。

表4－6 ____________公司办公室5S检查表

项目	检查内容	配分标准	得分	责任人	改进项
整理（20分）	1. 办公室桌面除文件架、文件夹、笔筒、文件、电脑、打印机、电话机、台历外无其他物品	4			
	2. 办公室桌面及文件架、文件夹内无废资料、废纸等无用物品	4			
	3. 办公室地面无不必要杂物存在	4			
	4. 现场多余，无用物品或办公用具及时整理	4			
	5. 办公室走道畅通	4			
整顿（24分）	1. 办公桌、办公椅、电脑、打印机摆放整齐	4			
	2. 各种文件架、文件夹及其他办公用品和生活用品定位摆放整齐，文件资料标识清楚，定人管理	4			
	3. 文件架内物品分类存放，保持清洁美观，文件架顶部不许放置物品	4			
	4. 电话线、电源线、网线排列整齐	4			
	5. 资料及时整理、分类及归档	4			
	6. 文件、资料归档，转接发放履行签发手续	4			
清扫（24分）	1. 地面清洁，无垃圾、碎屑、烟蒂、积水等	4			
	2. 桌面和抽屉定时清理，保持整洁	4			
	3. 清扫用具摆放整齐	4			
	4. 办公桌及卫生区域定时清扫、擦拭	4			
	5. 公布栏、记事栏保持整洁美观	4			
	6. 无卫生死角	4			
清洁（15）	1. 有卫生打扫制度和值日表，并责任落实到人	3			
	2. 办公桌、文件架、办公设备等保持清洁	4			
	3. 办公环境及卫生区域保持清洁并责任落实到人	4			
	4. 垃圾桶外观、盆景保持清洁	4			
素养（17分）	1. 按规定着装，无迟到、早退、旷工、串岗、闲聊现象	4			
	2. 工作环境保持安静（不大声喧闹）	3			
	3. 不随意丢垃圾，无流动吸烟，保持周边环境的清洁	3			
	4. 待人接物有礼貌，精神面貌、工作状态良好	4			
	5. 遵守《员工手册》	3			
得分合计					

任务10　填写工作日志

工作要求：

按照规定完成工作日志的填写，主要记录本岗位当日工作内容、出现的失误、优化建议及实习体会等。

4.3
走进人力资源部

人是企业中最核心的资源，是企业能够获取持续性竞争优势和利润的首要利器。人力资源不同于一般的资源，它是以知识为基础，以能力为导向的一种复杂的实体，其特点是量化分析较难，全面识别不易，管理要求较高。人力资源部正是围绕着这一核心资源全面开展人力资源管理的相关工作，为企业用好人、留住人。

4.3.1　部门工作职责

（1）制订、修改公司各项人力资源管理制度和管理办法，建立制度化、规范化、科学化的人力资源管理体系。

（2）在各部门的协助下进行工作分析；提出岗位设置调整意见；明确部门、岗位职责及岗位任职资格；编制、修改和完善部门、岗位职责说明书；合理评价岗位价值。

（3）根据岗位需求状况和人力资源规划，制定招聘计划，做好招聘前的准备、招聘实施和招聘后的手续完备等工作。

（4）组织建立绩效管理体系，制订相关方案；牵头组织公司各部门进行绩效考核并予以指导和监督，做好考核结果的汇总、审核和归档管理等工作。

（5）根据企业规划和员工发展需要，建立和完善员工培训体系；组织实施、指导协调对员工进行的分类、分层次培训，努力提高员工素质。

（6）制定公司的薪酬、福利方案，经审批后组织实施；核算员工工资，计算员工社会保险缴纳标准、缴纳社会保险。

（7）做好员工人事档案管理工作。定期汇总、编制人力资源管理方面的相关统计报表和统计报告。

（8）办理员工录用、迁调、奖惩、离职等手续。

（9）做好劳动合同管理、劳动纠纷处理和劳动保护工作。

（10）及时与各部门沟通、协调，协助各部门做好员工管理工作。搞好部门建设，不断改进内部管理工作，提高员工综合素质和部门工作绩效。

（11）完成公司领导交给的其他任务。

4.3.2 岗位设置

一般来讲，企业人力资源部会根据本企业的人员规模（即业务量）确定人力资源部的构成，大型企业的人力资源部通常设人力资源部经理一名，直接下级有招聘主管、培训（或培训和开发部）主管、绩效主管、薪酬主管、员工关系主管各一名。在多专业实训过程中，由于企业规模较小，业务量少，故只设一名人力资源部主管，负责完成人力资源管理的相关工作。

4.3.3 我是人力资源部经理

4.3.3.1 我的工作职责

（1）拟定招聘计划、制作招聘海报，实施招聘。
（2）协助 CEO 与员工签订劳动合同，并进行人事档案的整理。
（3）调查员工培训需求，制订公司的培训计划并组织实施。
（4）设计具有竞争力、公平性的薪酬体系，并进行薪酬核算。
（5）拟订绩效考核的指标和维度，并组织实施考核。
（6）对员工日常出勤情况进行整理汇总。
（7）组织各项员工活动，提高团队凝聚力，逐步形成团队文化。

4.3.3.2 我的工作任务

人力资源部经理工作任务书如表 4－7 所示。

表 4－7 人力资源部经理工作任务书

序号	工作任务	第一期	第二期	第三期	第四期	第五期	第六期	第七期
1	招聘准备工作							
2	实施招聘							
3	招聘后评估							
4	薪酬设计							
5	薪酬核算							
6	薪酬发放							
7	培训与开发							
8	员工绩效考核							
9	日常事务管理							
10	填写工作日志							

注：①每项任务完成后在对应的框内打“√”。
②此工作任务书作为指导教师监督、检查实训学生的参考依据，也是学生自我管理、自我监督的依据。

任务1　招聘准备工作

任务描述：

了解企业基本情况，根据本企业整体发展战略，科学预测、分析企业在环境变化中的人力资源需求情况，制订相应的招聘计划，做好招聘前准备工作。

工作流程：

人员招聘准备工作流程如图4－5所示。

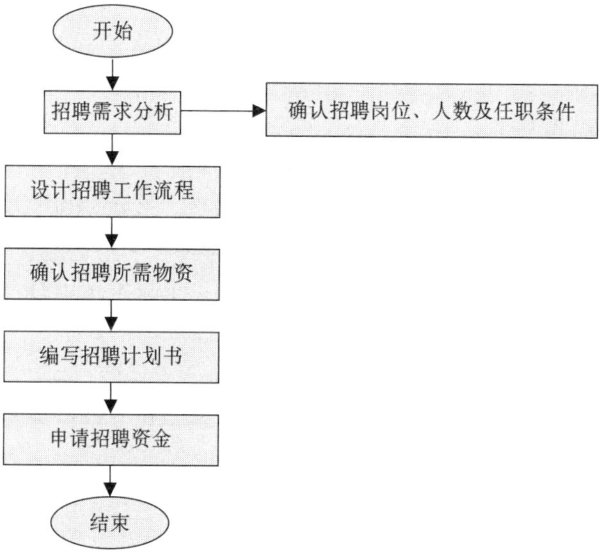

图4－5　人员招聘准备工作流程图

任务实施：

第一步：招聘需求分析，确认招聘岗位、人数及任职条件。

人员招聘是人力资源管理工作中的一个重要环节，它不是孤立的工作，需要在相关人力资源管理工作落实的前提下展开，即制订人力资源规划和进行工作分析。

企业要制定出科学合理的人力资源规划，就必须对未来一段时间内的人力资源供求情况作出较为准确的判断。人力资源需求预测的方法有很多，例如，经验预测法、德尔菲法、趋势分析法、现状预测法、回归分析法和人员比例法，等等。人力资源规划是以明确企业各个岗位的工作职责、工作方式及任职资格即准确的工作分析为前提条件的。工作分析是确定完成各项工作所需的技能、责任和知识的系统过程，它需要对每项工作的内容进行清楚准确的描述，对完成该工作的职责、权力、隶属关系、工作条件提出具体的要求。

招聘工作以工作分析的结果作为招聘的依据和靠拢标准，对于每一个岗位都详细列出其任职的具体要求，有的放矢地选拔组织所需人才，才能保证招聘效果，达到招聘目的。

第二步：设计招聘工作流程。

确认了招聘的目的后，应立即组成招聘小组，对招聘工作的具体流程进行规划。在招聘过程中，需要选择信息发布的平台、招聘的渠道、人员选拔的方法并落实各项工作的具体时间和地点的安排等。

概括起来讲，招聘渠道通常可以分为两类：内部渠道和外部渠道。内部渠道主要包括：内部晋升、工作轮换、工作调换与内部人员重新聘用等；外部渠道可以分为：广告、职业介绍机构、猎头公司、员工推荐、校园招聘与网络招聘等。

人员选拔的内容应包括这几个方面：知识、能力、个性。选拔的方法包括笔试、面试、心理测试等。不同的选拔方法各有其优缺点，负责选拔的人员应综合各项测评结果做出对应聘者相对全面的评价。

第三步：确认招聘所需物资。

在整个招聘过程中，会消耗一定的物资。招聘工作人员应详细列出招聘中会用到的企业宣传资料、纸笔等办公用品、可能占用的会议室，以及招聘广告费用等，及时与行政和财务部门做好接洽工作。

第四步：编写招聘计划书。

在进行充分的准备后，即可编写招聘计划书。通常情况下，招聘计划书中应体现以下内容，包括：招聘目的、招聘职位的描述、应聘者的资格、选拔标准、招聘范围、招聘流程、招聘信息的发布方式、招聘人员的组成、参与面试的人员、招聘起止时间和招聘费用预算等。需要说明的是，随着招聘工作的展开，招聘计划与实际工作一般存在一些时间差，需要变动的内容，招聘工作人员应及时进行调整和修改。

第五步：申请招聘资金。

到财务部领取请款单，填写好请款单后交部门经理和财务部经理签字，到出纳处请款。

任务 2　实施招聘

任务描述：

根据招聘计划的安排，按步骤实施员工招聘工作，完成对新进员工的录用。

工作流程：

人员招聘流程如图 4 – 6 所示。

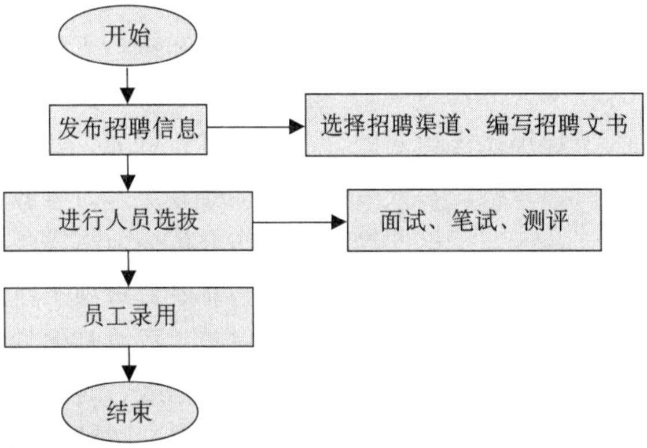

图 4 – 6　人员招聘流程图

任务实施：

第一步：发布招聘信息。

无论选择哪一种招聘广告发布渠道，都要编写好招聘文书，因为这同时也是公司对外宣传的重要方式，将直接影响到本企业的形象定位。

第二步：进行人员选拔。

（1）筛选应聘者简历。发布了招聘信息或者参加完各种招聘活动后，通常可以获得比实际所需任职人员更多的职位候选人。由于用人部门的负责人对职位的要求，特别是对专业技术方面的特别要求，需要人力资源部门的招聘人员和用人部门的负责人共同对候选人进行初步筛选。应聘者的简历往往是各不相同的，为了便于管理，很多企业都使用标准的简历模板或者是应聘申请表。使用应聘申请表的标准化模板有以下几方面好处：①可以控制申请者提供信息的内容，一方面保证了完整提供企业所需要的信息，另一方面避免了不必要的信息；②使得不同应聘者之间的比较更加容易；③方便简历的管理。

（2）笔试、面试、测评。对应聘者往往需要从多个维度通过多种方法进行评价，常用的测试有笔试、面试、心理测评，等等。

笔试主要用来测试应聘者的知识和能力，包括两个层次，即一般知识能力与专业知识能力。笔试的优点在于花费的时间少、效率高、成本低、对应聘者的知识、能力、技术的考察可信度较高，成绩评价比较客观。缺点在于它不能全面地考察应聘者的工作态度、品德修养及其他一些隐形能力。

面试是通过主考官与应聘者面对面的信息沟通，考察应聘者是否具备与职位相关的能力和个性品质的一种人员甄选方法。理想的面试包括5个部分：面试准备、建立和谐气氛、提问、结束及回顾总结。面试具有直观、深入、灵活、互动的特点，可获取应聘者的直接第一手材料。

心理测评是指在给定的情景下，对应聘者的智力、潜能、气质、性格、态度、兴趣等心理特征进行考察的一种测试方法。心理测评是为了了解被测试者潜在的能力及其心理活动规律的一种科学方法，其目的是判断应聘者的心理素质和能力，从而考察应聘者对招聘职位的适应程度。

第三步：员工录用。

员工录用是整个招聘工作的决定性阶段，这个阶段包括作出录用决策、安排体检和实际录用等方面的工作。

（1）在录用决策中要避免主观武断和不正之风干扰，把选拔阶段多种考核和测试结果组合起来，进行综合评价，从中择优确定录用名单。

（2）用人单位通常要求被初步录用的人员参加身体健康检查。入职体检的目的是保证候选人不会由于健康原因而影响工作。

（3）将体检合格的人员结果汇总后，人力资源部门就立即通知被录用的员工到公司报道签订试用期协议，进行岗前培训，向员工介绍其工作性质、环境；了解企业文化、相关规章制度等。新员工经试用期考察合格后即为正式录用，完成人事档案的转移，填写新员工档案登记表并签订劳动合同。

任务3 招聘评估

任务描述：

在招聘活动结束后，归纳整理招聘流程中的相关数据，通过各种指标对招聘过程的规范性和工作效率进行全面评估，为以后的招聘工作提供经验参考。

任务实施：

招聘工作的最后一个环节就是要对招聘的效果进行评估。这一过程可以帮助企业发现招聘过程中存在的问题，对招聘的各个阶段进行优化，以便提高以后招聘的效果。一般包括这几个方面：

第一步：录用人员评估。

录用人员评估就是根据组织招聘计划和招聘岗位的工作说明书，对所录用人员的质量、数量和结构进行评价的过程。评价招聘录用人员的数量可以通过录用比、招聘完成比、应聘比等来完成；评估招聘录用人员的质量可以根据新员工合格率，新员工满意度和对录入人员进行等级排列来确定其质量。

第二步：招聘成本评估。

招聘成本评估主要是指对招聘中的费用进行调查、核实，并对预算进行评价的过程。如果成本低，录用人员量高，就意味着招聘效率高；反之，则意味着招聘效率低。

第三步：招聘活动总结。

招聘完成后，负责招聘工作的人员应该及时撰写招聘总结报告。招聘总结报告应真实的反映招聘的全过程，明确指出招聘的成功和失败之处，对招聘结果进行数字化分析，提出改进招聘流程的合理化建议，为以后的招聘工作提供借鉴。

任务4　薪酬设计

任务描述：

薪酬是指员工从事组织所需要的劳动或服务，而从组织得到的以货币形式和非货币形式所表现的补偿或报酬。薪酬体系是指相互联系、相互制约、相互补充的各构成要素形成的有机统一体。薪酬体系的设计是薪酬管理的“骨骼”，是直接关系到员工切身利益的重要工作。

工作流程：

薪酬设计工作流程如图4－7所示。

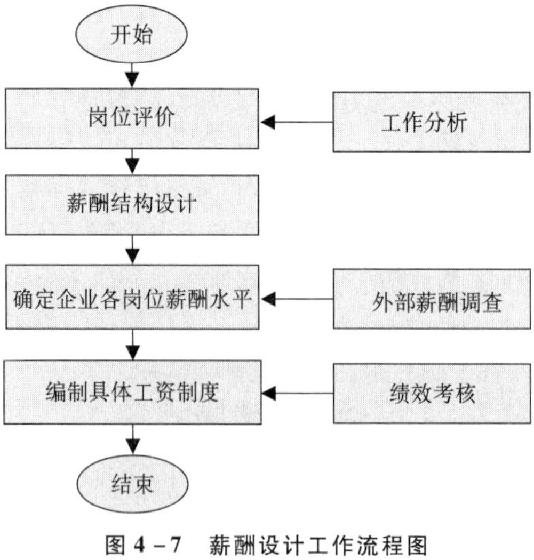

图4－7　薪酬设计工作流程图

任务实施：

根据一般组织薪酬设计的原则，设计一套以基于岗位、绩效和外部薪酬公平的薪酬制度，主要从以下三个方面的工作出发：岗位评价、外部薪酬调查、绩效考核。

第一步：岗位评价。

岗位评价是企业制订薪酬制度的依据，薪酬制度中包括了基本工资制度、绩效薪酬和间接薪酬（即相关津贴和福利）。基本工资常常以岗位工资、职位工资、技能工资、工龄工资等形式来表现；绩效工资则有奖金、分红和股权等形式；间接薪酬是对工资或薪水难以全面、准确反映的劳动条件、劳动环境、社会评价等因素对员工造成某种不利影响而支付给员工的一种补偿，有津贴和福利。福利又分为法宝福利与企业自主福利。法定福利包括基本养老保险、医疗保险、失业保险、工伤保险、生育保险和住房福利等。企业自主福利则多种多样，有带薪年假、交流培训，免费班车等。

岗位评价是在工作分析的基础上，对岗位的责任大小、工作强度、所需资格条件等特性进行分析评价，以确定岗位在公司中的相对价值的过程。其核心工作是对岗位本身价值及其对组织贡献度的大小进行评价，从而能够帮助企业确定不同职位在企业中的重要性高低，保证组织内部的公平性，即同工同酬。常见的岗位评价的方法有：简单排序法、分类套级法、因素比较法、因素计点法等。岗位评价的结果是完成企业薪酬结构设计。

第二步：外部薪酬调查。

薪酬水平是指企业薪酬相对于当地市场薪酬行情和竞争对手薪酬绝对值的高低。它对员工的吸引力和企业的薪酬竞争力有着直接影响。外部薪酬调查是企业决定自身薪酬水平高低的一个重要依据。调查的内容主要是本行业、本地区主要竞争对手的薪酬状况。只有采用相同的标准进行岗位评价，并各自提供真实的薪酬数据，才能保证薪酬调查的准确性。在分析同行业的薪酬数据后，需要做的是根据企业自身的状况选用不同的薪酬水平。常见的薪酬水平有市场领先型、市场跟随型、成本导向型和混合型薪酬。

第三步：绩效考核。

岗位评价是在“对岗不对人”的原则下评价的，体现了同工同酬、按劳分配的思想，但它不能反映同岗位或同职务内部员工个人绩效及劳动效果上的差异，不利于充分发挥员工积极性。绩效考评结果直接对应薪酬体系中的绩效工资，绩效工资是体现员工的劳动成果与企业经济效益的变数，是激励员工立足现有的岗位多做贡献的重要手段，也是对岗位薪酬体系的调节和补充。

不同的组织绩效考评的对象、目的和范围各有不同，但都围绕在德、能、勤、绩四个方面。绩效考核中选择相应的方法是非常重要的，企业应该针对不同岗位的特点选择采用不同的方法。常见的考核方法有：排序法、配对比较法、关键事件法、行为锚定法和360反馈法等。绩效考核的结果直接以绩效工资的形式反映在员工薪酬当中。

任务5　薪酬核算

任务描述：

根据国家法律法规和企业薪酬管理制度核算员工工资，并制作员工薪酬发放表，交财务经理、总经理或分管副总签字，做好工资发放前准备。

任务实施：

第一步：收集薪酬当中相关加减项资料，如考勤统计表、加班申请表、绩效考核汇总表等，计算相应项目增加和减少的金额。

例如，考勤扣款 = 迟到扣款 + 旷工扣款 + 事假扣款 + 病假扣款等，具体金额按照考勤管理制度规定执行。

第二步：根据国家法律法规，计算“五险一金”单位代缴代扣金额。

“五险”指的是五种保险，包括养老保险、医疗保险、失业保险、工伤保险和生育保险；“一金”指的是住房公积金。其中养老保险、医疗保险和失业保险，这三种险是由企业和个人共同缴纳的保费，工伤保险和生育保险完全是由企业承担的，个人不需要缴纳。这里要注意的是“五险”是法定的，而“一金”不是法定的。人事专员每月应认真计算出每位员工的“五险一金”的缴费金额，在工资表的相应表格内做出扣款。全国不同地方的“五险一金”缴费比例是不一样的，人事专员需要查阅当地相关规定来进行扣除。

【知识拓展】

成都市“五险一金”缴费比例及基数说明（http：//www.cdhrss.gov.cn）。

（1）缴费比例如表4－8所示。

表4－8　　成都市“五险一金”缴费比例及基数一览表

险种	单位承担部分	个人承担部分
基本养老保险	20.0%	8.0%
基本医疗保险	7.5%（包含大病互助医疗1.0%）	2.0%
失业保险	2.0%	1.0%
工伤保险	根据行业确定基准费率 （一类行业0.6%、二类行业1.2%、三类行业2%）	
生育保险	0.6%	
住房公积金	5%～12%	5%～12%

（2）缴费基数：

①成都市社保局规定：“企业和职工缴费基数，按国家统计局规定列入工资总额统计项目的实际收入计算，包括计时工资、计件工资、奖金、津贴和补贴、加班工资以及特殊情况下支付的工资。”

②各种缴费基数上下限（上下限以四川省或成都市上一年职工月平均工资计算）。基本养老保险以四川省月平均工资60%为下限，300%为上限。基本医疗保险、生育保险、失业保险、工伤保险都以成都市月平均工资60%为下限，300%为上限。“五险一金”缴费基数由企业按员工实际工资申报，上下限由社保局控制。

第三步：计算应税金额和个人所得税。

首先统计应税总额，应税总额 = 工资 －“三险一金”缴纳数 －3500元（起征数）。

然后再计算缴税金额，应纳个人所得税税额 = 应税所得额 × 适用税率 － 速算扣除数。适用税率和速算扣除数如表4－9所示。

表 4 - 9

级数	全月应纳税所得额	税率（%）	速算扣除数
1	不超过 1500 元的	3	0
2	超过 1500 ~ 4500 元的部分	10	105
3	超过 4500 ~ 9000 元的部分	20	555
4	超过 9000 ~ 35000 元的部分	25	1005
5	超过 35000 ~ 55000 元的部分	30	2755
6	超过 55000 ~ 80000 元的部分	35	5505
7	超过 80000 元的部分	45	13505

（该 7 级税率表 2011 年 6 月 30 日通过，9 月 1 日起实施。）

注意：工薪收入缴纳个人所得税，先要扣除纳税人缴纳的“三险一金”的费用，再扣除起征数 3500 元，这样算来月收入在 4545 元以下的人基本都不用缴纳个人所得税。在薪酬中有不属于应税的部分如：独生子女补贴、托儿补助费、差旅费津贴、误餐补助等。

范例：

某人应税工资额为 6500 元，那他的个人所得税应为 6500 - 3500 = 3000（元），从表 4 - 9中可以查出其适用税率为 10%，则 3000 × 10% = 300（元），300 - 105 = 195（元），即他最终应缴个人所得税为 195 元。

第四步：计算实发工资总额，核查各项计算是否有误，提交员工工资表（见表 4 - 10）。

表 4 - 10　　员工工资表

编号	姓名	岗位	部门	岗位工资	奖金	应付工资	考勤扣款	社会保险费			住房公积金	个人所得税	扣款合计	实发工资
								养老	医疗	失业				

【知识拓展】

最低工资

最低工资是法定工作时间内的最低劳动报酬。最低工资标准，是劳动者在法定工作时间（法定工作时间就是按照国家法律明文规定的，劳动者最多工作的时间。如果超过，一是劳动者有权利拒绝（有法定特别、不可拒绝情况），二是要支付加班费用。即：劳动者月平均工作时间为 21.75 天。劳动者的工资需要折算为日工资或小时工资的，按每日 8 小时，每月 174 小时进行折算）或依法签订的劳动合同约定的工作时间内提供了正常劳动的前提下，用人单位应依法支付的最低劳动报酬。实施最低工资保障制度的目的是维护劳动者取得劳动报酬的合法权益，保障劳动者个人及其家庭成员的基本生活。

成都市最低工资标准包含职工个人缴纳的社会保险费和住房公积金；但不包括延长

工作时间工资，中班、夜班、高温、低温、井下、有毒有害等特殊工作环境、条件下的津贴，法律、法规和国家规定的劳动者福利待遇等。即使用人单位为劳动者提供食宿，支付给劳动者的劳动报酬也不应低于最低工资标准。

2011 年 12 月，四川省政府决定，从 2012 年 1 月 1 日起，将全省月最低工资标准由 850 元、780 元、710 元、650 元调整为 1050 元、960 元、880 元、800 元，将非全日制用工小时最低工资标准由 8.9 元、8.2 元、7.5 元、6.8 元调整为 11 元、10 元、9.3 元、8.4 元。经成都市政府以成府发〔2012〕2 号文件确定，锦江区、青羊区、金牛区等 14 个区（市）县执行全省最低工资标准最高档次：每月 1050 元，每小时 11 元；彭州市、崇州市等 6 个县（市）执行全省最低工资标准第二档次：每月 960 元，每小时 10 元。

任务 6　薪酬发放

任务描述：

根据薪酬核算的最终结果，与财务部和银行做好衔接工作，完成员工薪酬的发放工作。

任务实施：

第一步：与财务部落实是否已与银行签订好代发合同。

第二步：如未签订好，则协助财务人员前往银行办理相关事宜；如已签订好，则向财务部门提交由人力资源部经理及总经理或分管副总签字确认的薪酬表格，并按照银行要求制作银行转账专用的薪酬发放表（一般来讲要向银行提供员工姓名、身份证号、银行账号和工资的最终发放额，并不提供细项，这也是薪酬的保密性原则决定的），最后和财务落实发放时间。

第三步：薪酬发放完成后，填写工资结算汇总表，交财务部留存。

【知识拓展】

在薪酬发放管理中，一个重要的问题是薪酬公开性与保密性的处理。一般来讲，作为共同标准的薪酬政策，体现了企业的经营理念，是员工期望的重要依托。有研究表明，工资政策公开的公司，员工对工资制度表示出更高的满意度。但薪酬具有敏感性，不同员工对于薪酬差异的理解是不一样的，因此薪酬信息公开有可能导致对薪酬政策的误解和抵触，所以薪酬标准可以公开，而实际发放额度是不公开的。

任务 7　培训与开发

任务描述：

根据公司战略发展目标，建立并完善公司培训管理体系，编制员工培训计划并负责组织实施，挖掘员工潜能，提高员工综合素质，为公司经营管理提供强有力的人力资源保障和支持。

工作流程：

培训与开发流程如图 4－8 所示。

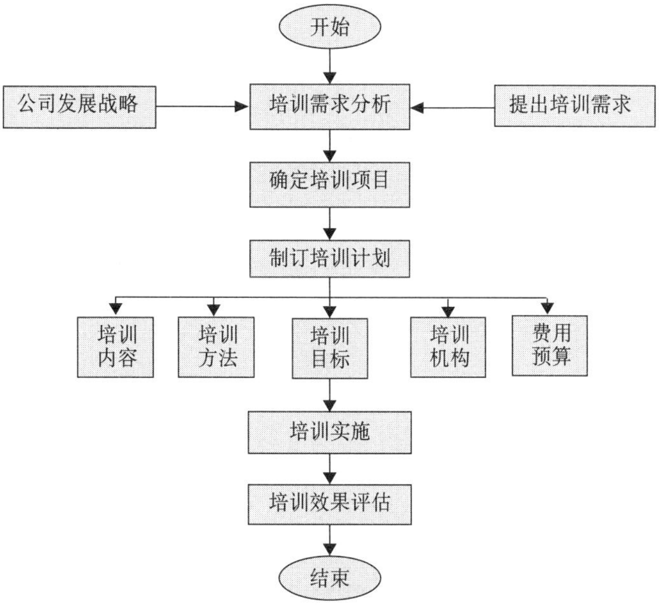

图4-8 培训与开发流程图

任务实施：

第一步：公司各部门根据公司发展要求，找出自身差距，提出培训需求意向。人力资源部通过编制、发放培训需求调查问卷及实际调查等方式进行培训需求调查。

第二步：根据培训需求分析的结果制订培训计划。培训可以是定期培训也可以是不定期培训，培训的形式采取内部培训和外部培训相结合的方式，具体培训项目实施形式包括课堂教学、内部讲座、户外拓展、读书与知识分享计划、培训沙龙、国外考察等。

不同类别人员的培训侧重点不同，中高层管理人员应侧重管理技能、领导力、决策思维能力、如果对员工进行有效的激励和授权等；中层管理人员应侧重职业技能提升、管理技能培养、角色转变、沟通与协调等；一般工作人员应注重执行力和专业技能的提升。

第三步：培训的实施与评估。按照培训计划对相关人员进行培训，培训过程中应注意观察受训人参与培训的积极性、课堂效果等，及时了解受训人的培训心得。培训效果的评估不仅包括培训过程，还应与培训后一定时期内受训人在工作中的表现相结合。

任务8 绩效考核

任务描述：

绩效考核就是运用科学的考核标准和方法，对员工进行定期不定期的评价，全面了解员工情况，发现其不足并提出改进措施，改善员工组织行为，促进企业目标实现。员工绩效考核要从员工工作成绩的数量和质量两个方面，对员工在工作中的公有制点进行系统的描述，并且将有关结果信息反馈给个人和有关部门。

绩效考核是人力资源管理当中非常重要的一个环节，同时也是最难的。在多专业综合实训中，我们希望学生能够了解到绩效考核的重要意义，但对考核制度的制订及执行并不作严格的要求。因为对于高职高专的学生知识水平和综合技能来讲，目前还无法独立完成此项任务。

任务实施：

第一步：结合各部门实际工作，与各部门主管共同制订企业绩效考核制度。

第二步：确定考核方案，如考核时间、考核对象，具体考核办法等；与考核主体一起实施员工绩效考核方案。

第三步：归纳汇总绩效考核结果，有针对性地进行考核结果反馈。

【知识拓展】

绩效考核按不同的分类标准，有不同的分类结果。按绩效考核的性质分为定性考核和定量考核；按考核的主体分为上级考核、自我考核、同级考核、顾客考核、自我考核、下级考核等；按考核的时间分为日常考核、定期考核、长期考核、不定期考核；按考核的形式分为口头考核与局面考核、直接考核与间接考核、个别考核与集体考核；按内容分为品质基础性考核、行为基础性考核、能力基础性考核、效果基础性考核、综合性考核等。

任务 9　日常事务管理

任务描述：

对公司员工的日常事务进行管理，包括考勤、人员流动和档案管理等。

任务实施：

第一步：建立并逐步完善人力资源基本管理制度，包括考勤制度、人员流动制度和档案管理制度等。

第二步：拟定员工事务性工作的相关流程，制作相关表格如请假单、加班申请单、岗位调整申请表、员工档案表等。

第三步：定期对相关员工信息进行搜集和整理，及时更新员工信息，做好人力资源的数据分析工作。

任务 10　填写工作日志

根据每天完成的工作，认真填写工作日志，做好数据统计和工作总结，为企业人力资源管理工作的进一步开展做好准备。

4.4 走进运营部

供产销活动构成了企业内部供应链，更是企业产生利润的价值链。运营部作为一个综合职能部门，就是通过合理利用资源，实现对企业采购、生产、销售相关活动的最佳规划、执行和监督，从而保证企业取得最佳效益。

4.4.1 工作职能

（1）制订、修改公司运营部的规章制度及管理章程。

（2）制定运营部的战略目标及实施方案。

（3）根据企业战略目标，在市场调查与分析的基础上，确定企业产品发展动向及市场推广策略。

（4）根据企业战略目标，确定企业产品销售计划，并采取多种销售方式，保证销售目标的实现。

（5）分析和预测物料市场的行情趋势，规范企业采购流程，保证采购订单顺利交付。

（6）进行系统的生产管控，保质保量地完成生产任务。

（7）协调企业的供产销活动，保证企业经营计划的顺利完成。

（8）及时与其他部门沟通、协调，为工作开展营造良好的工作氛围。

（9）完成公司领导交给的其他任务。

4.4.2 岗位设置

一般来讲，企业运营部会根据本企业的规模及业务构成确定运营部的岗位设置，大型企业的运营部通常会设置采购部、生产部、市场部、销售部等子部门。采购部一般会设置采购经理、询价员、采购员等岗位；生产部一般会设置生产经理、生产计划员、车间主任等岗位；市场部会设置市场经理、产品开发专员、市场拓展专员等岗位；销售部会设置销售经理、销售专员等岗位。在多专业实训过程中，由于企业规模较小，业务量少，故运营部共设运营总监、采购经理、生产经理、市场经理、销售经理5个岗位，各自完成相关领域的运营工作。

4.4.3 工作流程（以生产企业为例）

运营部工作流程如图4－9所示。

4.4.4 我是采购经理

采购部是企业物资的供应部门，负责组织企业各种物资的采购，需要按照公司计划完成各类物资采购及准确、快速、安全送达任务，做好采购与外部供应商的管理，保质保量地为均衡生产服务、为财务三项资金管理服务，尽可能在预算范围内做到节支降耗，保证各类物资保质保量低成本准时供应，帮助公司实现利益最大化。

对于不同类型、不同规模的企业而言，采购部门的工作职责和内容会有所不同，工作流程也不尽相同。然而由于同属于采购职能，仍有很多相通之处。从总体上来看，采购部门的工作流程如图4－10所示。

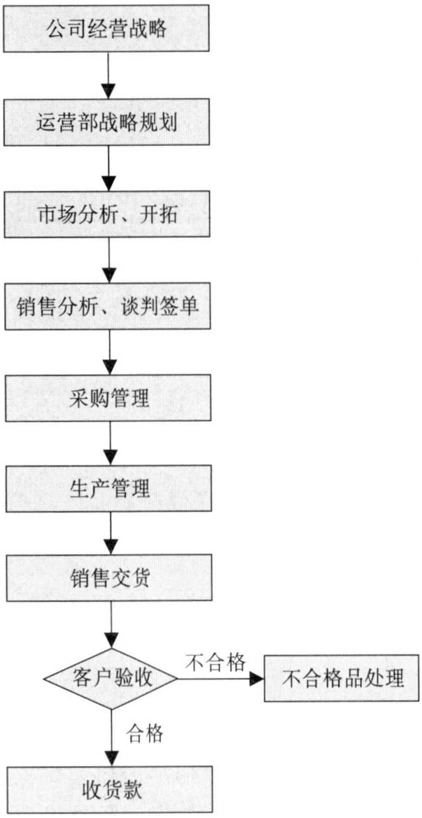

图 4-9 运营部工作流程图

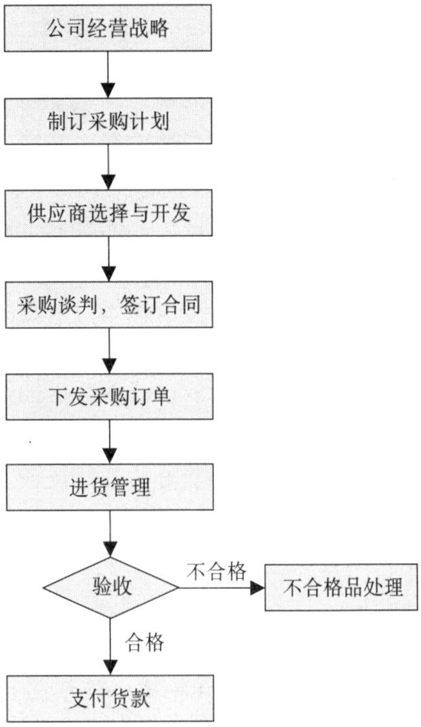

图 4-10 采购工作流程图

4.4.4.1 我的工作职责

（1）编制采购管理制度，设计采购工作流程，研究、分析并改进制度流程。
（2）分析和预测物料市场的行情趋势，进行市场价格调研、分析。
（3）根据各部门提交的物料需求计划及库存消耗，编制物资采购计划。
（4）进行采购谈判，签订采购合同，下达采购订单。
（5）对采购订单进行跟踪，及时处理突发问题。
（6）协助到厂物资的检验和入库交接，并协调处理不合格物资。
（7）制订科学的采购策略和库存策略，尽量降低采购和库存成本。
（8）编制合理的采购付款计划并按要求办理付款手续。
（9）开发和选择供应商，并对供应商进行评估。
（10）建立、维护供应商档案，发展和维护良好的供应商关系。
（11）完成公司领导交给的其他任务。

4.4.4.2 我的工作任务

采购经理工作任务书如表 4-11 所示。

表 4－11　采购经理工作任务书

序号	工作任务	第一期	第二期	第三期	第四期	第五期	第六期	第七期
1	分析物料行情							
2	编制采购计划							
3	供应商开发建档							
4	采购谈判							
5	签订采购合同							
6	下达采购订单							
7	协助入库							
8	编制采购业务台账							
9	填写工作日志							

注：①每项任务完成后在对应的框内打“√”。

②此工作任务书作为指导教师监督、检查实训学生的参考依据，也是学生自我管理、自我监督的依据。

任务 1　分析物料行情

任务描述：

分析预测物料市场行情，有利于随时掌握公司所需物料在不同区域的供应数量和供应价格的变化，是做好采购工作的基础，一旦遇到突发情况，可以及时调整公司的生产和营销规划。

任务实施：

第一步：根据供应环境中提供的原材料供应数量和供应价格走势图，分析预测物料市场的行情趋势，明确本公司所需要物料的获取方式和各批次的成本区间，如表 4－12 所示。

表 4－12　物料市场行情分析表

制表日期：1 月份

物料名称		第一批次	第二批次	第三批次	第四批次	第五批次	第六批次	第七批次
M1	数量	36000	57600	72000	144000	288000	22000	23000
	价格	300	320	330	350	400	450	500
M2	……							
	……							
M3	……							
	……							
……								

制表人：采购经理　　　　审核：________

第二步：将编写完成的物料市场行情分析表交运营总监审核。

第三步：将审核后的物料市场行情分析表进行存档。

任务2 编制采购计划

任务描述：

编制物料采购计划是在明确掌握企业物料需求计划的基础上，合理利用外部的供应环境，综合考虑运输成本、库存成本和订货成本等因素①，确定发出采购订单的时间和订购数量的过程。

任务实施：

第一步：根据生产部物料需求计划和库存消耗，将物料需求计划转化为采购计划。例如，根据1月份M1的物料需求计划和库存消耗，编制M1的采购计划如表4－13所示。

表4－13 **物料采购计划表**

制表日期：1月份

物料名称	采购②单号	数量（个）	预计单价（元）	总价（元）	请购单号	供应商信息	
						名称	区域
M1	C11	800	120	96000		××公司	××区
M2	C12	1000	180	180000		××公司	××区
……							
合计				276000			

制表人：采购经理　　审核：

第二步：根据采购计划表进行请购（一张请购单（见表4－14）应集中填写同一类的物品，以方便采购与数据统计），并请上级领导审批。

表4－14 **物料采购请购单**

制表日期：1月份

物料名称	采购单号	数量	预计单价	总价	请购单号	供应商信息	
						名称	区域
M1	C11	800	120	96000	Q11	××公司	××区
M2	C12	1000	180	180000	Q12	××公司	××区
……							
合计				276000			

制表人：采购经理　　审核：

第三步：将编写完整的采购计划表交运营总监审核。

第四步：将审核后的采购计划表进行存档。

---

① 由于供应商往往会根据客户购买物料的多少给予不同的批量折扣，所以一般采购部门会根据物料供应商的折扣策略及企业对物料需求的趋势，适当调整计划采购数量，进而达到采购成本的最小化。

② 单据的编号可根据企业实际自行编制。本例中的采购单编号规则：用C表示采购单，两位的阿拉伯数字表示具体编号，其中前一位表示订货月份，后一位表示订单序号。例如，C11表示企业第一个月下发的第一张采购订单。

任务3 供应商开发建档

任务描述：

开发和选择供应商就是寻找并确定合作伙伴，并在合作过程中对供应商进行考核和筛选，将企业已有或潜在的供应商相关信息进行及时填写（更新）并归档，从而实现更加有效的供应商信息查询和管理。

任务实施：

第一步：以各种方式收集能够为企业提供原材料的供应商信息，认真仔细地了解各供应商所提供的原材料类型、数量、价格等信息。

第二步：询价、比价、议价。

（1）对供应商的供应能力、交货时间及产品或服务质量进行确认。

（2）对于合格供应商的价格水平进行市场分析，是否其他厂商的价格最低，所报价格的综合条件更加突出。

（3）向公司领导汇报情况，设定议价目标或理想中标价格。

（4）参考议价目标或理想中标价格与供应商进行价格及条件的进一步谈判，详见任务四。

第三步：填写供应商信息表。

了解潜在供应商及所能提供产品的大概信息，填写供应商档案信息，如表4－15所示。

表4－15　　供应商信息表

制表时间：1月份

编号	供应商名称	供应物资	供应数量（个）	供应价格（元）	联系人	联系方式	备注
001	A贸易公司	L	1500	5800	张洁	12345678910	
002							
003							
004							
005							
006							

制表人：采购经理　　审核：________

任务4 采购谈判

任务描述：

采购谈判是指企业采购人员与供应商对购销业务有关事项，如商品的品种、规格、技术标准、质量保证、订购数量、包装要求、售后服务、价格、交货日期与地点、运输方式、付款条件等进行反复磋商，力求达成一种合作协议，建立双方都满意的购销关系。

任务实施：

第一步：谈判之前的准备。

（1）确定主要谈判事项。一般在进行合同谈判时主要关注点有：产品规格、数量、价格、交货日期、时间、付款方式、验收方式、解约办法、争议处理、赔偿责任等。

（2）收集与谈判相关的信息，如供应商企业产品信息、经营状况、行业竞争对手信息、企业对原材料长期需求信息等。

（3）熟悉采购谈判技巧。

①了解所要购买的物料大概的成本价，如果不了解，找至少5家销售该物料的公司进行询价，每家都要给出最低价。

②设法掩藏购买的意愿，不要明显表露非买不可的心态，否则将使采购人员处于劣势。若能判断供应商有强烈的销售意愿，再要求更低的价格，并作出不答应即行放弃或另行寻求其他来源。通常，若采购人员出价太低，供应商无销售之意愿，则不会要求采购人员加价；若供应商虽想销售，但利润太低，即要求采购人员酌予加价。此时，采购人员的需求若相当急迫，应可同意略加价格，迅速成交；若采购人员并非迫切需求，可表明绝不加价之意，供应商极可能同意买方的低价要求。

③采购人员在居于劣势情况下，应争取供应商的同情与支持。一方面，采购人员必须施展“动之以情”的议价功夫，说明自己在公司处境的艰难；另一方面，则口头承诺将来“感恩图报”，换取供应商“来日方长”的打算。此时，若供应商并非血本无归，只是削减原本过高的利润，则双方可能成交。若采购人员的预算距离供应商的底价太远，供应商将因无利可图，不为采购人员的诉求所动。

④为了避免供应商处于优势下攫取暴利，采购人员只好同意供应商有“合理”利润，否则胡乱杀价，仍然给予供应商可乘之机。因此，通常由采购人员要求供应商提供所有成本资料，以查核真实的成本，然后加计合理的利润作为采购的价格。

⑤如需要妥协时，一次只能做一点点的妥协，如此才能留有再妥协的余地，并且妥协时马上要求对方给予回馈补偿。

⑥即使赞同对方所提的意见，亦不要太快答应。

第二步：进行谈判，做好谈判记录。

结合谈判中的实际情况，填写购销谈判记录（见表4－16）。

表4－16　　购销谈判记录

购销谈判记录
谈判时间：
谈判地点：
欲采购物资名称及数量：
供货方：
参与人员：
记录人：
谈判内容描述：
谈判主要争议点：
谈判结果描述：
谈判成功之处：
谈判失败之处：

第三步：总结经验，在表 4－16 中列明本次谈判的成功与失败之处，不断提高谈判技巧。

任务5　签订采购合同

任务描述：

签订采购合同是企业与所选择的供应商针对商品的品种、规格、质量、订购数量、包装要求、售后服务、价格、交货日期与地点、运输方式、付款条件及违约条件等在谈判无异议的基础上确定购销关系的法律手续。

任务实施：

第一步：根据任务四中的采购谈判结果填写采购合同（采购合同一式两份）。

第二步：填写采购合同会签单。采购合同会签是采购经理会同本公司运营总监、财务总监一同审定，是否最终要与任务四中进行谈判的供应商签订采购合同，这一环节在公司重要的、大额合同签订中非常重要。

（1）采购经理填写基本信息（见表 4－17）。

表 4－17　　采购合同会签单

送签部门		签约人：	承办人：
合同名称			对方单位：
合同主要内容			合同金额：
			预算项目：
业务部门 审批意见			
总经理 审批意见			
争议解决			
归档情况	与合同一起归档，并存于行政经理处		

（2）采购经理将填写完成后的合同会签单交运营总监签字审批。

（3）采购经理将运营总监审批后的合同会签单交财务总监签字审批。

（4）采购经理将财务总监审批后的合同会签单交总经理签字审批①。

第三步：采购经理将采购合同和会签后的采购合同会签单交于行政经理处，并索要盖完合同专用章的采购合同。

第四步：采购经理将盖章后的采购合同交供应商审核并要求对方企业盖章。

第五步：采购经理将双方盖章的采购合同交行政经理进行存档。

① 只有达到一定采购金额的采购合同会签单才由总经理审批，具体由企业的财务制度规定为准。

任务6 下达采购订单

任务描述：

下达采购订单是采购经理根据相应的采购合同向供应商发出采购请求的过程，同时采购订单也要给仓储部门一份，用于检验到厂物资是否与合同一致。

任务实施：

第一步：填写采购订单。采购经理依据采购合同，填写采购订单，如表4－18所示。

表4－18 采购订单

供应商名称：区域总代理 订单编号：

联系人：张洁 发票号：

联系电话：12345678910 制单日期：1月份

订单编号	名称	单位	到货时间	数量	单价（元）	折扣率	金额（元）
C11	M1	个	2月份	500	240	无	120000
C12	M2	个	2月份	500	200	无	100000
C13	M3	个	2月份	500	180	无	90000
C14	M4	个	2月份	500	80	无	40000
C15	M5	个	2月份	500	80	无	40000
……							
金额合计		（大写）：叁拾玖万元整				（小写）：390000	
备　注							

制表人：采购经理 审核：

第二步：采购经理将填写完成的采购订单交于运营总监进行签字审批。

第三步：采购经理将运营总监审批后的一式三份的采购订单，一份交予采购部存档，一份交予供应商，一份交予仓储部，作为验收货物的依据。

第四步：进入请款流程，向财务部进行货款申请，待货款申请批准并到位后，向供应商下达采购订单。

任务7 协助入库

当物料到达采购合同规定的交货地点后，采购经理须对照采购订单对物料信息进行核实，并协助仓储人员办理物料的验收入库手续。如果核查发现物料与采购合同不符，需要协调处理不合格物资，根据实际发生的情况，申请补发，退货，更改送货地点等。

任务8 编制采购业务台账

任务描述：

因为公司下达到供应商的采购订单可能无法全部及时、保质、保量入库，因此采购订单和实际入库可能存在差异，采购业务台账就是公司每期实际采购入库的物料情况的汇总表，每期期末都要填制，方便采购和仓储数据统计。

任务实施：

（1）采购经理根据采购订单和不合格物资情况填制采购业务台账，如表4－19所示。

表4－19　　采购业务台账

成都××电子有限公司

2017 年 1 月　　制表日期：2017.1

时间	采购单号	物料	数量	单价		总金额		供应商		
				含税	不含税	含税	不含税	名称	联系人	电话
2017年1月	3456754333	M2	500	120	—	60000	—	××公司	×××	×××
	3456754201	M1	100	100	—	10000	—	××公司	×××	×××

制表人：采购经理　　审核：

（2）将核对无误后的采购业务台账存档备查。

任务9　填写工作日志

按照规定完成手写和系统中工作日志的填写，主要记录本岗位当日工作内容、出现的失误、优化建议及实习体会等。

4.4.5　我是生产经理

4.4.5.1　我的工作职责

生产经理是根据客户订单及市场预测结合企业实际产能及原材料供应情况，在运营总监的领导及各部门有效配合下，通过有效的统筹、调度安排，实现生产效率最大化，保证企业各项生产任务和目标顺利完成。具体职责如下：

（1）参与制定企业生产战略规划并组织实施。

（2）负责组织生产部按企业制定的工艺流程进行生产，并参与进行工艺流程的改进。

（3）负责组织设备增减计划的制定，设备的维护保养，努力提高设备的使用效率。

（4）负责组织制定生产、技术开发等工作计划。

（5）负责协调生产部内部各组织之间的关系。

（6）负责本部门各级人员的培养、管理与考核。

（7）负责与人力资源部门协调，进行生产人员配备。

（8）负责生产过程中的突发异常处理，合理调整生产进度。
（9）负责编制本部门预算，并进行各项审批审核工作。
（10）完成上级领导交办的其他临时性工作。

4.4.5.2 我的工作任务

生产经理工作任务书如表4-20所示。

表4-20 生产经理工作任务书

序号	工作任务	第一期	第二期	第三期	第四期	第五期	第六期	第七期
1	归档整理BOM							
2	编制生产计划							
3	编制物料需求计划							
4	新产品研发							
5	生产线购买							
6	生产线安装							
7	生产线转产							
8	生产线拆除							
9	生产线出售							
10	产品生产							
11	贴牌生产							
12	填写生产报表							
13	生产分析							
14	填写工作日志							

注：①每项任务完成后在对应的框内打"√"。
②此工作任务书作为指导教师监督、检查实训学生的参考依据，也是学生自我管理、自我监督的依据。

任务1 归档整理BOM

物料清单（BOM）反映产品的层次结构，即产品所有零部件的结构关系和数量组成。根据BOM可以确定该产品所有零部件的需要数量、需要时间及相互关系。BOM是企业制定物料需求计划的重要依据之一，所以生产部需要对企业已经具备生产资格的产品BOM进行归档。

任务2 编制生产计划

任务描述：

编制生产计划是根据订单以及市场预测确定企业在一定时间内生产产品的种类及数量的过程，从而将订单信息转换为生产信息。

工作流程：

生产计划编制流程如图 4－11 所示。

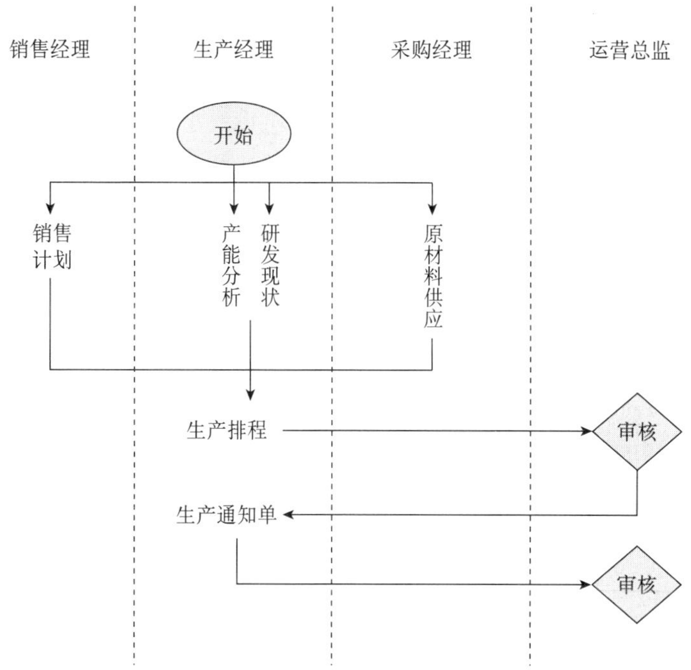

图 4－11　生产计划编制流程图

任务实施：

第一步：提议召开运营部内部会议与销售经理进行沟通，了解企业的销售计划，尤其是预销售产品的类型、时间及数量信息。

第二步：进行企业产能分析。

（1）分析现有生产资源是否能满足生产任务，是否需要新增生产设备，以及产品是企业自制还是贴牌生产的决策。

（2）对于需要新增的生产设备，做好财务预算。

（3）对已有的生产线确定具体产能，考虑如何为生产线进行人员配备，做好预算。

第三步：结合 BOM，与采购经理进行沟通，确认市场原材料供给是否能满足需求。

第四步：了解企业产品研发情况。

（1）结合销售计划及生产安排，考虑计划期需要研发产品的时间及类型。

（2）对计划研发的产品，考虑投入的研发人员及研发费用，做好预算。

第五步：形成具体生产线生产排程。

第六步：将编制完成的生产计划交予运营总监进行审批。

第七步：根据生产计划，填写本月生产通知单①，并交于运营总监审批，为后续生产做准备。

① 生产通知单是根据生产计划，将生产信息正式传达给生产车间的凭证。生产车间将按照生产通知单的具体要求进行按时生产。生产通知单的填写及发放只有在企业进行自制生产时才使用。

第八步：将审核后的生产计划及生产通知单进行存档。

任务3　编制物料需求计划

任务描述：

编制物料需求计划是根据产品的生产计划以及组成产品的物料清单和库存状况，计算各种所需原材料需求量和需求时间。只有对企业自制生产的产品才编制物料需求计划。

工作流程：

物流需求计划编制流程如图4－12所示。

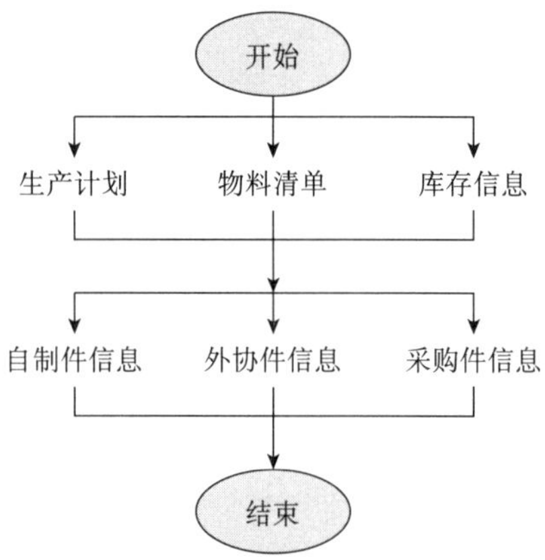

图4－12　物料需求计划编制流程图

任务实施：

第一步：明确企业生产计划。

（1）分析企业的生产计划，确定生产产品的类型、时间及数量信息（注意：各产品对物料的需求时间即为产品的生产时间）。

（2）将生产的产品类型、时间及数量信息填入物料需求计划表相应位置。

第二步：了解市场原材料供给。

（1）结合BOM，与采购经理进行沟通，看市场原材料供给是否充足。

（2）将市场原材料供给分析结论填入企业生产计划表相应位置。

第三步：填写物料需求计划表格。

第四步：将编制完成的物料需求计划交于运营总监进行审批。

第五步：将审核后的物料需求计划一式两份，一份交予仓储经理，一份存档。

任务4　新产品研发

任务描述：

组织新产品研发是企业为了满足市场对新产品的需求，投入资金及人力进行产品开发，直至产品研发成功的过程。

工作流程：

新产品研发流程如图 4－13 所示。

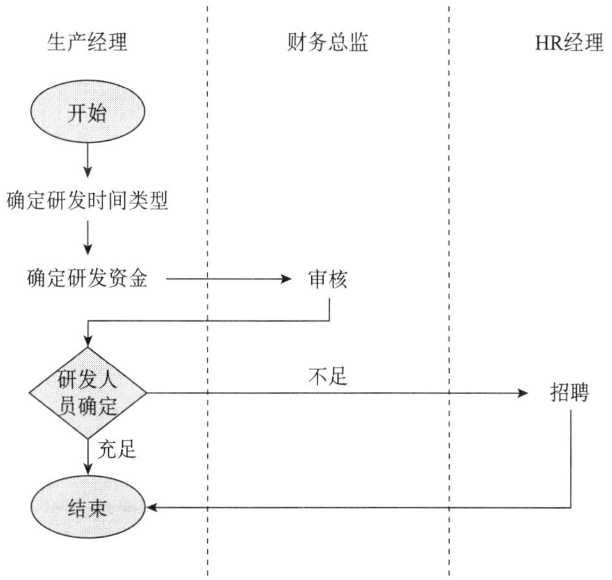

图 4－13 新产品研发流程图

任务实施：

第一步：根据企业生产计划，确定新产品研发时间。

新产品研发需要一定的时间，因此需要结合新产品的上市时间及预计投产时间来确定其研发时间。

第二步：确定研发新产品投入的各项资源。

为了保证一定的新产品研发成功率，在对企业历史产品研发成功率分析的基础上，确定投入的研发资金额、研发相关人员类型及数量。

第三步：向财务部进行研发投入费用申请，待研发费用申请批准且资金到位后，开展研发工作。

第四步：查看企业是否有足够的技术人员及管理人员，若员工充足，将各类人员合理配备到各新产品研发项目中；若员工不足，则将各类人员的需求信息告知人力资源部门，待招聘后再配置。

任务5 生产线购买

任务描述：

购买生产线的目的是满足企业未来生产能力扩张的需要，只有在企业现有生产能力无法满足未来生产需求时进行。

工作流程：

生产线购买流程如图 4－14 所示。

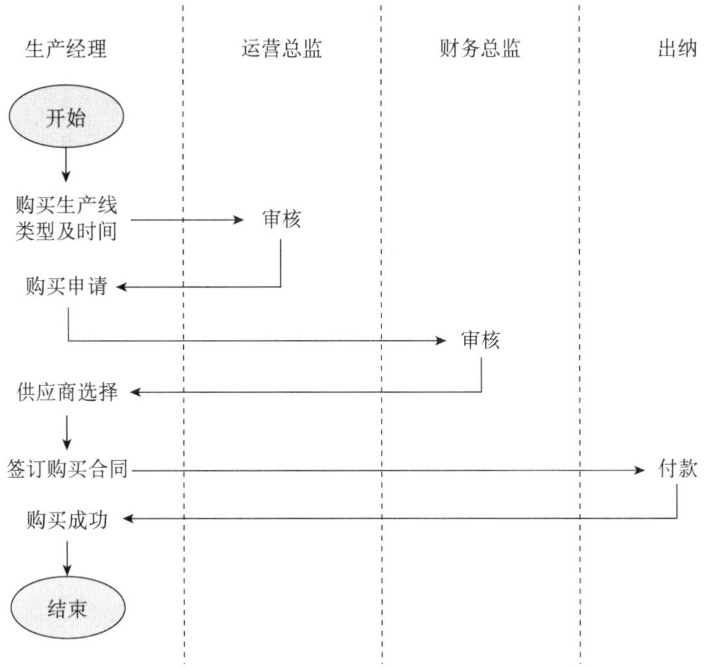

图 4-14　生产线购买流程图

任务实施：

第一步：根据战略规划确定的企业技术发展水平情况及企业的财务预算，确定购买的生产线类型。

第二步：根据企业战略规划及生产线具体信息，确定生产线购买时间。

第三步：在对上述因素综合分析的基础上，作出生产线购买决策。

第四步：向财务部进行生产线购买费用申请，待费用申请批准且资金到位后在系统中进行生产线购买的操作。

任务 6　生产线安装

大多数生产线购买后不能直接投入生产，需要有设备安装期，因此需要对有安装周期的生产线及时进行安装，以免延误产品正常生产。生产线安装多由设备供应商提供，也有可能采用技术外包或是购买方自行安装的方式。

任务 7　生产线转产

当生产线生产产品的类型与安装时不同或是与上期产品类型有差异时，需对生产线进行转产操作。生产线转产是设备柔性的一种表现，但一般有资金或时间要求。这里值得注意的是，设备转产会降低生产效率，因此应尽量减少设备转产次数。

任务8　生产线拆除

企业对于临时不要的生产线可以进行拆除以增加车间容量。生产线拆除需要支付一定的拆除费用。

任务9　生产线出售

企业对于不再需要的生产线可以进行出售，从而促使生产线的不断更新换代。

任务10　实施生产

任务描述：

实施生产是指根据生产计划确定的生产任务及生产通知单，确定各生产线的人员配置，原材料投入，并进行有效的生产监管，最终保证产成品顺利入库的过程。

工作流程：

生产流程如图4－15所示。

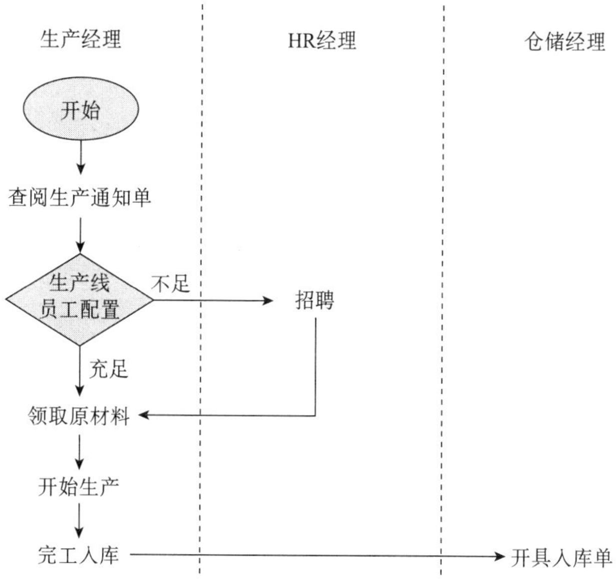

图4－15　生产流程图

任务实施：

第一步：生产线人员配备。

根据生产计划所确定的各生产线的预计产能，确定生产线的各类型人员安排。若员工不足，则将各类人员的需求信息告知人力资源部门，待招聘后再配置。

第二步：填写领料单，领取原材料。

领取原材料即生产车间开始生产之前，向仓库领取生产所必需的原材料过程，该任务是实施生产必要的前置工作。原材料的领取强调一定要按照生产任务进行，不能多也不可少。

（1）根据生产通知单，填写领料单。

（2）将填写完成的领料单交予运营总监进行审批。

（3）拿审批后的领料单到仓库领取原材料。

第三步：当各生产线在的员工、原材料准备就绪时，开始每条生产线的生产工作。

第四步：产成品入库。

产成品入库是企业对已经完成检验的产成品办理入库手续的过程。

（1）告知仓储部要入库的产成品的型号与数量及生产通知单号。

（2）向仓储部索要入库单，并进行表格中信息的核对，看是否与入库产品相符。

任务 11　进行贴牌生产

任务描述：

贴牌生产是企业为了满足市场需求，在内部生产能力不足的情况下，将部分生产任务外包给其他企业，并支付外包费用的做法。贴牌生产虽然对于企业增加临时生产能力起到了一定的帮助，但此种方法对企业而言，控制难度较大，表现在一方面企业对产出量的控制力度较小，可能引发高昂的成本；另一方面，企业对产品的质量问题也不易进行有效控制。

任务实施：

第一步：通过比较市场所提供的外包厂商的信息，主要是通过进行外包商生产批量及价格的比较，作出外包厂商选择决策。

第二步：向财务部进行贴牌费用的申请，待贴牌费用批准后开展贴牌生产。

第三步：对外包产品进行质量及进度监管，确保按时保质保量交货。

任务 12　填写生产报表

任务描述：

生产报表用来反映企业在一段时间内的工作任务量，是衡量企业生产数量及工作效率的重要依据。生产报表的填写需要及时准确。由于产成品入库是在投产的下月完成，所以在实训过程中，生产报表的填写放在投产的下月月初进行。

任务实施：

第一步：核对产品生产信息与入库信息是否相符。

第二步：认真填写企业生产报表，并进行归档。

任务 13　生产分析

任务描述：

生产经理每月都需要对企业该月的生产计划完成情况进行总结，检查是否保质保量地完成了生产任务，同时也可以对本月的生产状况进行横向或纵向的对比，关注企业的发展情况。通过生产分析可以帮助生产经理发现之前工作中的强项及瓶颈之处，从而对于企业后续调整改进经营管理起到非常重要的作用。

任务实施：

第一步：汇总、对比生产计划、销物料需求计划、生产报表中的数据，检查相应数据是否相符。

第二步：对于数据不符之处，寻找差异原因。

第三步：填写企业生产分析报告。

任务14　填写工作日志

按照规定完成工作日志的填写，主要记录本岗位当日工作内容、出现的失误、优化建议及实习体会等。

4.4.6　我是销售经理

4.4.6.1　我的工作职责

（1）负责编制产品销售计划表，并按时交给生产部门和财务部门，便于统一平衡，合理下达计划，组织生产作业，及时回笼资金。同时，随时关注生产计划完成情况和监督产品质量问题。

（2）负责编制销售统计报表。做好销售统计核算基础管理工作，建立健全各种原始记录、统计台账，及时汇总，填报年、季、月度销售统计报表。

（3）负责编制本部门的预算，并严格控制。

（4）负责拓宽企业销售模式，提升企业销售业绩。

（5）负责与客户进行谈判，获取订单，签订购销合同，并向生产部递交产品需求订单。

（6）负责在约定交货期保质保量交货，并及时回收货款。

（7）负责做好产品的售后服务工作，经常走访分销商（贸易公司），做好与客户关系管理，提高客户满意度，提升企业信誉。

（8）完成上级领导交办的其他临时性工作。

4.4.6.2　我的工作任务

销售经理工作任务书如表4－21所示。

表4－21　销售经理工作任务书

序号	工作任务	第一期	第二期	第三期	第四期	第五期	第六期	第七期
1	编制销售计划							
2	谈判签单							
3	销售竞单							
4	参与招投标							
5	销售订单登记							

续表

序号	工作任务	第一期	第二期	第三期	第四期	第五期	第六期	第七期
6	产品发货							
7	货款回收							
8	客户回访							
9	销售分析							
10	填写工作日志							

注：①每项任务完成后在对应的框内打“√”。

②此工作任务书作为指导教师监督、检查实训学生的参考依据，也是学生自我管理、自我监督的依据。

任务1　编制销售计划

任务描述：

编制销售计划是在市场调查分析与预测的基础上，根据企业整体发展战略、往期各市场产品销售数据、已获订单等信息，确定企业未来一段时间内产品销售的种类、市场及数量的过程。

工作流程：

销售计划编制流程如图4-16所示。

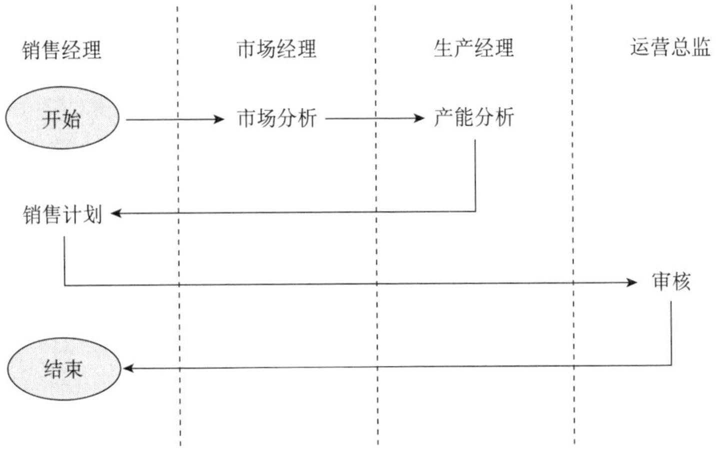

图4-16　销售计划编制流程图

任务实施：

第一步：提议召开运营部内部会议，与市场经理进行沟通，了解企业未来经营的市场定位及产品定位，并结合具体市场数据进行分析。

第二步：与生产经理进行沟通，看企业产能是否能满足销售任务。

第三步：结合上述两项结论，预测企业未来一段时间内产品的销售方式、种类、市场及数量，填入销售计划表中。

第四步：将编制完成的销售计划表交予运营总监进行审核。

第五步：将审核后的销售计划进行存档。

任务2　谈判签单

任务描述：

谈判签单即进行人员推销，主要包括销售谈判及谈判成功之后合同的签订。销售产品是销售经理最核心的工作，应在企业销售目标指引下，采取多种谈判方式，不断提升谈判技巧，有计划地实施产品销售，努力完成企业的销售任务。

工作流程：

谈判签单流程如图4－17所示。

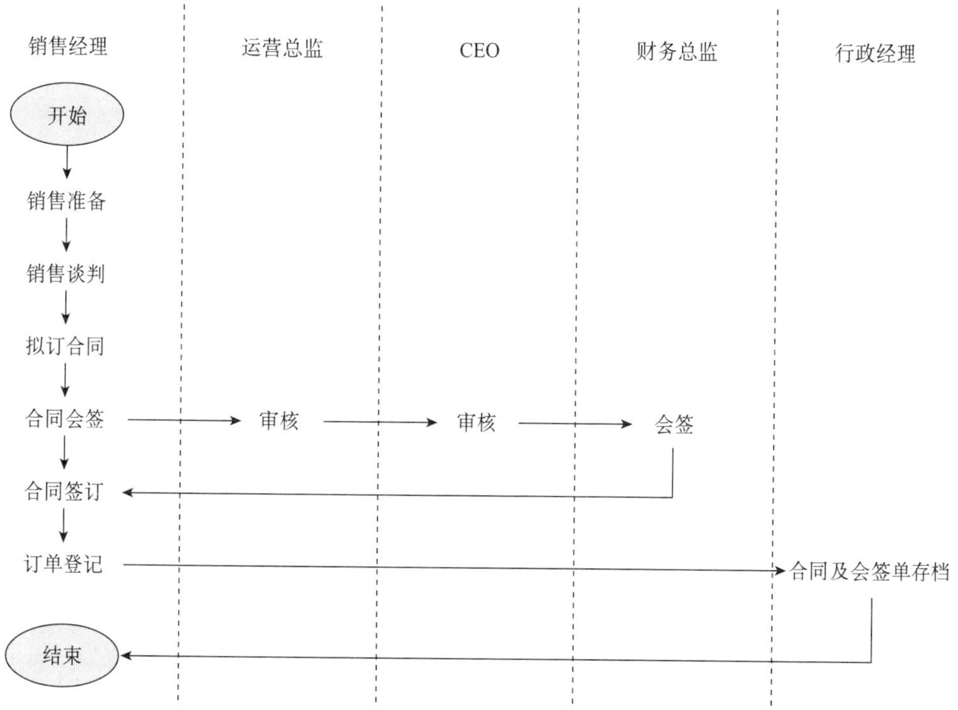

图4－17　谈判签单流程图

任务实施：

第一步：根据销售目标，与客户公司初步接触，开展销售活动。

第二步：收集相关资料，组织实施谈判。

第三步：双方进行谈判磋商，填写谈判记录。

第四步：达成一致后，拟定销售合同，一式两份。

第五步：填写合同会签单，报运营总监及CEO审批，并到行政部（总经理办公室）盖章。

第六步：正式签订合同，并将签好后的两份合同送交贸易公司盖合同专用章、法人章和骑缝章。

第七步：销售合同一份交给贸易公司，一份带回企业，待登记完销售订单明细后，送行政部（总经理办公室）处归档。

任务3　投标竞单

任务描述：

投标竞单采用反向拍卖的方式进行。在竞单过程中，企业可有多次出价，当订单时间到期时，竞标得分高者获得该订单。如果订单无人问津，则该订单流标，不再进行此订单的竞单。

任务实施：

第一步：分析投标竞单得分规则。

第二步：收集竞争对手相关信息，对其可能出价进行适当评估。

第三步：待市场订单出现，根据销售计划及企业产能，选择需求量和交付时间都恰当的订单，在规定时间内对占优势的标的以出价方式参与竞单。

第四步：对于已获订单，需签订正式合同，并在合同规定期内完成交货。

任务4　参与招投标

任务描述：

招投标指在市场经济条件下，进行大宗货物的买卖、工程建设项目的发包与承包以及服务项目的采购与提供时，所采取的一种交易方式。招标和投标是一种商品交易行为，是交易过程的两个方面。

招标流程图（以工程招标为例）：

招标流程如图4-18所示。

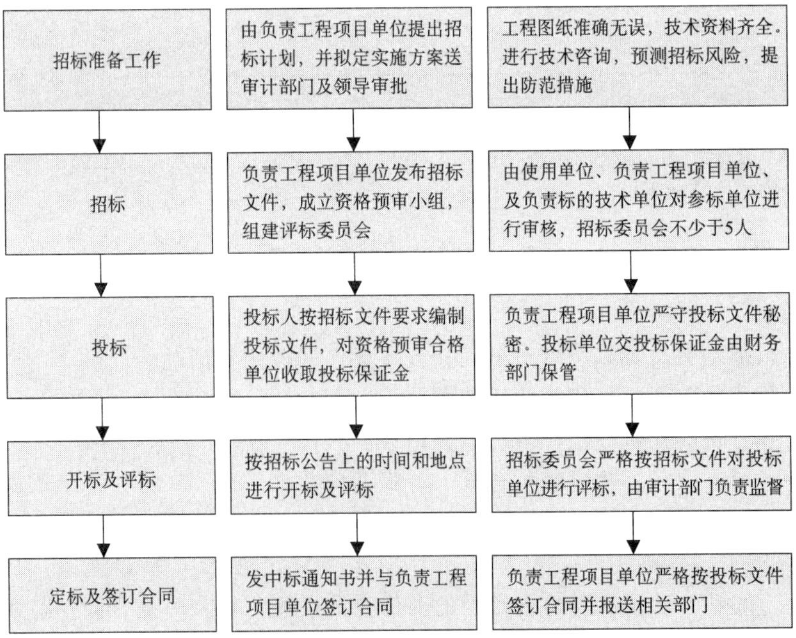

图4-18　招标流程图

任务实施：

第一步：及时关注招标企业的招标信息。

第二步：对于已公开的招标信息，企业若符合条件可参与投标，投标必须按照招标人的要求准备标书进行参与。

第三步：等待评标结果。

第四步：若竞标成功，需与招标企业签订正式合同，并在合同规定期内完成交货。

任务5　销售订单登记

任务描述：

为合理安排生产，按时发货，销售人员应将各种销售渠道所获取的订单进行详细登记，做好销售台账。

任务实施：

第一步：根据销售合同、系统订单和中标合同填写订单登记表。

第二步：将销售订单登记表及合同交给运营总监进行审核汇总。

任务6　产品发货

任务描述：

依据销售订单登记表中的交货期，销售经理应结合企业生产状况及库存信息，编制销售发货计划，经运营总监审核后，提交给仓储作为发货依据，并督促仓储做好发货工作。及时向顾客发送货物，是履行销售合同，避免违约的重要环节。

工作流程：

产品发货流程如图4－19所示。

任务实施：

第一步：与仓储部沟通获取库存报表，与生产经理沟通获得生产报表。

第二步：根据订单登记表，库存和产能情况编制销售发货计划表（可提前发货）。

第三步：将销售发货计划提交运营总监审核。

第四步：将审核后的销售发货计划交一份给仓储部经理，一份自留保存。

第五步：根据销售订单登记表和发货计划表填制发货单，并交运营总监和财务经理审核。

第六步：将审核后的发货单交仓储部，告知其按时发货，销售经理需适时跟踪，直至货物被客户签收。

第七步：发货结束后，完成销售发货明细表登记。

任务7　货款回收

任务描述：

销售人员应该做好货款的回收工作，主动与客户进行沟通，确保及时回收到期款项。

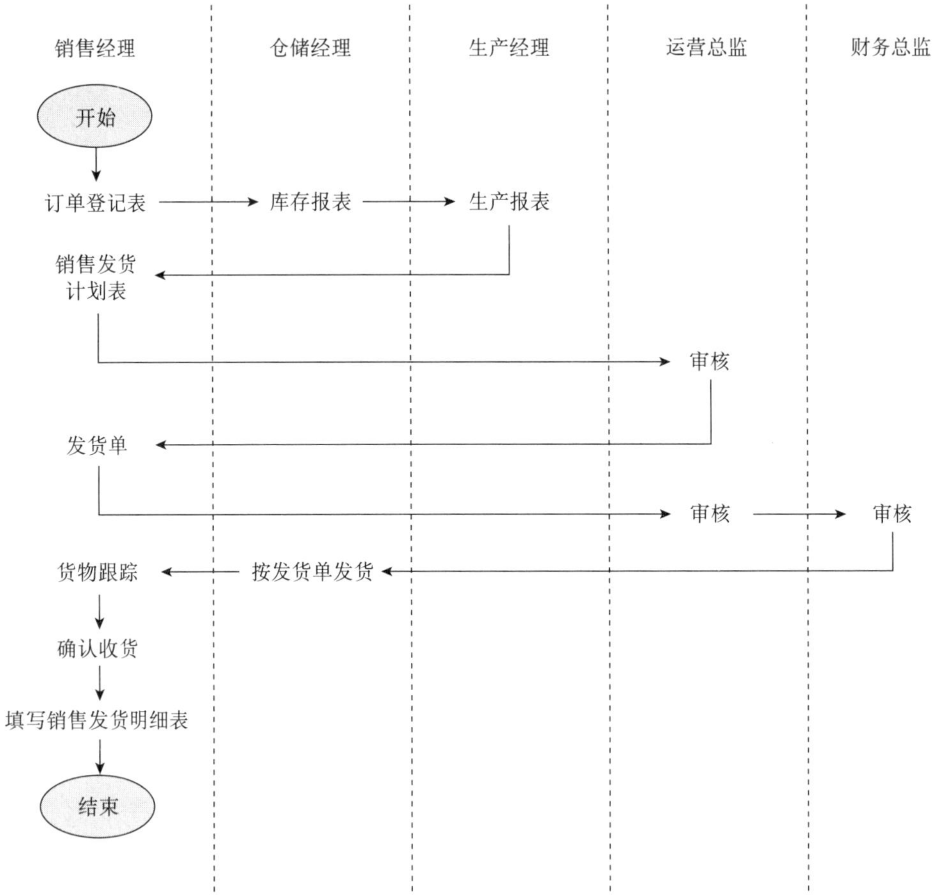

图 4-19　产品发货流程图

任务实施：

第一步：根据销售订单明细表，汇总到期应收款的金额和企业，准备催收货款。

第二步：到客户企业，与客户沟通，催收到期应收款。

第三步：确认客户付款后，通知出纳去银行取进账单。

第四步：收到财务会计的确认通知后，销售专员需要及时更新销售发货明细表中回款项目。

任务 8　客户回访

销售部人员应该通过及时回访客户的方式与客户建立良好的关系，从而提高客户的满意度，并建立客户信息档案。

任务 9　销售分析

任务描述：

销售经理每月都需要对企业该月的销售计划完成情况进行总结，检查是否保质保量地完成销售任务，同时也可以对本月的销售业绩进行横向或纵向的对比，关注企业的发展情况。通过销售分析可以帮助销售经理发现之前工作中的强项及瓶颈之处，从而对于企业后续调整改进经营管理起到非常重要的作用。

任务实施：

第一步：汇总、对比销售计划、销售订单登记表、销售发货计划表及发货明细表中的数据，检查相应数据是否相符。

第二步：对于数据不符之处，寻找差异原因。

第三步：填写企业销售分析报告。

任务10　填写工作日志

按照规定完成手写和系统中工作日志的填写，主要记录本岗位当日工作内容、出现的失误、优化建议及实习体会等。

4.4.7　我是市场经理

4.4.7.1　我的工作职责

（1）进行市场调查及分析工作，并向企业的研发、生产及销售各部门提供决策依据。

（2）根据市场调查与分析的结果，进行市场开拓和渠道建设。

（3）负责公司广告投放方案的策划与实施。在综合权衡竞争、需求、财务等状况下，选择广告投放媒体、投放时间及投放金额等，以通过提高公司知名度、美誉度的品牌建设活动来提升产品的市场占有率。

（4）根据市场调查与分析的结果，制定公司新产品开发计划。

（5）负责制定产品推广计划及方案实施，负责编制公司促销活动的预算。

（6）完成上级领导交办的其他临时性工作。

4.4.7.2　我的工作任务

市场经理工作任务书如表4－22所示。

表4－22　　市场经理工作任务书

序号	工作任务	第一期	第二期	第三期	第四期	第五期	第六期	第七期
1	市场调查与分析							
2	产品分析							
3	新市场开拓							
4	编制市场推广方案							
5	产品分销							
6	产品促销							
7	广告投放							

续表

序号	工作任务	第一期	第二期	第三期	第四期	第五期	第六期	第七期
8	产品定价							
9	营销监督							
10	填写工作日志							

注：①每项任务完成后在对应的框内打“√”。

②此工作任务书作为指导教师监督、检查实训学生的参考依据，也是学生自我管理、自我监督的依据。

任务1　市场调查与分析

任务描述：

市场调查是市场营销活动的起点，是指运用科学的方法，有目的、系统地搜集、记录、整理有关市场营销信息和资料，分析市场情况，了解市场的现状及其变化的规律和趋势，为市场预测和营销决策提供客观、可靠的数据和资料，从而帮助企业确立正确的发展战略。市场调查工作贯穿于整个营销活动中。

工作流程：

市场调查工作流程如图4-20所示。

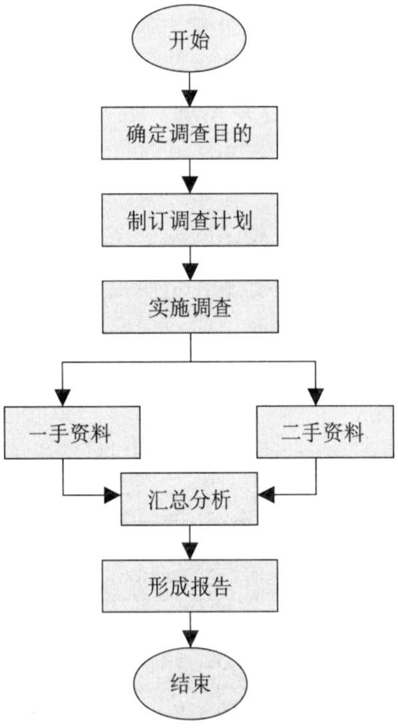

图4-20　市场调查工作流程图

任务实施：

第一步：确定调查目的。

调查目的是调查工作的起点也是终点，整个营销活动过程都需要进行不同程度的市场调查，但不同时期不同阶段有着不同的调查目的，其调查范围、调查方式也就不尽相同。如在企业成立初期主要是确定企业的厂址、销售渠道、目标市场等，调查的范围主要是给定的市场需求预测图及开拓费用等；而在经营中期主要确定产品研发、广告投放、目标市场等，调查的范围就应该拓展到渠道商、供应商、竞争者、市场需求状况、产品竞争状况等更广的范围。

第二步：制订调查计划。

调查计划书的内容一般包含以下几个部分：

（1）摘要。摘要是整个报告书的一个简短小结。要求简明清晰，又要提供帮助理解报告基本内容的充分信息。

（2）调研目的。说明提出该项目的背景，要研究的问题和备选的各种可能决策，该调研结果可能带来的社会效益或经济效益，或是在理论研究方面的重大意义。

（3）调研内容和范围。说明调研的主要内容，规定所需获取的信息，列出主要的调查问题和有关的理论假设，明确调查的范围和对象。而市场调查的内容很多，分为宏观环境的调查和微观环境的调查两大类，具体就本实训中所要进行的调查内容有以下三个方面。

第一，市场需求调查：包括每个产品在各区域的总需求量和需求变化趋势的调查。

第二，市场营销因素调查：主要包括产品、价格、渠道和促销的调查。产品的调查主要是了解市场上新产品开发的情况、设计的情况、消费者购买情况、产品生命周期阶段、产品的组合情况等。产品的价格调查主要有了解消费者对价格的接受情况，产品的价格变化等。渠道调查主要包括了解渠道的类型、中间商的实力和策略情况等。促销活动调查主要包括各种促销活动的效果，如广告实施的效果、人员推销的效果、营业推广的效果和对外宣传的市场反应等。

第三，市场竞争情况调查：主要包括对竞争企业的调查和分析，对竞争对手的产品在市场上的占有率、企业产品、产品价格、销售渠道等开展调查。

（4）市场调研步骤：确定市场调研目标、确定所需信息资料、确定资料搜集方式、搜集现成资料、设计调研方案、组织实地调查、统计分析结果、准备研究报告。

（5）调研方针与方法。

（6）调研进度和经费预算。

（7）附录：调研项目负责人及主要参加者的名单、方案的技术说明及细节说明、问卷设计中的有关技术说明、数据处理方法等方面的说明。

第三步：实施调查。

营销部内部开会，进行分工、启动市场调查工作。

第四步：汇总分析。

营销部内部开会，各调查人员分别汇报自己的调查数据和调查情况，并就调查情况进行充分讨论，形成调查结果意见。

第五步：撰写调查分析报告。

市场调查报告的格式。市场调查报告的格式一般由标题、目录、概述、正文、结论与建议、附件等几部分组成。在本次实训中只需要简要撰写调查报告，具体包括概述、正文和结论三个部分。

第一部分，概述。首先简要说明调查目的；其次简要介绍调查对象和调查内容，包括调查时间、地点、对象、范围、调查要点及所要解答的问题；最后简要介绍调查研究的方法。

第二部分，正文。正文是市场调查分析报告的主体部分，这部分必须准确阐明全部有关论据，还应当有可供市场活动的决策者进行独立思考的全部调查结果和必要的市场信息，以及对这些情况和内容的分析评论，建议有效使用数据、表格、图形等方式来表述。

第三部分，结论和建议。结论与建议是撰写调查分析报告的主要目的，这部分包括对引言和正文部分所提出的主要内容的总结，提出有效的措施和解决某一具体问题可供选择的方案与建议，结论和建议与正文部分的论述要紧密对应，不可以提出无证据的结论，也不要没有结论性意见的论证。

任务 2　产品分析

任务描述：

产品分析是企业在市场调研的基础上，通过对企业的经营方向、目标计划、自身资源、内外部环境、以往的销售数据等进行综合分析，设想未来产品的发展趋势，确立企业产品开发计划，并对产品进行可行性分析。

任务实施：

第一步：提议召开运营部内部会议，结合市场调查与分析结论和公司的总体经营方向，讨论本公司的产品开发计划。

第二步：形成产品分析结论，并向运营总监提交方案。

任务 3　新市场开拓

任务描述：

市场开拓就是在市场调查和分析的基础上，结合公司的整体发展战略，合理安排市场开拓计划，积极开辟市场网络，拓宽公司销售渠道，到原本没有市场的地方去拓展业务，为后期进行目标产品的销售打下基础，即在对各区域市场需求进行预测的基础上，结合各区域的市场开拓费用、竞争状况、本企业发展战略等，有计划有步骤地进行目标市场的选择和拓展。企业做强做大离不开新市场开拓。新市场开发的成效与质量的好坏，是衡量市场拓展人员个人能力的重要指标。

工作流程：

新市场开拓流程如图 4－21 所示。

任务实施：

第一步：出发前，做到 5 个“熟悉”：熟悉公司目前在同行业中的地位；熟悉公司产品；熟悉加工工艺；熟悉公司营销文化及营销政策；熟悉待开发新市场可利用的一切的客户资源。

第二步：乍到新市场，做到一个“调查”、三个“确定”。充分进行市场调研，是开拓新市场的必要的并且首要的环节，通过调查能充分了解竞争对手的市场状况、市场潜力及销售预测，从而发现市场机会，找到突破口。三个“确定”：一是在市场调查的基础上通过分

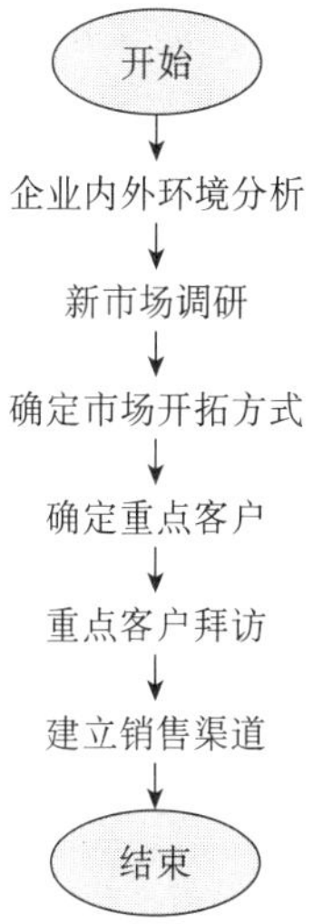

图4－21　新市场开拓流程图

析确定我公司产品及营销政策在同行业的地位及优势，并找到突破口；二是根据市场需要初步确定拟选择的渠道经销模式，是区域独家代理还是多家代理，是直销还是找代理商做，确定这一点很重要，这直接决定后面我们到底要拜访哪一类客户；三是初步确定你即将要拜访的客户名单。

第三步：做好拜访客户前的准备工作。

第四步：拜访客户过程中，学会“打动”客户。

第五步：签约前“邀请”。在初步选定了一些意向性经销商后，尽量邀请客户到公司考察是促成合作成功的重要手段。

第六步：代理商的确立。从几个意向性经销商中选择最适合但不一定是最大的客户为我们的合作伙伴。

第七步：启动前的“细节”。正式确定合作伙伴以后，就开始要从订货、品种的选择、价格体系的确定、分销渠道的确定等各方面为经销商服务。

任务4　编制市场推广方案

任务描述：

市场推广方案是在对外部环境及内部条件进行充分分析的基础上，在有效运用经营资源的基础上，对一定时间内的营销活动的行为方针、目标、战略以及实施方案与具体措施进行设计和计划，以期提高产品的市场占有率，达到利润的最大化。

任务实施：

第一步：实施内外部市场调研，运用SWOT分析方法，完成调研、分析工作。

第二步：制定产品策略。

第三步：制定价格策略。

第四步：制定渠道策略。

第五步：制定促销策略。

第六步：将编制完成的市场推广方案，提交运营总监审核。

任务5　产品分销

任务描述：

企业要将产品销售出去必须要结合产品的特点和企业自身的战略，选择合适的分销渠道。

选择企业的销售渠道模式是在市场调查和分析的基础上，结合企业发展战略确定本企业的销售渠道，通常是在对各区域市场需求进行预测的基础上，结合各种销售渠道的费用投入情况、竞争状况、本企业发展战略、目标市场等，进行销售渠道模式的选择，即决定企业将在什么时间、哪个区域以何种方式销售企业的产品。

工作流程：

产品分销流程如图4－22所示。

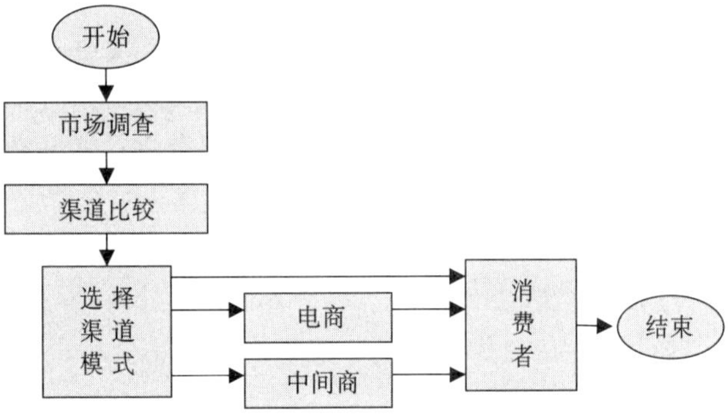

图4－22　产品分销流程图

任务实施：

第一步：提议召开运营部内部会议，结合市场调查与分析结论和公司的总体经营方向，讨论本公司的销售渠道模式（或目标市场选择方案）。

第二步：形成产品分销结论，并向提交运营总监进行审核。

任务6　产品促销

任务描述：

产品促销是指企业通过人员推销、广告、公共关系和营销推广等各种促销手段，向消费者传递产品信息，引起他们的注意和兴趣，激发他们的购买欲望和购买行为，以达到扩大销售的目的。企业将合适的产品，在适当地点、以适当的价格出售的信息传递到目标市场，一般是通过两种方式：一种是人员推销，即推销员和顾客面对面地进行推销；另一种是非人员推销，即通过大众传播媒介在同一时间向大量消费者传递信息，主要包括广告、公共关系和营销推广等多种方式。

任务实施：

第一步：提议召开运营部内部会议，结合市场调查与分析结论和公司的总体经营方向，讨论本公司的产品促销方式，并对促销费用及效益进行合理预测。

第二步：形成产品促销结论，并向提交运营总监进行审核。

第三步：对审核通过的促销方案进行实施，并进行效果评估。

任务7 广告投放

任务描述：

广告投放是企业进行产品促销最常用的方式之一。因此，企业应结合各月各市场产品的竞争状况、销售情况和市场需求，做好广告策略，以实现最小的投入达成相应的销售目标。

任务实施：

第一步：提议召开运营部内部会议，结合企业市场推广方案和公司的总体经营战略，讨论本公司广告投放的方式，并进行广告预算。

第二步：填写广告投放申请表，并提交运营总监审核。

第三步：根据审核通过的广告投放申请表，向财务部进行广告投放费用申请，待费用申请批准且资金到位后，开展广告投放工作。

任务8 产品定价

任务描述：

产品定价是市场营销组合中一个十分关键的组成部分。价格通常是影响交易成败的重要因素，同时又是市场营销组合中最难以确定的因素。企业定价的目标是促进销售，获取利润。这要求企业既要考虑成本的补偿，又要考虑消费者对价格的接受能力，从而使定价策略具有买卖双方双向决策的特征。同时，价格还是市场营销组合中最灵活的因素，它可以对市场作出灵敏的反应。

工作流程：

产品定价流程如图4－23所示。

任务实施：

第一步：召开营销部内部会议，结合市场调查情况、产品成本、产品定位、市场管控的价格区间等因素，讨论本公司的产品定价策略。

第二步：形成结论，并向运营总监提交产品定价审批表。

第三步：制定产品价格，并予以实施。

任务9 营销监督

市场经理应该随时关注和跟进营销策划方案的实施情况，制定工作计划，将营销目标和策略落实到人和具体的时间，监督营销具体工作的有效执行情况，并有效解决渠道冲突。同时，市场经理应该结合本企业的销售现状对企业的营销战略进行及时调整。

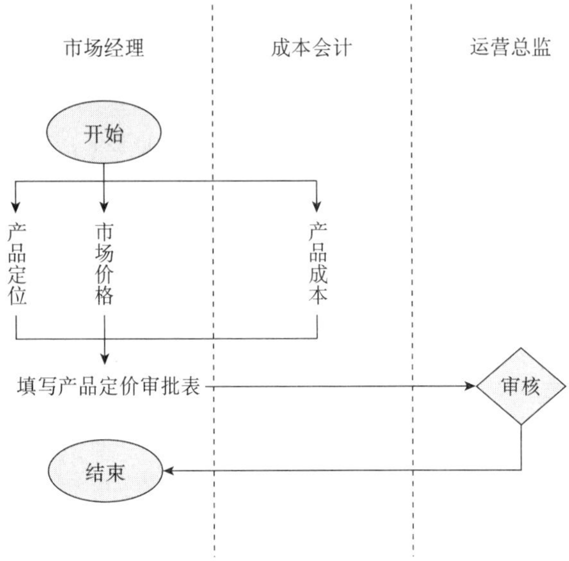

图 4－23 产品定价流程图

任务 10 填写工作日志

按照规定完成手写和系统中工作日志的填写，主要记录本岗位当日工作内容、出现的失误、优化建议及实习体会等。

4.5 走进财务部

4.5.1 工作职能

财务部是企业的重要职能部门，受企业领导层的委托，行使对企业财务会计工作全过程的管理权限，担负着企业信息的收集、整理、分析、审核等重要工作，具体负责企业的资金运筹、资产管理、成本核算、成本控制与分析、财务预决算、财务核算、财务报表和纳税申报等工作。具体来说，财务部的主要职能如下：

（1）严格遵守国家财务制度和企业的规章制度，认真履行其工作职责。

（2）执行国家财务会计政策、税收政策和法规；制定和执行企业会计政策、纳税政策及财务管理制度。

（3）按照国家财务、税务等相关法律、法规要求，结合本企业行业特点，科学合理地组织财务，统一制定健全的财务规章制度、财务管理和会计核算等有关制度。

（4）组织筹划和供应各资金，管理各项财务收支和分配财务成果。

(5) 监督检查企业的各项财务活动和财务计划的执行情况。

(6) 按照企业财务制度，组织会计核算工作，实行会计监督。

(7) 对各项收、付款及费用支出的各种凭证、报销单的合理合法性进行审核，监督不合理，非法经济行为的发生，为企业理财把好关。

(8) 编写并及时报送企业财务分析报告，如实反映企业财务状况，努力降低成本、增收节支、提高效益。

(9) 对各种会计资料进行整理归档，妥善管理，及时为领导决策提供准确的财务信息，经营管理的合理建议。

(10) 配合税务机关，按时办理纳税申报，依法缴纳税款。

4.5.2 岗位设置

各企业根据其业务情况，其财务部的岗位设置不尽相同，为方便了解财务部的工作和运营流程，本模拟实训中只设置财务总监、总账会计、成本会计、出纳员和外勤会计五个岗位，组织结构图如图 4－24 所示。

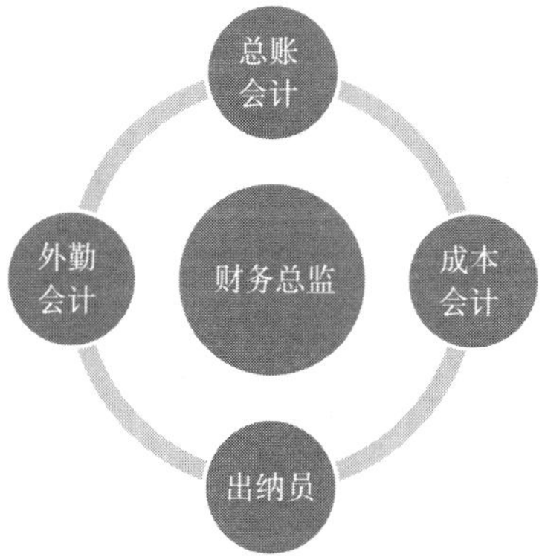

图 4－24　财务部组织结构图

4.5.3 财务核算要求

(1) 货币资金。本实训设置现金、银行存款日记账，有关现金等收付业务由会计填制记账凭证，出纳根据审核无误的记账凭证进行现金收付和序时登记现金日记账、银行存款日记账，并按照要求每日终了结出余额。期末按规定与总账会计核对，并与银行进行对账，若银行日记账余额与银行对账单不符，需要编制银行存款余额调节表进行调节。

本实训采用现金结算和银行结算两种结算方式；银行支票分现金支票和转账支票。

本实训中，所有的票据都要有总经理和财务总监两人的签字才能进行业务的实施。

(2) 借款。短期借款和长期借款的年利率、借款期限和还款期限等均按照模拟银行的实际要求来执行。业务核算中，短期借款每月末计算利息，到期还本付息；长期借款每年末计提利息（单利），到期还本付息。

（3）存货计价。存货核算按照实际成本计价，原材料采用实际成本计价，材料的采购按照买价的 17% 抵扣增值税，并按照实际采购价格入账，发出材料按照加权平均法进行计算。

加权平均法亦称全月一次加权平均法，是指以当月全部进货成本加上月初存货成本作为权数，去除当月全部进货数量加上月初存货数量，计算出存货的加权平均单位成本，以此为基础计算当月发出存货的成本和期末存货的成本的一种方法。

$$\text{存货的加权平均单位成本}=\frac{\text{月初结存存货成本}+\text{本月购入存货成本}}{\text{月初结存存货数量}+\text{本月购入存货数量}}$$

月末库存存货成本 = 月末库存存货数量 × 存货加权平均单位成本

本期发出存货的成本 = 本期发出存货的数量 × 存货加权平均单位成本

或 = 期初存货成本 + 本期收入存货成本 - 期末存货成本

（4）职工薪酬。每月末按照工资结算表分配工资，生产产品共同发生的工资按照各产品实际生产工时进行分配，分配后按照应付工资的一定比例来计提企业上缴的五险一金。

产品单位定额工时：D 型手机 4 小时，L 型手机 6 小时，H 型手机 10 小时，O 型手机 12 小时，S 型手机 14 小时。

五险一金缴费基数及其比例各地区操作细则不一样，本实训中五险一金规则参照成都市有关政策规定设计，略作调整。

五险一金缴费比例如下：

养老保险：单位缴费比例 20%，个人缴费比例 8%；

医疗保险：单位缴费比例 7.5%，个人缴费比例 2%；

失业保险：单位缴费比例 2%，个人缴费比例 1%；

生育保险：单位缴费比例 0.6%，个人不用缴费；

工伤保险：单位缴费比例根据行业基准费率确定（一类行业 0.6%、二类行业 1.2、三类行业 2%），个人不用缴费；

住房公积金：单位缴费比例 6% ~12%，个人缴费比例 6% ~12%，单位、个人缴纳金额一般是 1:1。

（5）固定资产折旧。固定资产均采用平均年限法（一）进行计提折旧。固定资产的使用年限根据实际情况确定，固定资产购买当月不计提折旧，从次月开始计提折旧，固定资产减少当月照提折旧。

平均年限法（一）为原值与残值的差额再除以折旧总月份数。

（6）无形资产的摊销方法。无形资产的摊销均采用直线法在每月月末进行摊销。土地使用权的摊销期限为 40 年。研发新型产品的摊销期为 5 年。

（7）制造费用的分配。制造费用的分配均采用生产工时比例分配法，对四种产品制定了单位定额工时。具体为：D 型手机 4 小时，L 手机 6 小时，H 手机 10 小时，O 型手机 12 小时，S 型手机 14 小时。

生产工时比例分配法：

$$\text{费用分配率}=\frac{\text{待分配的费用总额}}{\text{各种产品实际生产工时之和}}\times 100\%$$

某种产品应分配的费用 = 该产品实际生产工时 × 费用分配率

（8）产品销售成本核算方法。产品销售平时只登记库存商品明细账数量，销售成本待月末计算出完工产品成本后，采用全月一次加权平均法进行计算和结转。

（9）产品成本计算方法和设置项目。本实训采用品种法作为产品成本计算的方法，品种法是以产品品种为成本计算对象，归集生产费用、计算产品成本的一种方法。

成本项目均按照“直接材料”“直接人工”“制造费用”设置。

（10）税费。按照国家税法规定，企业在流转税环节主要交纳17%的增值税；城建税为增值税额的7%；教育税附加为增值税的3%；个人所得税按照七级累进税率，起征点为月收入3500元。

企业所得税实行按年计算，分月预缴，年终汇算清缴，多退少补。企业应当自年度终了之日起5个月内，向税务机关报送年度企业所得税纳税申报表，并汇算清缴，结清应缴应退税款。

根据企业发生的经济业务计算本月度应缴纳的各项税费，并编制纳税申报表及相关报表。

（11）利润分配。损益类账户每月末进行结转；每年末做一次利润分配，年终按照本年实现净利润的10%提取法定盈余公积金；再将本年可供向投资者分配利润的20%分配给投资者，并按约定在次年3个月内支付。

（12）报表的编制。按照月度编制资产负债表和利润表。

4.5.4　我是财务总监

4.5.4.1　我的工作职责

作为企业的财务总监，我的工作职责如下：

（1）负责企业财务部门的日常组织、管理工作：包括负责制定企业财务部的组织架构、部门职责及下属员工的工作职责，并对其工作进行监督、指导；制定财务部内部管理规章制度；编制财务部的月度、年度工作计划、总结报告；组织财务人员的理论和业务学习，对财务部员工进行业绩考评。

（2）负责组织企业日常财务核算、决算工作：负责制定各级会计科目；组织进行日常财务核算、年终会计决算工作；负责组织企业的财务分析工作。

（3）负责企业的财务稽核工作：审核企业各项财务收支、货币资金结算事项；审核记账凭证、会计报表、财务报告；组织企业固定资产、存货、库存现金等的盘点工作。

（4）负责组织企业的财务预算工作：负责组织实施企业月度、年度资金收支、利润预算，并监督贯彻执行；负责组织企业月度、年度资金收支、利润预算分析报告；负责组织本部门的财务预算编制、审核、分析工作。

（5）负责企业的资金管理：制定企业的资金调动计划；负责组织制定、落实企业的信贷计划。

（6）组织进行财税、金融政策研究，对企业各项经营决策提供财务专业意见。

（7）负责协调企业与金融机构、税务等部门的关系。

（8）执行上级交办的临时性工作任务。

4.5.4.2 我的工作条件

完成工作需要准备计算机、打印机、用友 U8 财务软件、Office 办公软件、装订机、计算器、回形针、双色印台、文件夹、夹子、财务专用章、财务总监个人印章和相关单据等。

4.5.4.3 我的工作任务

财务总监工作任务书如表 4 – 23 所示。

表 4 – 23 财务总监工作任务书

序号	工作任务	第一期	第二期	第三期	第四期	第五期	第六期
1	会计制度设计						
2	预算管理						
3	资金筹集						
4	日常资金审批						
5	审核经济合同						
6	审核凭证						
7	审核报表						
8	财务分析						
9	档案管理						
10	印章管理						
11	主持召开会议						
12	填写工作日志						

注：每项任务完成后在对应的框内打“√”。

任务 1 会计制度设计

任务描述：

《中华人民共和国会计法》规定：国家实行统一的会计制度。国家统一的会计制度由国务院财政部门依据本法制定并公布。

企业会计制度设计是以会计法律法规、会计准则为依据，根据系统控制的理论、方法，结合主体实际需要，运用文字、图表等形式对会计机构和会计人员的职责、会计事务、会计处理程序进行系统规划的工作。

工作流程：

会计制度设计流程如图 4 – 25 所示。

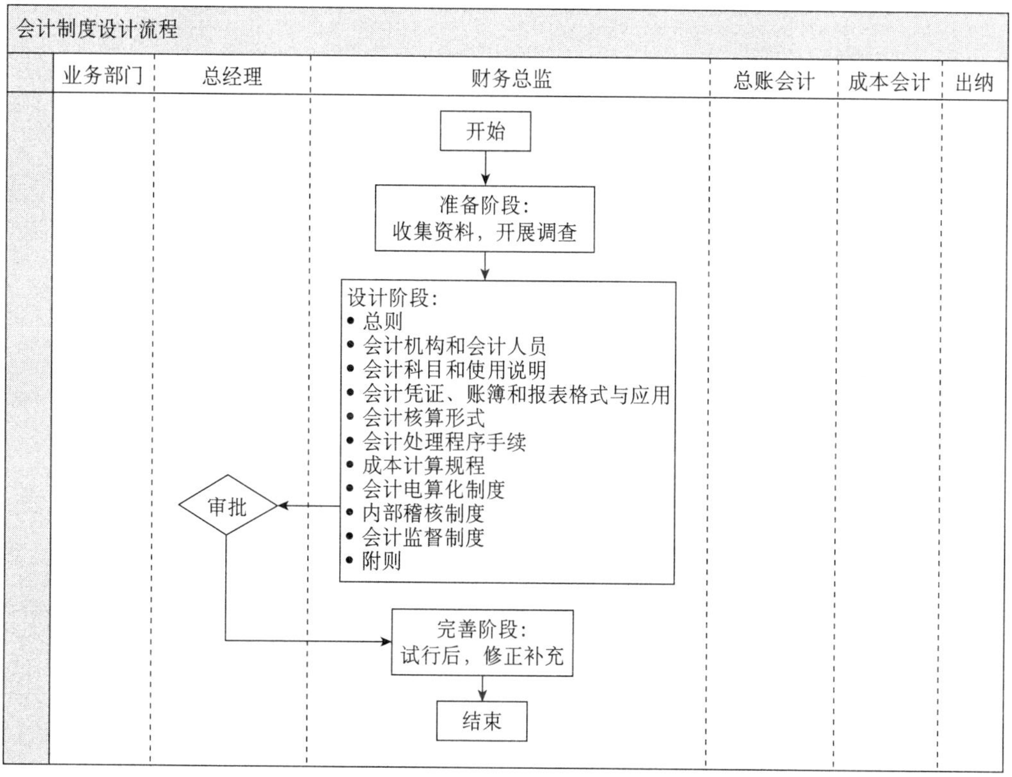

图4－25　会计制度设计流程

任务实施：

第一步：准备阶段。

在该阶段主要是收集相关资料，开展调查研究。主要包括：现行规章制度，企业生产经营概况，现代企业制度的建立情况，经营管理制度现状，经济业务会计处理程序及方法，生产经营部门和管理人员对设计的要求。

第二步：设计阶段。

每个企业的会计制度设计有所不同，本实训可参照以下内容进行设计：

（1）总则：包括会计制度的制定宗旨、适用范围，会计工作的管理体制。

（2）会计机构和会计人员：包括会计机构的设置，会计人员的配备、从业资格、职业道德。

（3）会计科目和使用说明：包括总分类账户和二级账户的名称、编号、类别以及核算内容。

（4）会计凭证、会计账簿和会计报表的格式与应用：包括原始凭证和记账凭证的种类、格式与使用说明，日记账、总分类账和明细账的种类、格式与使用说明，会计报表的种类、格式与使用说明。

（5）会计核算形式：包括账簿组织、记账方法和记账程序配合的方式，账簿的种类、格式和各种账簿间的关系，编制、审核凭证，登记账簿和提供会计报表所需资料等的程序和方法。

（6）会计处理程序手续：包括会计处理程序须办理手续的说明。

（7）成本计算规程：包括生产秩序，成本分类，产品成本计算，销售成本，成本控制与考核，成本报告。

（8）电算化会计制度：包括电算化跨级内部控制系统的规定，信息系统的维护与管理、管理体制与组织结构。

（9）内部稽核制度：包括会计机构内部的稽核制度，对不相容职务的规定。

（10）会计监督制度：包括会计监督制度的规定，会计机构、会计人员的会计监督职责，对会计违法行为的抵制、检举。

（11）附则：包括会计制度的生效时间、修改程序、解释权人。

第三步：完善阶段。

经过一段时间的试行，应对试行的会计制度进行跟踪检查，寻觅和发掘制度设计瑕疵或制度设计缺陷并予以及时修正、补充，从而使设计的会计制度得以完善。

任务2 预算管理

任务描述：

企业为了求得生存、盈利和发展，必须打破传统职能管理的界限，将企业视为一个整体，在战略目标及战略计划的指导下，注重企业内部综合协调管理，强化企业管理的计划、组织、控制和协调职能，让所有职能部门目标与企业整体目标趋同，从而使得投资者的战略决策与经营者的管理行为相一致。这种管理格局需要有一条企业管理主线，将企业各职能部门的管理工作和所属单位的生产经营活动贯穿起来，从而提高企业整体的管理效率和经济效益。经验证明，这条主线就是预算管理。

工作流程：

预算管理流程如图4－26所示。

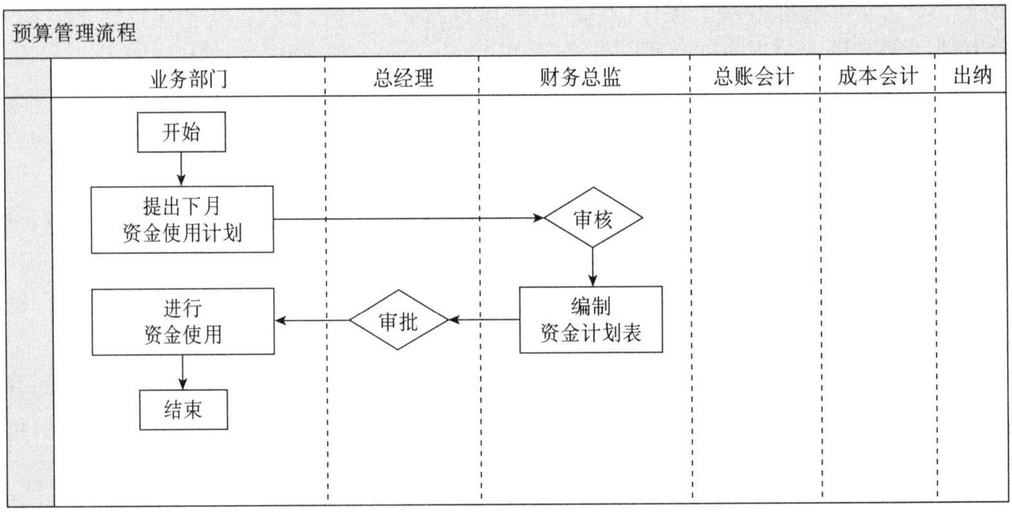

图4－26 预算管理流程

任务实施：

第一步：业务部门在上一月度结束前提出下一月度业务开展所需资金的计划，填制《资金需求计划表》提交财务部门（见表4－24）。

表4－24　　部门资金需求计划表

序号	部门	项目名称	资金需求额	资金需求时间	备注
1					
2					
3					
4					
5					
6					
7					
8					
合计					

第二步：财务部门汇总后由财务总监召集企业高层会议（部门经理以上人员参加）讨论后形成下月度的资金预算（见表4－25）。

表4－25　　企业（　　）月度资金计划表

序号	资金类别	部门	项目名称	金额	时间
一	资金期初余额				
二	资金来源				
1					
2					
3					
4					
三	资金运用				
1					
2					
3					
4					
四	期末预计余额（＝期初余额＋资金来源－资金运用）				
五	需筹资额度				
	筹资时间				
	其他筹资渠道				

任务3 资金筹集

任务描述：

为了生产经营的需要，资金筹集的主要手段为向银行或其他金融机构按照规定利率和期限的借款。

工作流程：

资金筹集流程如图4－27所示。

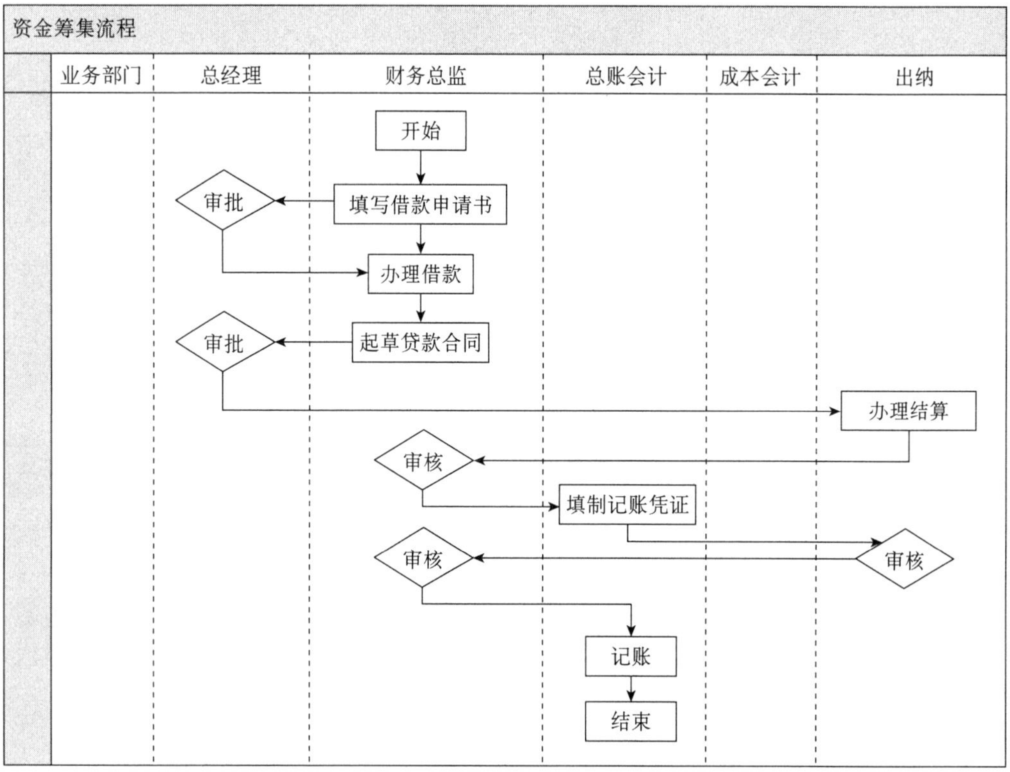

图4－27 资金筹集流程

任务实施：

第一步：向银行递交《贷款申请书》。

第二步：等待负责贷款的信贷专员对企业情况进行详细调查后的审批回复。

第三步：银行副行长、信贷部经理及信贷专员与企业共同协商利率等相关贷款事宜，并签订抵押合同。

第四步：相互确认后签订贷款合同。

第五步：审批通过后，企业根据签订的《抵押合同》和《贷款合同》，填写一式六联的《银行贷款付款凭证》，并加盖企业公章。

第六步：企业将《银行贷款付款凭证》连同《抵押合同》和《贷款合同》一并交给综合柜员进行审核。

第七步：银行审核无误后，企业收到银行发放贷款。

任务4　日常资金审批

任务描述：

为了加强公司对货币资金的内部控制，规范货币资金行为，防范货币资金管理过程中的差错和舞弊，应对企业业务部门日常资金使用进行审核批准，财务部在财务总监领导下，负责规范货币资金管理。

工作流程：

日常资金审批流程如图4－28所示。

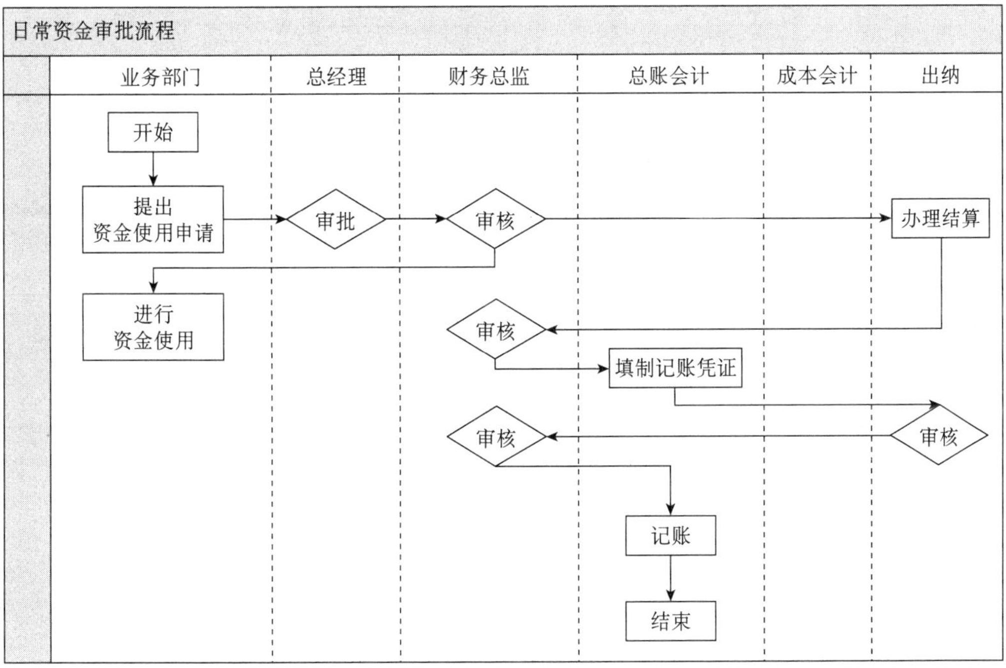

图4－28　日常资金审批流程

任务实施：

第一步：业务部门提出资金使用需求，交由总经理审批。

第二步：总经理审批后，交由财务部审批。

第三步：财务总监审批后，业务部门可以按申请额度进行资金使用。

第四步：相关业务由出纳办理相关资金结算，总账会计填制相关凭证并记账等。

任务5　审核经济合同

任务描述：

为加强和统一经济合同的管理，实行经济合同审批制度。凡对外签订经济合同，需由财务部参与评审，并加盖“合同专用章或企业公章”和“法人代表章”，留存双方已盖章确认的原件一份在财务部。

工作流程：

审核经济合同流程如图 4－29 和图 4－30 所示。

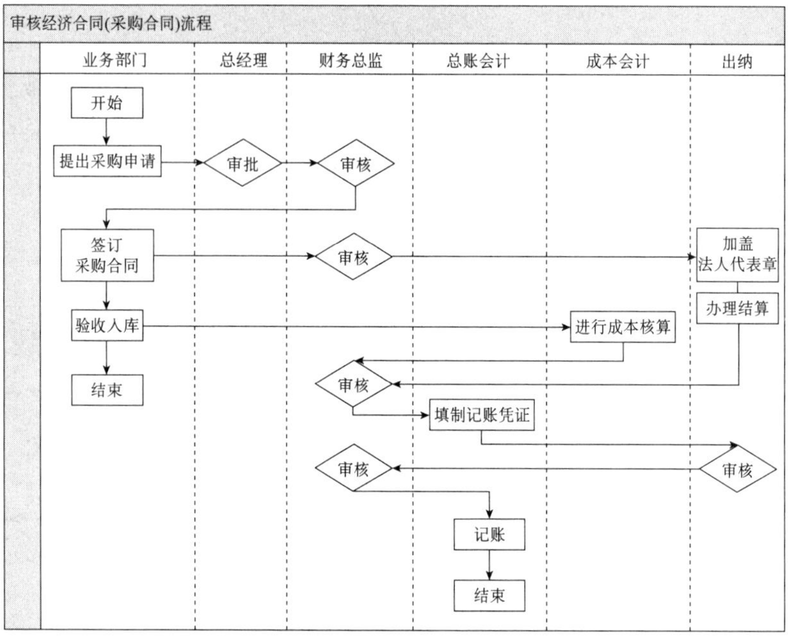

图 4－29　审核经济合同（采购合同）流程

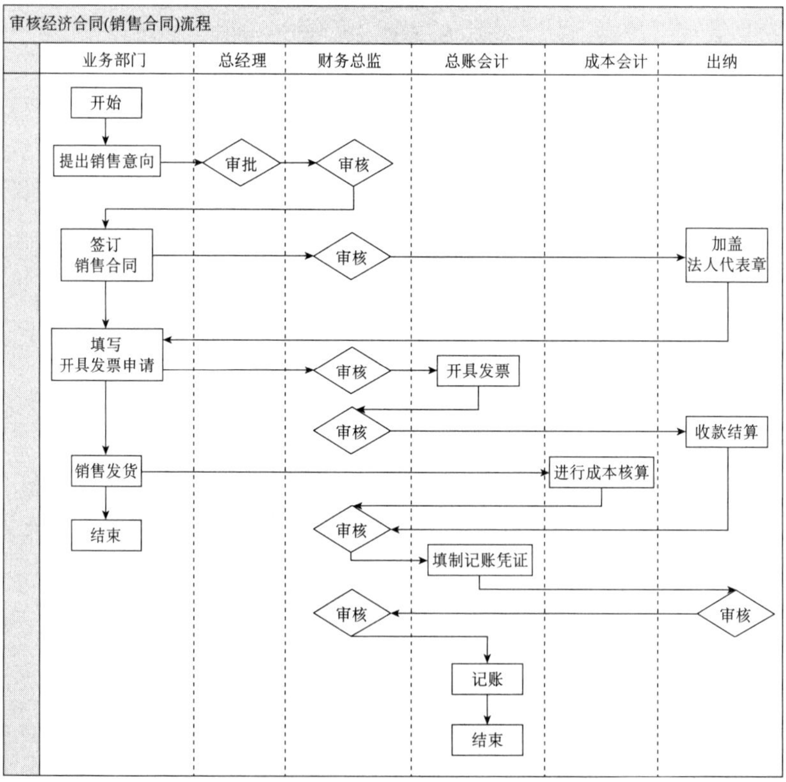

图 4－30　审核经济合同（销售合同）流程

任务实施：

第一步：经济合同由销售或采购总监负责前期谈判和合同条款的拟定。

第二步：销售或采购总监将拟定好的合同条款，交财务总监复核。

第三步：财务总监复核后签署意见，交总经理审核。

第四步：销售或采购总监负责落实合同对方单位盖章事宜，双方盖章生效后，交一份原件在财务部存档。

任务6 审核凭证

任务描述：

会计凭证是会计信息的载体之一，会计核算工作程序主要包括“凭证—账簿—报表”三个步骤，会计凭证则是其中的起点和基础，是会计核算的重要依据。填制和审核会计凭证是会计核算的一种专门方法，也是整个会计工作的基础。

（1）原始凭证的审核。

①原始凭证的审核目的。为了保证原始凭证的真实性、完整性和合法性，企业的财务部门对各种原始凭证都要进行严格的审核，只有经过审核合格的原始凭证，才能作为编制记账凭证和登记账簿的依据。审核原始凭证不仅是确保会计初始信息真实、可靠的一项重要措施，同时也是发挥会计监督作用的重要手段和会计机构、会计人员的重要职责。

②原始凭证的审核要求。

A. 审核原始凭证的真实性。按照会计真实性原则的要求，原始凭证所记载的内容必须与实际发生的经济业务内容相一致，所以，审核原始凭证的真实性，就是要审核原始凭证所记载的与经济业务有关的当事单位和当事人是否真实，原始凭证的填制日期、经济业务内容、数量以及金额是否与实际情况相符等。

B. 审核原始凭证的合法性。审核原始凭证的合法性就是审核原始凭证所反映的经济业务内容是否符合国家政策、法律法规、财务制度和计划的规定，成本费用列支的范围、标准是否按规定执行，有无违反财经纪律、贪污盗窃、虚报冒领、伪造凭证等违法乱纪行为。

C. 审核原始凭证的合理性。审核原始凭证中所记录的内容本身是否具有合理性。这是站在原始凭证背后所显示的经济业务本身而言的。

D. 审核原始凭证的完整性。原始凭证所反映的内容包括很多个项目，所以，在审核时要注意审核原始凭证填制的内容是否完整，应该填列的项目有无遗漏，有关手续是否齐全，金额的大小写是否相符，特别是有关签字或盖章是否都已具备等。

E. 审核原始凭证的正确性。这与原始凭证填制相关，为此需要检查所取得的原始凭证的各个要素的填写是否正确，是否严格按照相关的规定填制。

（2）记账凭证的审核。

记账凭证的审核，同原始凭证一样，共同组成会计确认的一个环节，都是在会计账簿上正式加以记录之前的必要步骤。在记账凭证的审核过程中，如果发现差错，应查明原因，按照规定的办法及时处理和更正。只有经过审核无误的记账凭证，才能作为登记账簿的直接依据。所以，记账凭证填制完成以后，必须由会计主管人员或其他指定人员进行严格审核。记账凭证审核的主要内容有：

①合规性审核。对会计凭证从填制依据、凭证的使用到填制方法是否符合相关规范进行检查。

②技术性审核。对整个会计凭证的填制从纯填制方法、会计做账处理的角度进行审核，如会计科目的应用是否正确；二级或明细科目是否齐全；会计科目的对应关系是否清晰；金额的计算是否正确。又如内容摘要的填写是否清楚，是否正确归纳了经济业务的实际内容；记账凭证中有关项目是否填列齐全；有关人员是否签字或盖章等。

③完整性审核。检查所有记账凭证的相关要素是否均已具备，如记账凭证是否附有原始凭证；记账凭证的内容与所附原始凭证的内容是否相符；记账凭证上填写的附件张数与实际原始凭证张数是否相符。

工作流程：

审核凭证流程如图 4－31 所示。

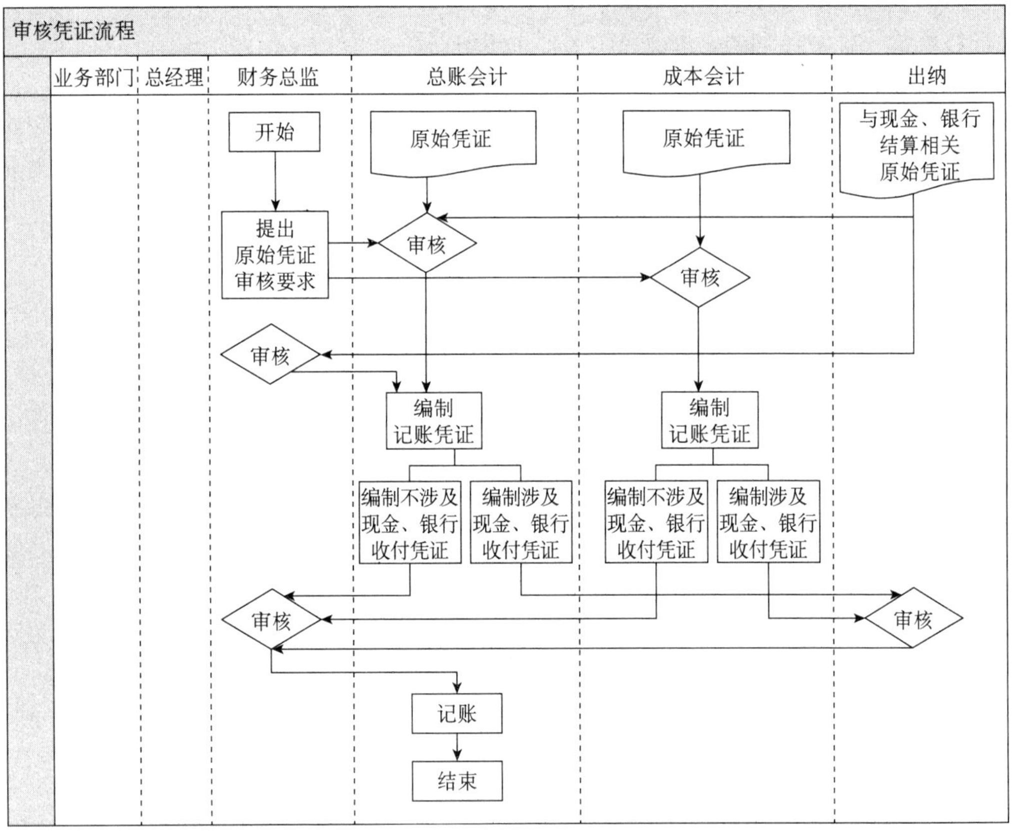

图 4－31　审核凭证流程

任务实施：

第一步：经济业务发生后取得原始凭证，财务总监按规定提出审核要求。

第二步：经审核后的原始凭证，由总账会计或成本会计编制记账凭证。

第三步：编制后的记账凭证，如涉及现金和银行收付，先由出纳进行凭证审核。

第四步：财务总监对记账凭证进行审核。

第五步：审核后的记账凭证由总账会计记账。

任务7　审核报表

任务描述：

财务总监应对总账会计编制的会计报表进行审核。

工作流程：

审核报表流程如图4－32所示。

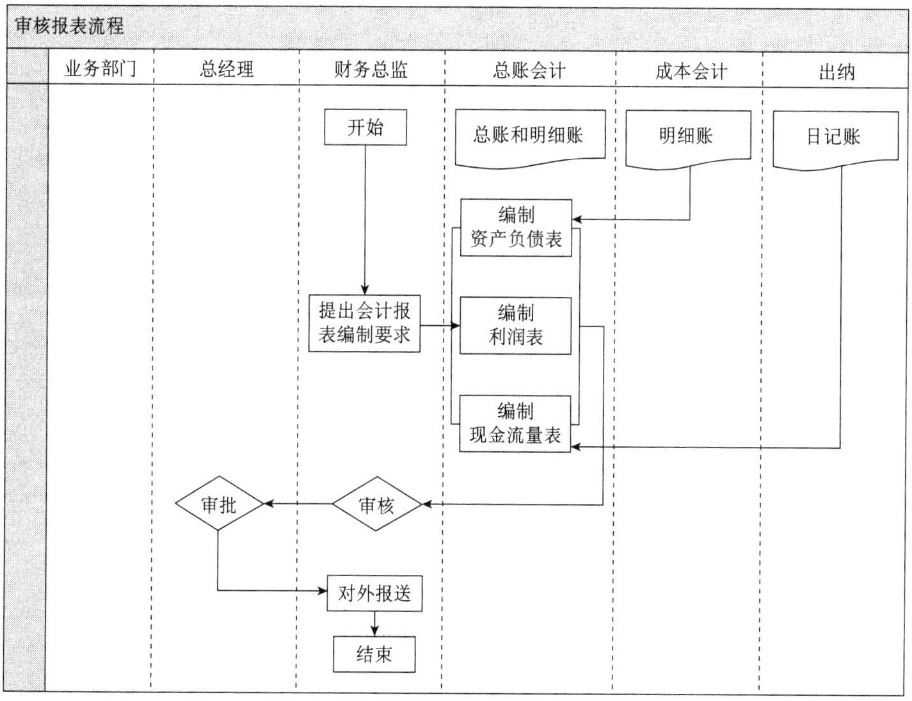

图4－32　审核报表流程

任务实施：

第一步：财务总监主要从以下方面审核：

（1）报表名称是否符合规定。

（2）整套报表是否齐全、应该填列的每个项目是否齐全。

（3）每张报表内容是否有不符合规定的会计科目。特殊的会计科目是否应该存在，或填列的是否正确、合理。

第二步：审核无误后，由编制人、财务总监、总经理签字及盖章。

任务8　财务分析

任务描述：

财务分析是紧紧围绕着财务会计报表、财务报告说明书以及其相关的能够对企业财务状况产生重要影响的财务资料，通过各种财务指标计算及分析，对企业整体财务与经营状况做出基本评价，包括财务状况、盈利能力、偿债能力、周转能力，业绩评价、资本市场的影响以及统计信息的价值等。

工作流程：

财务分析流程如图 4 – 33 所示。

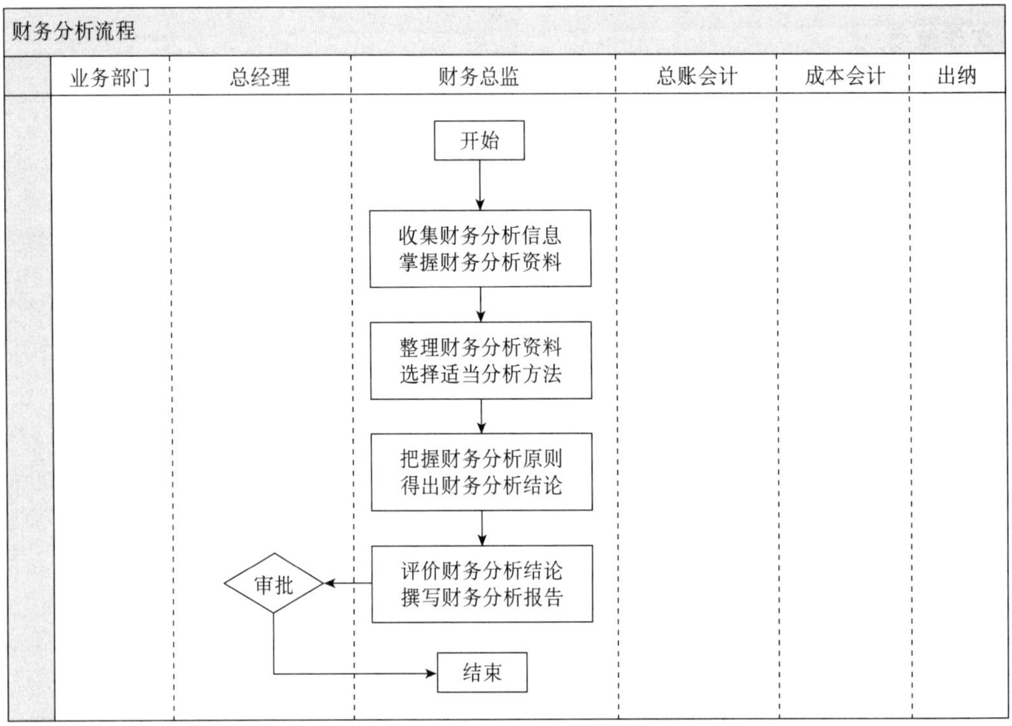

图 4 – 33 财务分析流程

任务实施：

第一步：收集财务分析信息，掌握财务分析资料。

例如，收集某公司 2018 年 1 月、2 月、3 月和 4 月财务会计报表，准备进行财务分析。

第二步：整理财务分析资料，选择适当分析方法。

根据企业的实际情况，选取适合企业分析的方法，可从偿债能力、营运能力、盈利能力、发展能力等指标进行分析。

第三步：把握财务分析原则，得出财务分析结论。

第四步：评价财务分析结论，撰写财务分析报告（见表 4 – 26）。

任务 9 档案管理

任务描述：

（1）会计档案的整理。按照《会计基础工作规范》的要求，应当定期对会计档案进行整理装订。

会计档案是指会计凭证、会计账簿和财务报告等会计核算专业材料，是记录和反映单位

表4-26　《公司财务分析报告》范文格式

一、总体评述
(一) 公司的基本情况
(二) 总体财务绩效水平
(三) 公司分项绩效水平
二、财务报表分析
(一) 资产负债表分析
1. 企业自身资产状况及资产变化说明
2. 企业自身负债及所有者权益状况及变化说明
(二) 利润及利润分配表分析
1. 利润分析
(1) 利润构成情况
(2) 利润增长情况
2. 收入分析
3. 成本费用分析
(1) 成本费用构成情况
(2) 成本费用增长情况
4. 利润增长因素分析
5. 经营成果总体评价
(1) 产品综合获利能力评价
(2) 收益质量评价
(3) 利润协调性评价
(三) 现金流量表分析
1. 现金流量结构分析
(1) 现金流入结构分析
(2) 现金流出结构分析
2. 现金流动性分析
(1) 现金流入负债比
(2) 全部资产现金回收率
(四) 所有者权益变动表分析
三、财务绩效评价及综合分析
(一) 偿债能力分析
(二) 营运能力分析
(三) 盈利能力分析
(四) 发展能力分析
(五) 综合财务分析
四、存在的主要问题及建议
五、其他需要分析说明的问题

经济业务的重要史料和证据。

①会计凭证的装订。

第一，应摘除凭证内的金属物，将会计凭证分类整理，按顺序排列。

第二，加会计凭证封面，在凭证封面的左上角，加凭证包角并打孔。用三针引线法装订凭证，对会计凭证进行固定。

第三，用胶水粘贴凭证包角，对已装订的凭证进行密封，以防散落。在折叠凭证包角时要注意凭证外观的美观。

第四，在会计凭证的封面和背脊上填写相关信息。

第五，由财务总监和总经理在封面上签章。

②会计账簿的整理。

第一，需要对账簿进行整理：按会计账簿封面、账簿启用表、账户目录、该账簿按页数顺序排列的账页、会计账簿装订封底的顺序装订。

第二，去除空白页和撤掉账夹，用 70 克的牛皮纸做成长宽为 530mm × 190mm 规格的封面、封底，装订成册。

第三，在已装订的账簿封面上填写好账目的种类，编好卷号，由会计主管人员和装订人（经办人）签章。

③会计报表的装订。

第一，会计报表装订前要按编报目录核对是否齐全，整理报表页数，上边和左边对齐压平，防止折角，如有损坏部位修补后，完整无缺地装订。

第二，会计报表装订顺序为：会计报表封面、会计报表编制说明、各种会计报表按会计报表的编号顺序排列、会计报表的封底。报表装订应采用 250 克以上的牛皮纸，一般规格为 820mm × 295mm，包括上封、下封和脊背。

（2）会计档案的保管。

《会计档案管理办法》规定："当年会计档案，在会计年度终了后，可暂由本单位财务会计部门保管一年，期满之后原则上应由财务会计部门编制清册移交本单位的会计档案部门保管。"

工作流程：

档案保管流程如图 4 –34 所示。

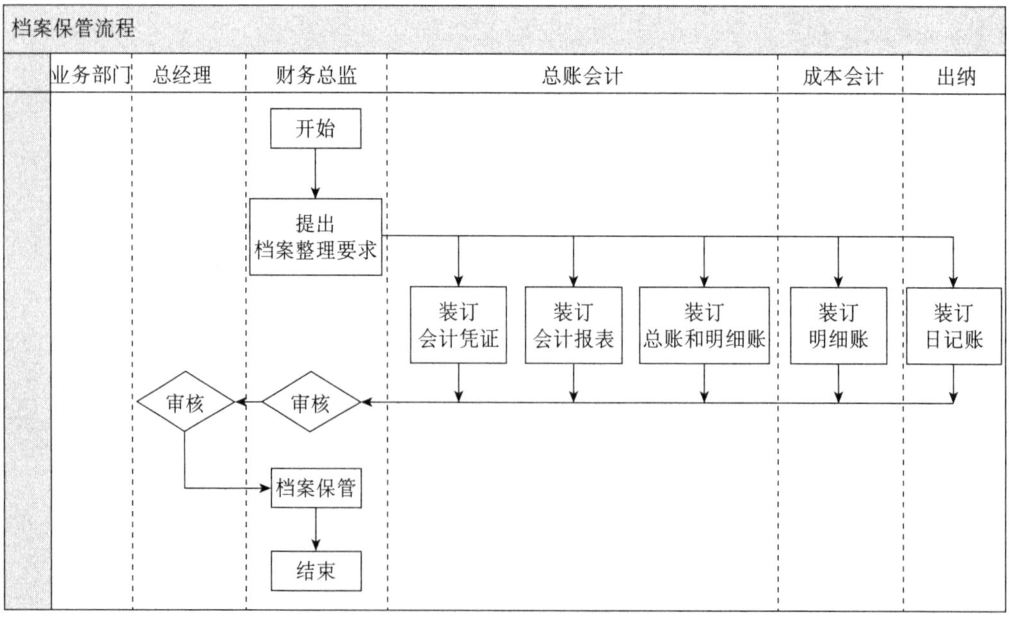

图 4 –34 档案保管流程

任务实施：

第一步：按照档案整理要求，总账会计将会计凭证和会计报表进行整理和装订，成本会计和出纳同时配合总账会计将会计账簿进行整理和装订。

第二步：装订好的会计凭证和会计账簿、会计报表由财务总监、总经理审核签字后，在财务部保管。

任务10　印章管理

任务描述：

为加强企业财务印章管理，实行有效的内部控制，结合企业财务印章管理的实际情况，对企业的财务印章实施管理。

企业财务印章包括：财务专用章和法人代表印章、财务人员个人印章、发票专用章。

财务专用章、发票专用章由财务总监保管，法人代表章由出纳负责保管。

工作流程：

印章管理流程如图4－35和图4－36所示。

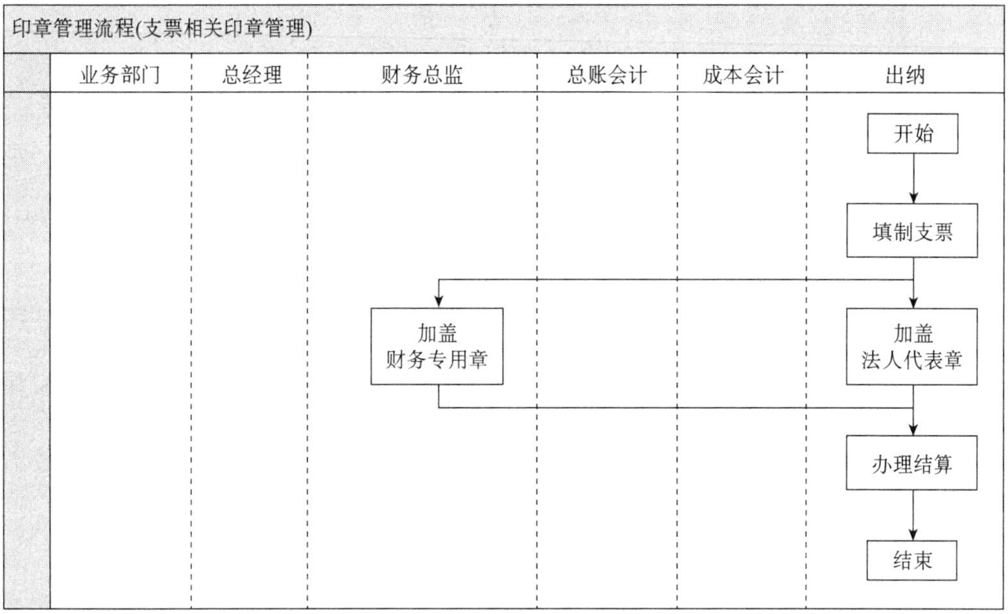

图4－35　印章管理流程（支票相关印章保管）

任务实施：

（1）财务专用章为企业办理会计业务的专用印章，是企业在银行的预留印鉴之一，其使用范围为：

①支票签发的用印。

②企业资金支付及调拨的用印。

③经济业务往来单位的账户余额确认用印，企业内部单位账款转账单的用印。

④其他与财务会计业务相关的用印。

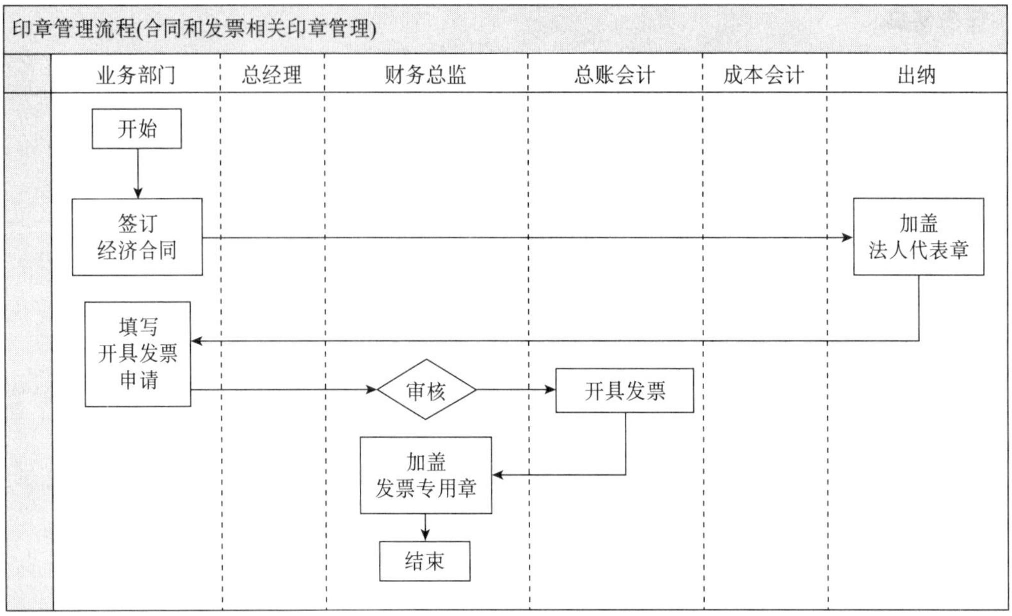

图 4－36　印章管理流程（合同和发票相关印章保管）

（2）法人代表印章为企业在银行的预留印鉴之一，用于支票的签发以及企业资金支付及调拨，未经批准，不得用作其他用途。

（3）发票专用章是企业开具发票的用印，未经批准，不得他用。

（4）财务部个人印章为财务人员在企业赋予的财务工作权限内使用的印章。其使用范围为会计原始凭证、记账凭证、会计账簿、会计报表、税务报表、发票、会计档案等的用印。

（5）其他各种材料的用印，以及企业职工因私需加盖企业财务印章的各种材料的用印，由财务总监依据具体情况酌情决定。

（6）财务部门发布公文用印、对外报送的各种财务会计报表用印、税务申报缴纳用印，应按照要求一律使用专用企业印章，不得使用企业预留财务印章（财务人员个人印章除外）。

任务 11　主持召开会议

任务描述：

为抓住财务工作中的问题，分析财务工作的现状，解决潜在的财务问题，积极做好各项财务工作，促进财务部内部的沟通与合作，提高各岗位执行工作效率，财务部实行定期的内部会议制度，由财务总监主持会议，并由专人负责会议记录（见表 4－27）。

表 4－27　　会议记录

编号：

会议名称					
时间		地址			
主持单位		主持人		记录人	
参加者					
缺席人员及原因					
会议内容					

任务 12　填写工作日志

任务描述：

通过填写工作日志，回顾自己的工作得失，有利于督促工作目标的实现，帮助加强自我管理和时间管理，有助于新计划的制定和工作方式的创新。在填写工作日志内容时，可以从以下方面着手：实习期间的主要工作内容概述，遇到的问题，解决的办法，有何收获以及其他。切忌流水账。

4.5.5　我是成本会计

4.5.5.1　我的工作职责

从会计核算的角度看，成本会计岗位的工作就是对生产或经营过程中发生的各种耗费，采用会计专门的方法，依据一定标准进行确认、归集、计算和分配，为企业计算盈亏、确认成本补偿提供依据。所以，成本确认和计量问题不仅仅是会计技术问题，而是直接关系到企业经营状况的真实性问题，成本会计岗位成为整个会计工作中的核心岗位，也是工作难度较大的一个会计岗位。具体职责如下：

（1）了解国家关于制造业产品成本核算规定和政策，了解关键产品的成本结构。

（2）负责编制各项成本预算并上报财务总监审核。

（3）根据公司总体需求，制订成本费用计划。

（4）负责成本管理基础工作。

（5）负责存货的明细分类核算。

（6）负责接收原材料、库存商品的入库单和出库单，做好各项审核和登记工作。

（7）协同其他部门进行各类存货的清查盘点和结构分析。

（8）负责工资的明细核算；负责工资分配的核算以及计提职工福利费和五险一金等费用。

（9）负责固定资产日常管理工作和核算工作。

（10）进行制造费用的分配。

（11）核算产品成本、销售成本和期间费用。

（12）编制成本费用报表并进行分析，为管理层提出成本改进建议。

（13）职责范围内的会计资料的整理、保管。

（14）对所出具的成本数据、资料的合法性和合理性负责。

4.5.5.2 我的工作条件

完成工作需要准备计算机、打印机、用友 U872 财务软件、Office 办公软件、装订机、计算器、回形针、印泥、文件夹、夹子和相关成本单据等。

4.5.5.3 我的工作任务

成本会计工作任务书如表 4－28 所示。

表 4－28 成本会计工作任务书

序号	工作任务	第一期	第二期	第三联单期	第四期	第五期	第六期
1	了解生产流程						
2	成本预算与计划						
3	存货核算与管理						
4	薪资核算						
5	固定资产核算与管理						
6	制造费用分配						
7	产品成本核算						
8	产品销售成本计算						
9	编制成本费用报表						
10	成本报表分析						
11	填写工作日志						

注：①每项任务完成后在对应的框内打“√”。

②本岗位任务主要针对制造企业成本会计岗位，其他行业参照执行。

任务 1 生产流程

担任成本会计岗位需要了解企业的生产流程，只有对生产流程总体把握，才能对成本核算有清楚的脉络，同时为所做的工作做好准备。

任务描述：

根据企业的经营战略，选择并购买厂区；购入（或租入）厂房、原材料库房和产成品库；同时购入原材料（根据规则，原材料可以紧急采购或者原材料当月采购下月初到库）；购入生产线进行安装（根据规则，生产线有当月安装当月投入使用，也有需要一个月的安装周期才能使用）；生产线安装完成，领用原材料进行生产，根据规则，生产需要一个月度，下一个月度生产完工入库。

工作流程：

第一步：选择厂区并购买。

第二步：生产部购入（或租入）厂房、原材料库和产成品库。

第三步：生产部购入生产线。

第四步：采购部购入原材料。

第五步：生产部领料并进行生产。

第六步：产品生产完成，入产成品库。

任务2　成本预算与计划

任务描述：

预算是企业管理的主要职能之一，是计划和控制的工具，是将远期战略目标和近期实施过程相联系的桥梁。企业要在激烈的竞争中立于不败之地，就必须对未来的事项进行正确的估计，并以这种估计作为企业决策和计划的基础。对企业而言，做到心中有数，有章可循。成本计划属于成本的事前管理，是企业生产经营管理的重要组成部分，通过对成本的计划和控制，分析实际成本和计划成本之间的差异，能加强企业成本控制，达到评价有关部门的业绩，增产节约，从而促进企业发展的目的。

企业应组织财务部，生产部，采购部和销售部等部门进行会谈，依据销售部预测的销售量，结合产品库存提出的生产任务，由生产部编制生产计划，财务部再根据规则提供的BOM（Bill of Material）结构，分析每种产成品生产时需要的原材料种类以及数量，分析招聘生产工人和管理人员对产品生产的影响和新产品研发成功后会形成的成本等。对未来企业成本费用水平及其发展趋势进行科学预算，编制生产成本预算表，再根据预算的结果编制产品成本计划表。

工作流程：

成本预算与计划流程如图4-37所示。

任务实施：

第一步：编制月度生产计划（见表4-29）。

第二步：编制料工费预算表（见表4-30至表4-33）。

第三步：编制产品成本计划表（见表4-34）。

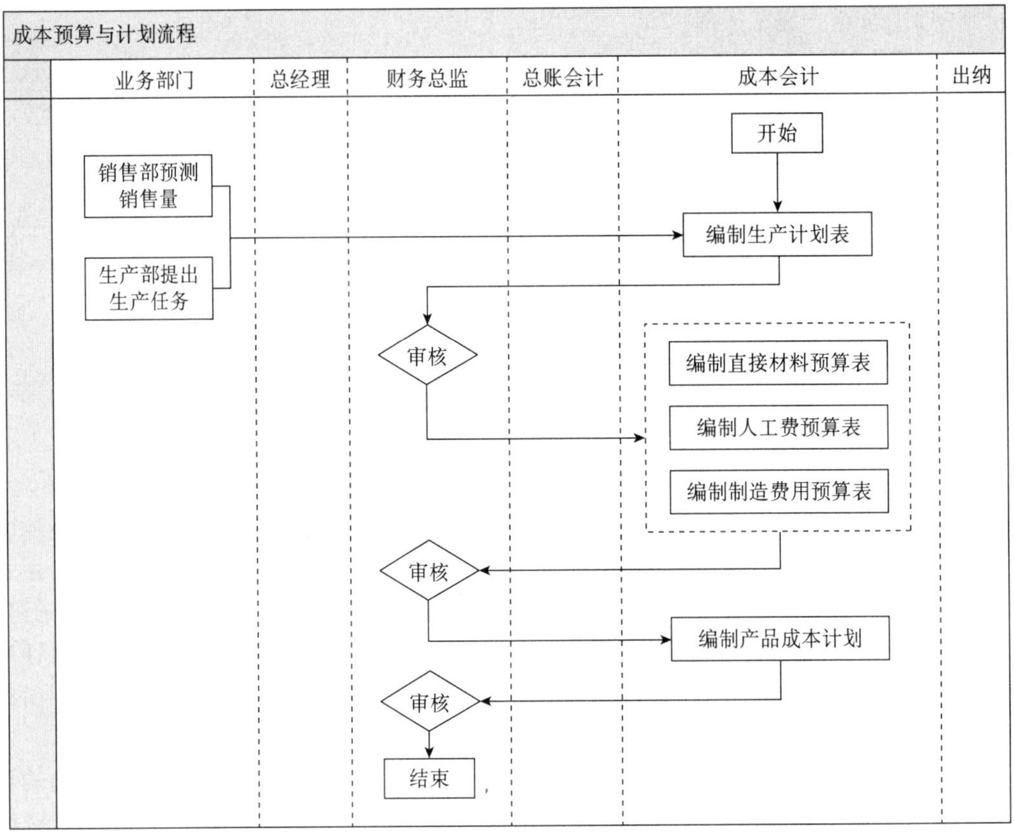

图 4－37　成本预算与计划流程

表 4－29

生产计划表

年　　月

产品名称	预测销量	期初库存	预计期末库存	计划产量	单位产品工时定额	计划产量总工时
合计						

表 4－30

直接材料预算表

年　　月

单位：元

明细项目	产品名称	计划产量（个）	计划单价	计划总成本
合计				

表 4－31　　人工费预算表

年　　月　　　　单位：元

明细项目	计划工资	提取福利费	提取五险一金	小计
合计				

表 4－32　　工资费用预算分配表

年　　月　　　　单位：元

明细项目	生产工时（小时）	分配率	分配金额
合计			

表 4－33　　制造费用预算表

年　　月　　　　单位：元

明细项目	计划金额	产品名称	分配标准	分配率	分配金额
合计					

表 4－34　　产品成本计划表

年　　月　　　　单位：元

成本项目	________产品（计划产量：　　个）		________产品（计划产量：　　个）		________产品（计划产量：个）	
	单位成本	总成本	单位成本	总成本	单位成本	总成本
直接材料						
直接人工						
制造费用						
合计						

任务3　存货核算与管理

任务描述：

按照实训要求，本任务分设四个子任务。

（1）采购业务。采购部根据生产任务购入原材料，成本会计根据审核无误的单据编制采购材料的记账凭证，根据规则确定原材料到库的时间，到库后根据收料单登记材料明细账，并编制材料到库的记账凭证。

（2）领料业务。由生产部领用原材料，领料所依据的原始凭证是领料单，由生产部填制，送交财务部，成本会计平时根据领料单登记材料明细账；若本月度只生产一种产品，不需要分配原材料，直接记入所生产的产品成本；若生产两种及两种以上产品，并共同耗用同一种原材料，需要计算各种产品应分配的材料费用并编制材料费用分配表。

（3）产成品入库业务。生产部领用原材料投入生产，经生产产品完工入库，开具入库单，并送交财务部，成本会计根据审核无误的入库单登记库存商品明细账。

（4）产成品出库业务。销售产品时，开具出库单，成本会计根据审核无误的出库单登记库存商品明细账。

任务3－1 存货采购业务

工作流程：

存货采购业务流程如图4－38所示。

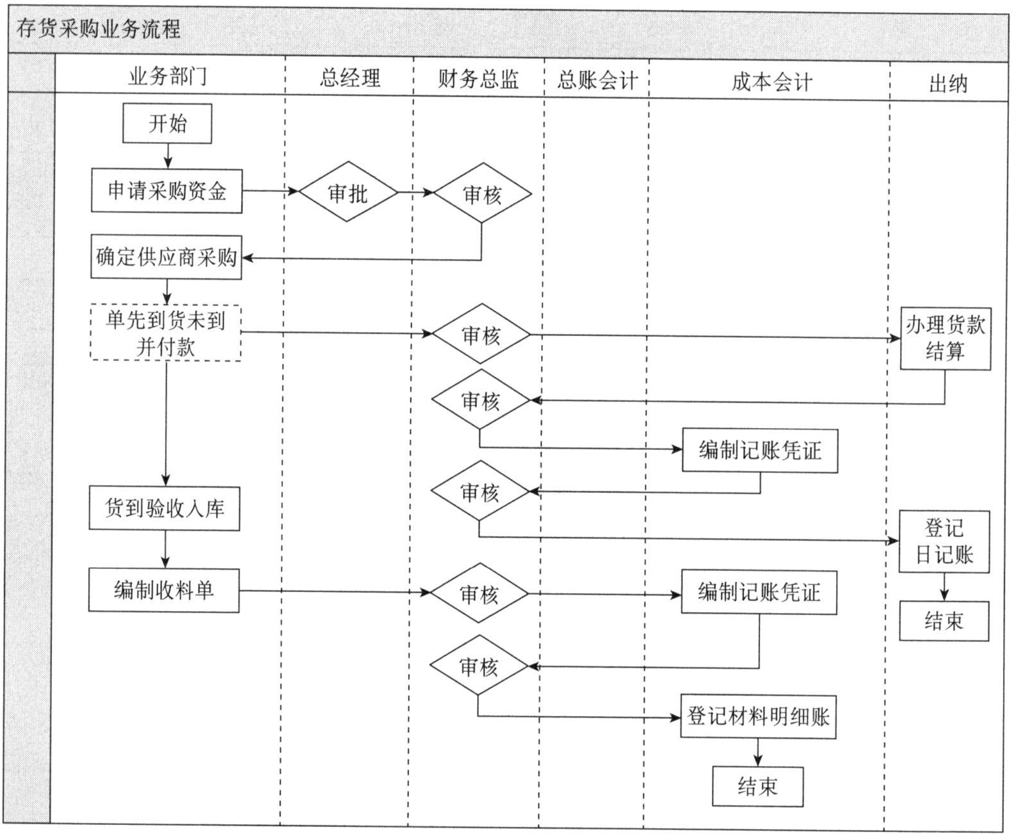

图4－38 存货采购业务流程

任务实施：

第一步：业务部门申请采购资金，经总经理审批、财务总监审核下拨采购资金后确定供应商采购。根据规则确认原材料的收货时间，由成本会计根据发票和银行回单等单据编制购买原材料的记账凭证，由财务总监审核凭证。

第二步：如果下一月度，材料到达验收入库，由仓储管理员填写收料单，并送交财务总监审核，成本会计根据审核无误的单据编制材料到库的记账凭证，财务总监审核凭证。

第三步：成本会计根据审核无误的记账凭证登记材料明细账。

任务3－2　存货领料业务流程

工作流程：

存货领料业务流程如图4－39所示。

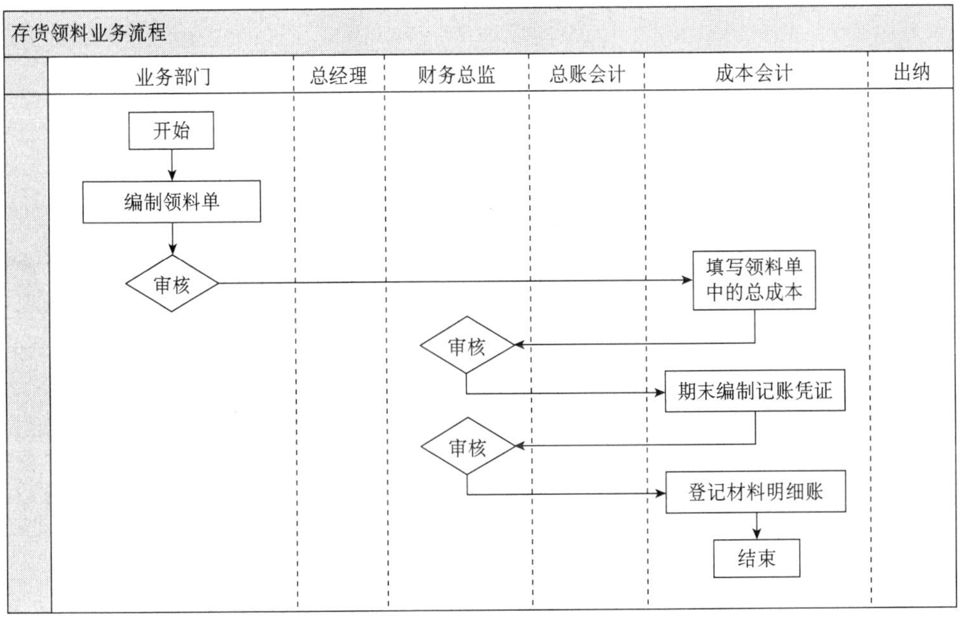

图4－39　存货领料业务流程

任务实施：

第一步：生产部领用原材料，填写领料单并审核，送交财务部。

第二步：成本会计填写领料单中的单位成本和总成本，财务总监审核领料单。

第三步：月末，根据审核无误的领料单编制记账凭证，财务总监审核凭证。

第四步：根据审核无误的凭证登记“材料明细账”。

任务3－3　存货入库业务流程

工作流程：

存货入库业务流程如图4－40所示。

任务实施：

第一步：产品完工，入库部门编制产成品入库单并审核，送交财务部。

第二步：成本会计填写入库单中的总成本，财务总监审核。

第三步：根据审核无误的入库单登记库存商品明细账。

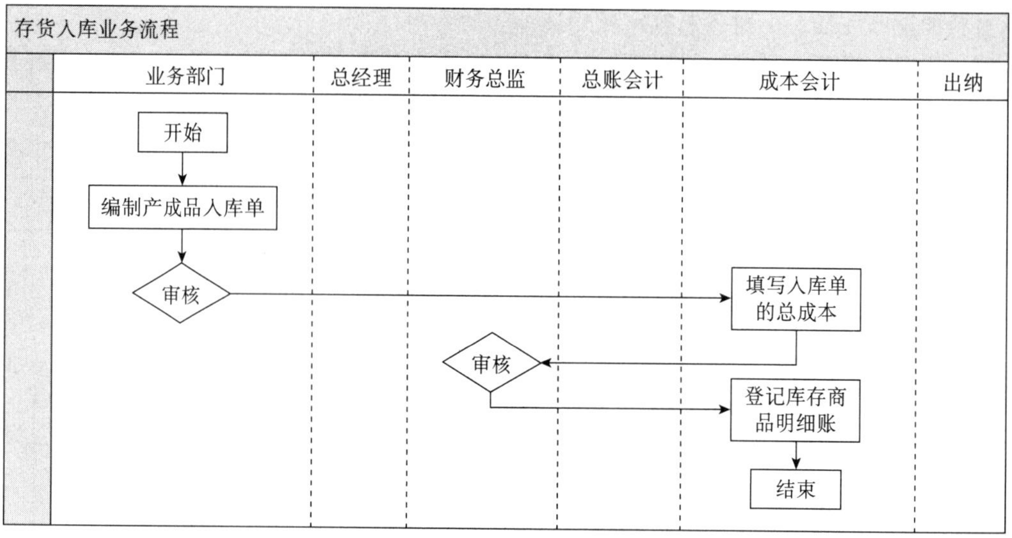

图 4－40　存货入库业务流程

任务 3－4　存货出库业务流程

工作流程：

存货出库业务流程如图 4－41 所示。

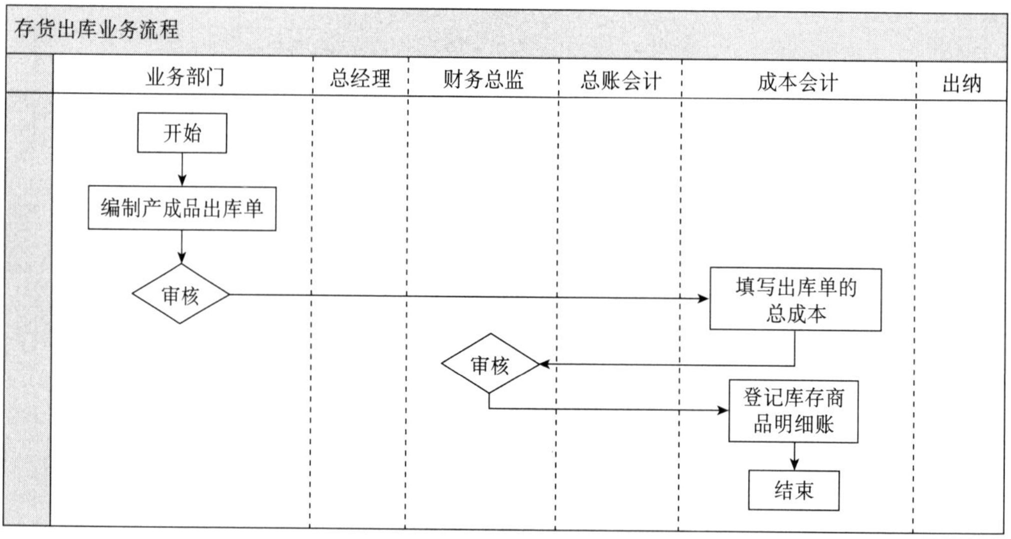

图 4－41　存货出库业务流程

任务实施：

第一步：销售产品时，出库部门编制产成品出库单并审核，送交财务部。

第二步：成本会计填写出库单中的总成本，财务总监审核。

第三步：根据审核无误的出库单登记库存商品明细账。

任务4　薪资核算

任务描述：

由业务部门编制工资发放单，经总经理审批后业务部门编制工资结算汇总表，经财务总监审核，由出纳办理发放工资的相关手续，再经财务总监审核，成本会计根据审核无误的单据编制发放工资的记账凭证；成本会计接收审核无误的工资结算汇总表，根据工资汇总表编制工资费用分配表，并根据审核无误的工资费用分配表编制本月度应计提工资费用的记账凭证，再由财务总监审核凭证；根据审核无误的工资费用分配表，编制职工福利费分配表和五险一金分配表，并根据审核无误的分配结果编制企业计提职工福利费和五险一金的记账凭证，由财务总监审核凭证。

工作流程：

薪资核算流程如图4－42所示。

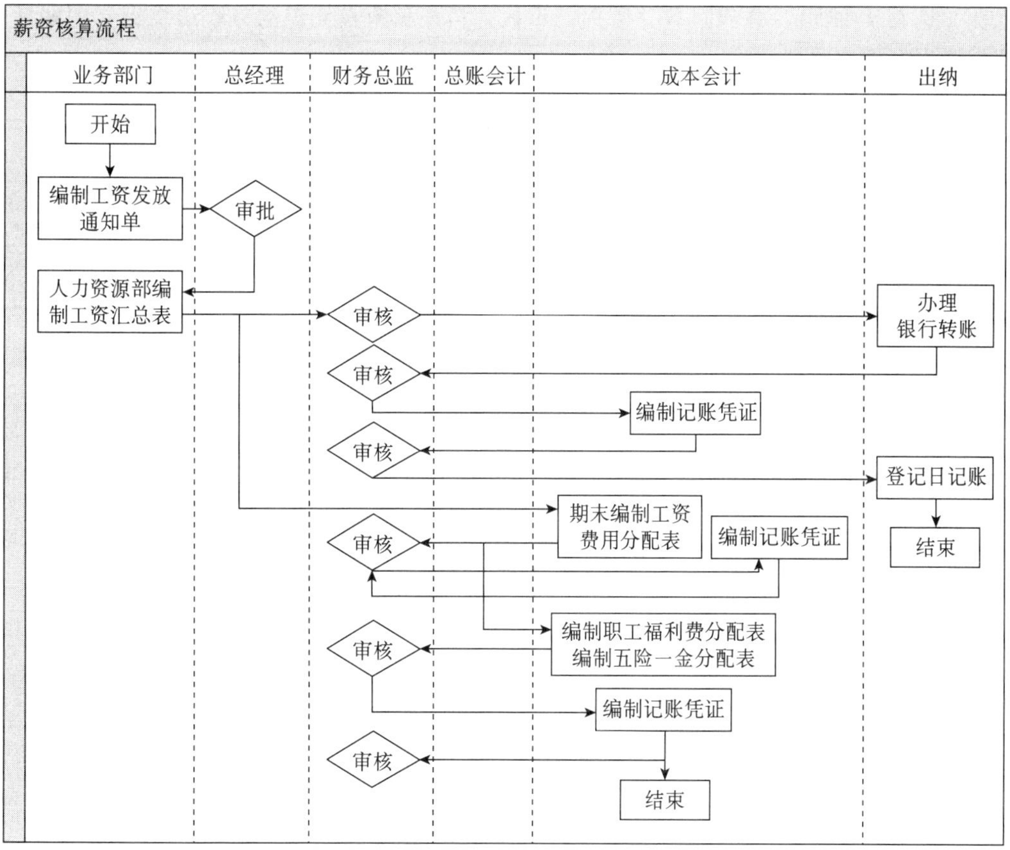

图4－42　薪资核算流程

任务实施：

第一步：根据审核无误的银行转账等单据编制发送工资的记账凭证。

第二步：接收人力资源部编制的工资结算汇总表（见图4－43），财务总监进行审核。

四川捷达通信有限公司工资结算汇总表

2017 年 5 月　　　　单位：元

编号	姓名	岗位	部门	岗位工资	奖金	缺勤扣款		应付工资	代扣款项						实发工资
									社会保险费			住房公积金	个人所得税	扣款合计	
						事假	迟到早退		养老保险	医疗保险	失业保险				
1	丁立	财务经理	财务部	90000				80000	6400	1600	800	8000	15390	32190	47810
2	王元	营销人员	市场部	30000				30000	2400	600	300	3000	4045	10345	19655
合计				120000				110000	8800	2200	1100	11000	19435	42535	67465

图 4－43　工资结算汇总表

第三步：若本月度生产两种及两种以上产品，并由生产工人共同完成，需要对生产工人的工资进行分配。根据审核无误的工资结算汇总表，结合生产工时分配标准，编制工资费用分配表（见表 4－35），并经财务总监进行审核，再根据审核无误的分配结果编制记账凭证，由财务总监审核记账凭证。

表 4－35　　工资费用分配表

年　月　　　　单位：元

部门或产品	分配计入			直接计入	合　计
	生产工时	分配率	分配金额		
合　计					

第四步：根据审核无误的工资费用分配表，编制职工福利分配表（见表 4－36），再由财务总监审核，根据审核无误的结果编制计提职工福利费的记账凭证，财务总监审核凭证。

表 4－36　　职工福利费分配表

年　月　　　　单位：元

部门或产品	应付工资	职工福利费（14%）
合　计		

第五步：根据审核无误的工资费用分配表，编制五险一金分配表（见表 4－37），再由财务总监审核，根据审核无误的结果编制计提五险一金的记账凭证，财务总监审核凭证。

表 4－37 社会保险与住房公积金分配表

年 月 单位：元

部门或产品	应付工资	养老保险	医疗保险	失业保险	生育保险	工伤保险	社会保险费合计	住房公积金
合 计								

任务5 固定资产核算与管理

任务描述：

本实训采用用友财务软件，因此，对于固定资产核算，首先启用固定资产系统，其次设置业务控制参数，并进行初始设置，然后进行固定资产日常业务处理和计提折旧，期末进行对账和结账。

工作流程：

固定资产核算与管理流程如图 4－44 所示。

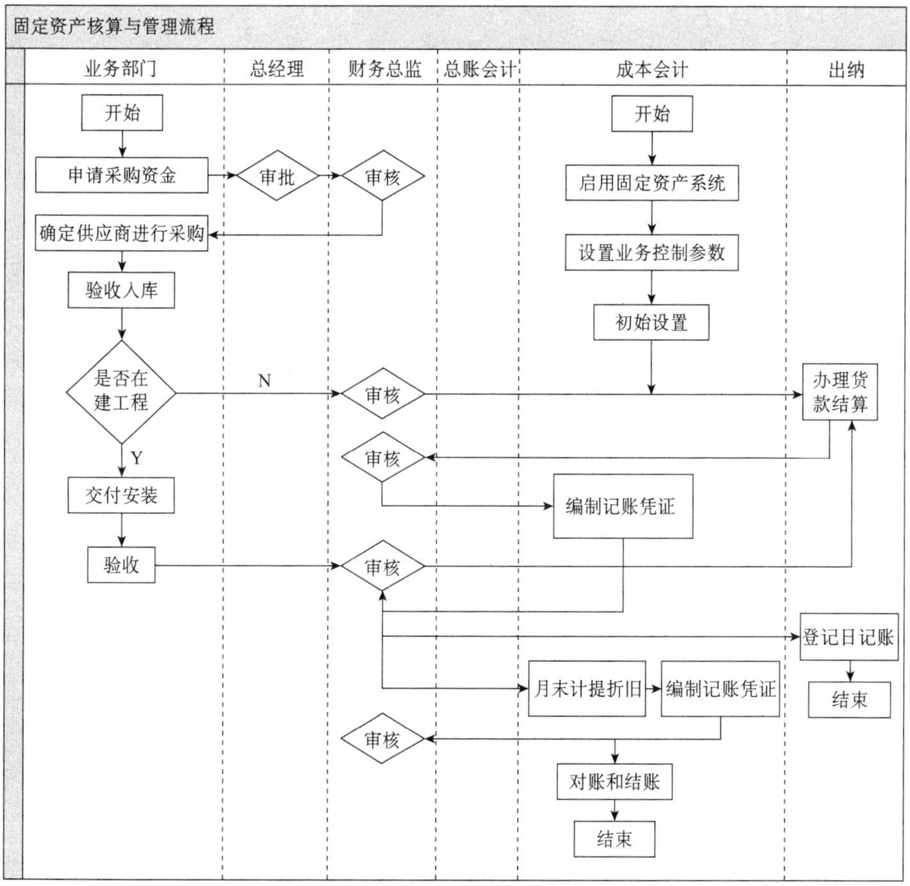

图 4－44 固定资产核算与管理流程

任务实施：

第一步：启用固定资产系统。由账套主管启用固定资产系统，启用日期为固定资产首次购买月的一日。例如，2017.7.1。

第二步：设置业务控制参数。

第三步：固定资产初始设置。

（1）设置部门及对应折旧科目。根据企业实际所设置的部门来设置对应的折旧科目。

（2）资产类别。根据企业购置固定资产具体情况设置。

第四步：固定资产业务处理。

业务1：购入固定资产业务。

情况一，若购入的固定资产需要进行安装，经财务总监审核，出纳办理结算取得相关单据后，根据审核无误的单据在总账系统编制记账凭证，待完工后，在固定资产系统中编制在建工程转入的记账凭证。

情况二，若购入的不需要安装的固定资产，则在固定资产系统中，选择“固定资产—卡片—资产增加”增加固定资产卡片，并进行相应的业务处理。

业务2：月末计提折旧。月末，计提折旧并作相关账务处理（需要填写固定资产折旧明细表如表4－38所示，作为计提折旧的原始凭证）。

表4－38　　固定资产折旧明细表

编制单位：　　年　月　　单位：元

名称	计量单位	数量	单价	原值	使用年限	月折旧率	月折旧额	已提折旧（月）	累计折旧	净值
合计										

第五步：期末进行对账和结账（提示：先“子系统”后“总账系统”）。

任务6　制造费用分配

任务描述：

月末进行制造费用分配，如果一个生产车间只生产一种产品，所发生的制造费用直接计入该种产品的成本；如果一个生产车间生产两种及两种以上的产品，所发生的制造费用，应采用相应的分配方法分配计入各种产品的成本。

在用友总账系统中查找本月度的制造费用明细账，记录本月度制造费用合计数；编制制造费用分配表，将本月度制造费用合计数作为本月度待分配的金额，并以产品单位定额工时和投产量作为分配标准进行分配。根据分配结果编制结转制造费用的记账凭证，财务总监审核凭证。

工作流程：

制造费用分配流程如图 4－45 所示。

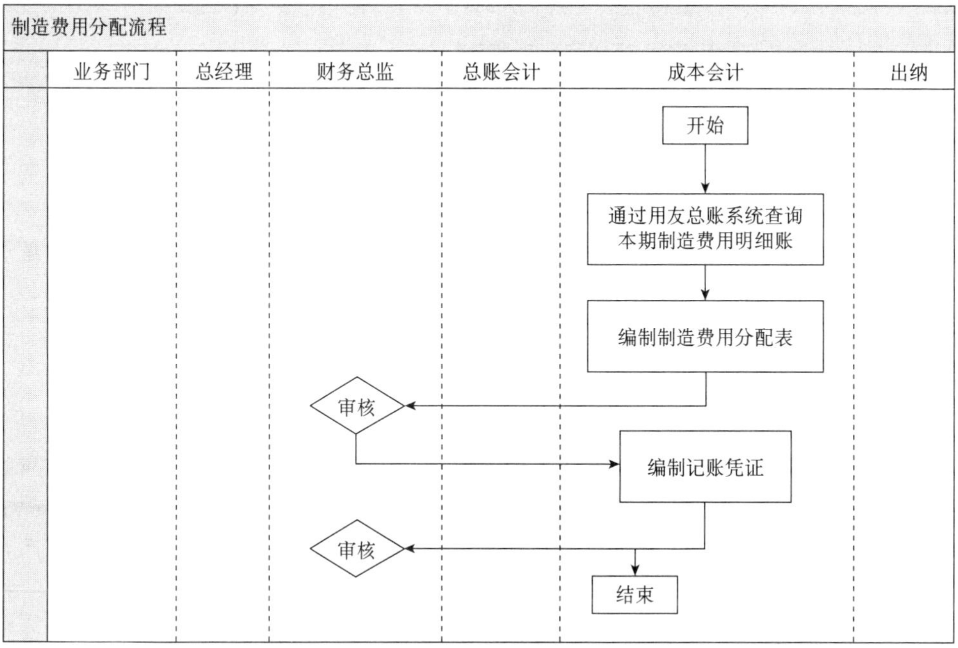

图 4－45　制造费用分配流程

任务实施：

第一步：月度末，通过总账系统查询某车间一个月度的制造费用明细账（见图 4－46 所示），记录合计数。

鑫华工厂制造费用明细账（简化格式）

生产单位：生产部　　　　2017 年 5 月　　　　单位：元

月	日	摘要	职工薪酬	折旧费	租赁费	无形资产摊销	合计
5	20	支付库房租赁费			40000		40000
5	31	计提 5 月折旧费		40000			40000
5	31	分配工资	120000				120000
5	31	计提职工福利费	16800				16800
5	31	计提五险一金	47520				47520
5	31	厂区摊销				10000	10000
5	31	L 型手机技术摊销				20000	20000
	31	本月合计	184320	40000	40000	30000	294320

图 4－46　制造费用明细账

第二步：编制制造费用分配表（见表 4－39），将本月度制造费用合计数作为待分配的金额，并以定额工时作为分配标准进行分配，财务总监审核制造费用分配表。

表 4-39

制造费用分配表

年　　月

产　品	定额工时	分配率	分配金额（元）
（　）型手机			
（　）型手机			
合　计			

第三步：根据审核无误的分配结果编制结转制造费用的记账凭证，财务总监审核凭证。

任务 7　产品成本核算

任务描述：

本实训采用品种法作为产品成本计算的方法。品种法是以产品品种为成本计算对象，归集生产费用、计算产品成本的一种方法。在上述任务中已经编制了各项要素费用分配表，并通过分配计入各种产品成本明细账，因此，月末时将计入产品成本明细账的各项生产费用汇总，采用一定的方法，在完工产品和在产品之间分配，计算完工产品和在产品成本。根据实训规则，生产产品以月度为周期，产品要么全部完工，要么全部未完工，因此不涉及完工产品和在产品的分配。

通过总账系统查询本月度的基本生产成本明细账，根据基本生产成本明细账和入库单编制产品成本计算单，若企业生产多个产品需要编制产品成本汇总表，根据产品成本计算单和产品成本汇总表编制结转完工产成品的记账凭证。

工作流程：

产品成本核算流程如图 4-47 所示。

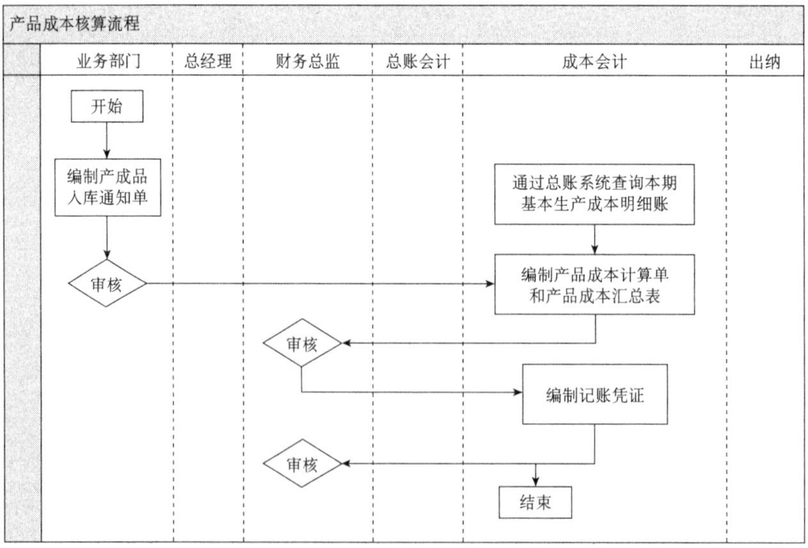

图 4-47　产品成本核算流程

任务实施：

第一步：通过用友总账系统查询基本生产成本明细账。

第二步：汇总产成品入库数量。

第三步：编制产品成本计算单（见表4－40）和产品成本汇总表（见表4－41），计算产成品的总成本与单位成本。产品成本计算单和产品成本汇总表作为结转完工产品成本的原始单据。

表4－40　　**产品成本计算单**

产品名称：　　年　月　　本月完工：

摘要	直接材料	直接人工	制造费用	合计

表4－41　　**产品成本汇总表**

2017年5月　　单位：元

产品名称	（　）型手机 （　）台		（　）型手机 （　）台	
成本项目	完工产品总成本	单位产品成本	完工产品总成本	单位产品成本
直接材料				
直接人工				
制造费用				
合　计				

第四步：通过产品成本计算单，编制结转完工产品成本的记账凭证，财务总监审核凭证。

任务8　产品销售成本计算

任务描述：

企业在平时销售产品时只登记库存商品明细账数量，销售成本待月末计算出完工产品成本后，采用加权平均法计算和结转。

工作流程：

产品销售成本计算流程如图4－48所示。

任务实施：

第一步：通过库存商品明细账查找库存商品期初结存数量和金额以及出库数量，通过基本生产成本明细账查找完工产品成本和单位成本。

第二步：按照核算要求，采用加权平均法计算产品销售成本，编制产品销售成本计算表（见表4－42），并由财务总监进行审核。

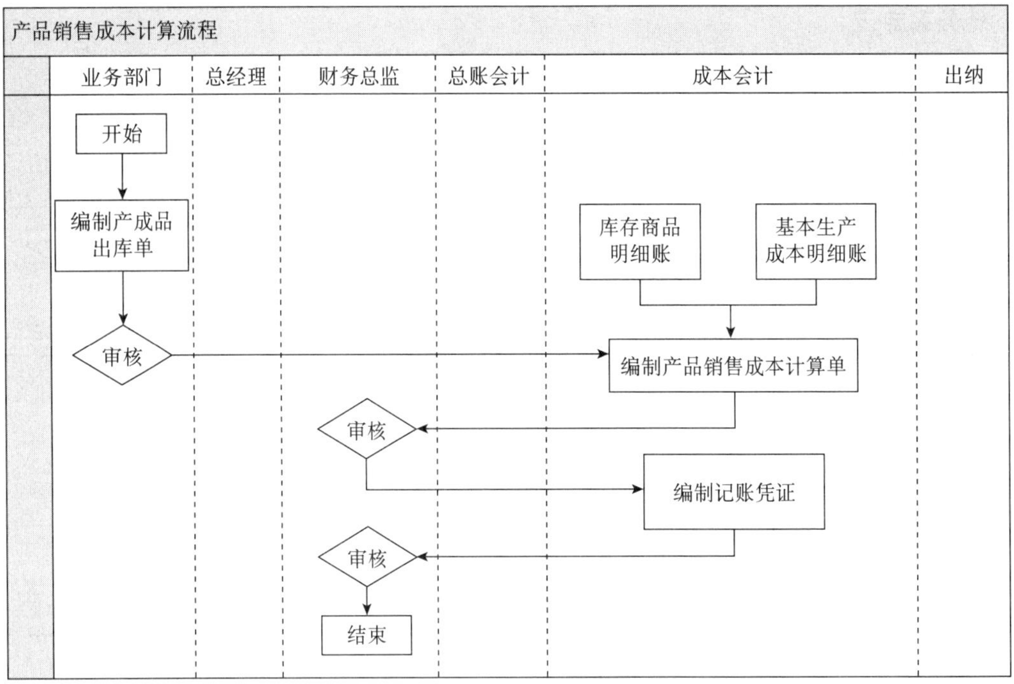

图 4-48　产品销售成本计算流程

表 4-42

产品销售成本计算表

年　　月　　　　　　　　　　　　　　　　　　　　单位：元

产品名称	期初结存			本月完工			本期销售		
	数量	单位成本	金额	数量	单位成本	金额	数量	单位成本	金额
合计									

第三步：根据审核无误的计算结果编制结转销售成本的记账凭证，财务总监审核凭证。

任务 9　编制成本费用报表

任务描述：

成本报表主要用于企业管理，不同企业的管理要求和管理水平不尽相同，因此其种类没有统一的会计准则进行规范，企业可以灵活决定。一般包括费用明细表、商品产品成本表。

本实训，根据本公司实际经济业务编制制造费用明细表和主要产品单位成本表。

工作流程：

编制成本费用报表流程如图 4-49 所示。

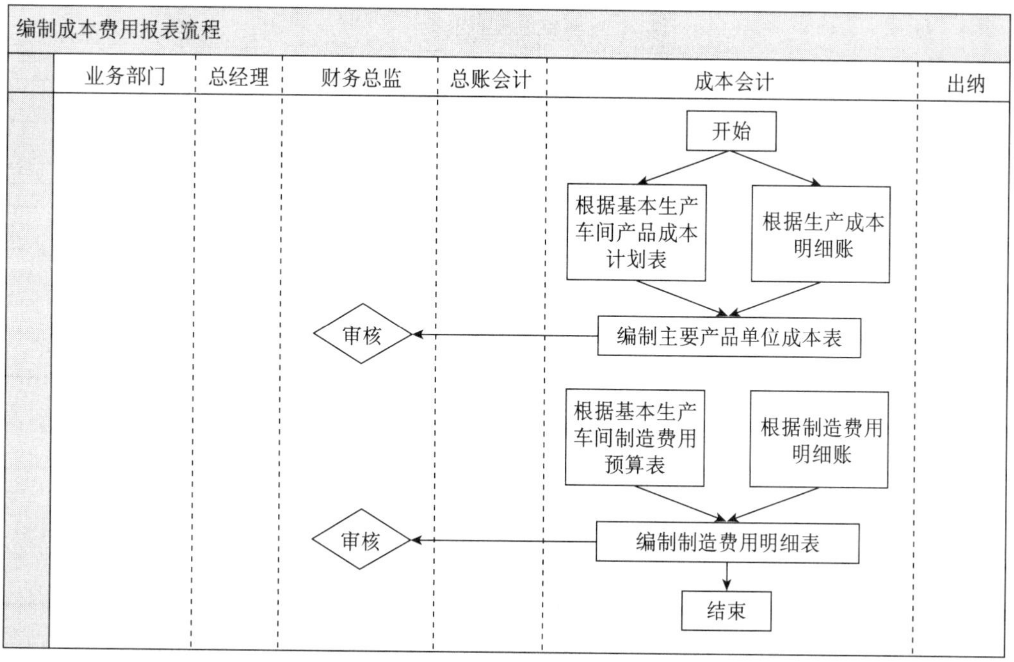

图 4－49　编制成本费用报表流程

任务实施：

第一步：编制主要产品单位成本表（见表 4－43）。根据基本生产车间产品成本计划表查找本月度某型手机的计划数，根据用友总账系统生产成本明细账查找本月某型手机的实际数和本年累计实际数。

编制完成由财务总监进行审核。

表 4－43　　**（　　）手机单位成本表**

编制单位：　　年　　月　　单位：元

产品销售单价		本月度实际产量		
计量单位		本年累计实际产量		
成本项目	上月度实际平均	本月度计划	本月度实际	本年累计实际数
直接材料				
直接人工				
制造费用				
产品单位成本				

第二步：编制制造费用明细表（见表 4－44）。根据基本生产车间制造费用预算表填入本月度计划数，根据用友总账系统查找制造费用明细账的上月度实际数、本月度实际数和本年累计实际数。

编制完成由财务总监进行审核。

表 4-44 制造费用明细表

年 月

单位：元

项目	本月计划数	上月实际数	本月实际数	本年累计实际数
合计				

任务10 成本报表分析

任务描述：

成本分析是按照一定的原则，采用一定的方法，利用成本计划、成本核算和其他有关资料，控制实际成本的支出，揭示成本计划完成情况，查明成本升降的原因，寻求降低成本的途径和方法，以达到用最少的劳动消耗取得最大的经济效益的目的。

各单位对产成品进行成本核算，编制成本报表后，要对各种产品单位成本进行分析，并把分析结果填入单位成本对比分析表。同时，将制造费用明细表中的数据进行对比，并把分析结果填入制造费用预算执行情况分析表。

工作流程：

成本报表分析流程如图 4-50 所示。

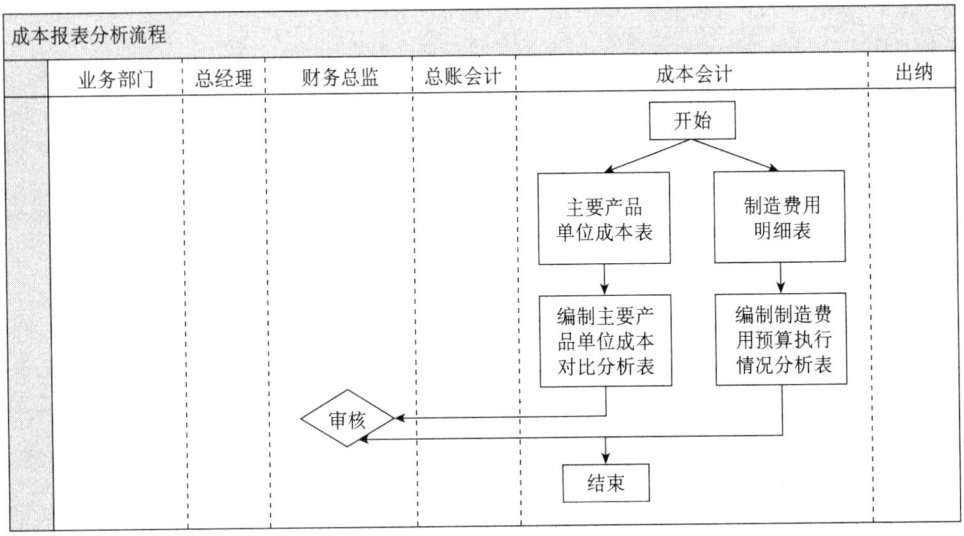

图 4-50 成本报表分析流程

任务实施：

第一步：根据主要产品单位成本表的数据进行分析，编制主要产品单位成本对比分析表

（见表4－45），完成后由财务总监进行审核。

表4－45 （　　）手机单位成本对比分析表

成本项目	单位成本			实际比上月		实际比计划	
	上月实际 ①	本月计划 ②	本月实际 ③	降低额 ④＝③－①	降低率 ④/①	降低额 ⑤＝③－②	降低率 ⑤/②
直接材料							
直接人工							
制造费用							
合计							

文字分析：

分析人		财务总监	

第二步：根据制造费用明细表的数据进行分析，编制制造费用预算执行情况分析表（见表4－46），完成后由财务总监进行审核。

表4－46 制造费用预算执行情况分析表

编制单位：　　　　年　　月　　　　单位：元

项目	本月计划数 ①	本月实际数 ②	本月实际－本月计划	
			绝对数 ③＝②－①	相对数（%） ③/①
合计				

文字分析：

分析人		财务总监	

4.5.6 我是总账会计

4.5.6.1 我的工作职责

按照国家会计制度的规定，总账会计负责审核和填制有关原始凭证，正确编制记账凭证，根据审核无误的记账凭证登记相关账簿，并据以编制会计报表和纳税申报表，及时整理和装订会计档案等。

4.5.6.2 我的工作条件

为高效并顺利地完成总账会计相关工作，拟采用会计信息化手段对企业进行账务核算。因此，需要配备计算机、打印机（建议使用激光打印机）、正版用友 U872 财务软件（本教程以此软件为例进行介绍）、用友凭证套打纸、计算器、回形针、电动装订机等用品用具和办公自动化软件。

4.5.6.3 我的工作任务

总账会计工作任务书如表 4－47 所示。

表 4－47 总账会计工作任务书

序号	工作任务	第 1 期	第 2 期	第 3 期	第 4 期	第 5 期	第 6 期
1	系统管理						
2	总账系统初始化						
3	日常业务处理						
4	期末业务处理						
5	年度账结转						
6	编制会计报表						
7	整理会计资料						
8	填写工作日志						

注：每项任务完成后，在对应的框内打“√”。

任务 1 系统管理

任务描述：

用友 ERP－U8 财务管理软件由多个子系统组成，各子系统之间相互联系，数据共享，完整实现财务、业务一体化的管理。对于企业的资金流、物流、信息流的三流统一管理和实时反映提供了有效的方法、工具。为了多个子系统的协同操作，需要在系统管理中完成建立、修改、删除、备份和引入账套数据以及完成年度账的建立和结转上年数据等工作，实现操作员的建立、角色的划分和权限的分配等功能。系统管理的优点在于对企业的信息化管理人员可以进行方便的管理，及时的监控，随时可以掌握企业的信息系统状态。系统管理的使用对象为企业的信息化管理人员（即系统管理软件中的操作员 Admin）或账套主管。该任务本应由 Admin（财务总监）完成，但在实际工作中，一般由总账会计代为完成。

任务实施：

示例：2018 年 1 月 1 日，以 Admin 的身份注册进入系统管理，在系统管理平台中完成以下工作：建立账套、设置操作员、设置操作员权限、修改账套、输出账套和引入账套数据。

任务1-1 注册系统管理

第一步：将系统时间修改为：2018年1月1日，以Admin的身份注册进入系统管理。执行【开始/所有程序/用友ERP-U872/系统服务/系统管理】命令，点击【系统】菜单下的【注册】。

第二步：在“操作员”处输入“Admin”，初始密码为空（在实际工作中，Admin必须定期修改自己的密码），单击“确定”按钮，即以系统管理员的身份注册进入系统管理。

第三步：注册成功后，可以操作“账套”和“权限”菜单。

任务1-2 建立账套

第一步：输入账套信息，用于记录新建账套的基本信息。

其中的账套号：

（1）制造公司（16家）：账套号以1开头，分别为101、102、103等。

（2）贸易公司（4家）：账套号以2开头，分别为201、202、203、204。

（3）供应商（4家）：账套号以3开头，分别为301、302、303、304。

（4）综合服务公司（1家）：账套号以4开头，为401。

（5）会计师事务所（2家）：账套号以5开头，分别为501、502。

其中的启用会计期：2018年1月（启用系统时间以实际业务为准）。

第二步：输入单位信息，用于记录本单位的基本信息，单位名称为必输项，且输入核算单位的真实名称。

第三步：核算类型设置，用于记录本单位的基本核算信息。

其中的账套主管：选demo。

其中的行业性质：统一采用“2007新会计制度科目”并预置会计科目。

第四步：基础信息设置。存货、客户、供应商均不分类、无外币核算。

第五步：编码方案设置。其中的会计科目编码规则为42222，其他的为默认。

第六步：定义数据精度。采用系统默认。

任务1-3 设置操作员

第一步：在“系统管理”主界面，选择【权限】菜单中的【用户】，点击进入用户管理功能界面。

第二步：在用户管理界面，点击【增加】按钮，显示“增加用户”界面。此时录入编号、姓名、口令、所属部门、E-mail、手机号内容，并在所属角色中选中归属的内容。然后点击【保存】按钮，保存新增用户信息。

需设置的操作员及权限如表4-48所示。

表4-48　　操作员及权限分配表

编码	操作员姓名	岗位	工作内容
01	财务总监的真实姓名	财务总监	担任系统管理员和账套主管角色，负责建立账套、设置操作员及权限、输出引入账套、基础档案设置、审核凭证、主管签字

续表

编码	操作员姓名	岗位	工作内容
02	总账会计的真实姓名	总账会计	负责填制凭证（成本业务除外）、记账、结账、打印凭证、编制并打印资产负债表、利润表
03	成本会计的真实姓名	成本会计	根据手工计算的成本核算结果，负责有关成本业务凭证的填制（总账填制凭证），查询凭证和账簿；固定资产系统
04	出纳的真实姓名	出　　纳	负责出纳签字、登记支票登记簿、银行对账；查询凭证和账簿
05	外勤会计的真实姓名	外勤会计	查询凭证和账簿，查询报表

任务1－4　设置操作员权限

第一步：以系统管理员身份注册登录，然后在【权限】菜单下的【权限】中进行功能权限分配。

第二步：从操作员列表中选择操作员，点击【修改】按钮后，系统弹出“增加和调整权限——××信息”菜单（××分为两部分：第一部分为用户类型，角色或用户；第二部分为操作员的ID）。

第三步：具体的权限设置如表4－48所示。同时，将你单位的财务总监设置为账套主管。

任务1－5　修改账套

第一步：以账套主管的身份注册系统管理，选择相应的账套，进入系统管理界面。

第二步：选择【账套】菜单中的【修改】，则进入修改账套的功能。系统注册进入后，可以修改的信息主要有：账套信息中的账套名称、单位信息、账套分类信息和数据精度信息中的所有信息。

第三步：点击【完成】按钮，表示确认修改内容；如放弃修改，则点击【放弃】。

任务1－6　输出账套

第一步：以系统管理员的身份注册，进入系统管理模块。然后点击【账套】菜单下级的【输出】功能进入。

第二步：此时系统弹出账套输出界面，在【账套号】处选择需要输出的账套，点击【确认】进行输出。此时系统会进行输出的工作，在系统进行输出过程中系统有一个进度条，任务完成后，系统会提示输出的路径（此处系统只允许选择本地的磁盘路径，如D：\ DATA，等等）。选择输出路径，点击确认完成输出。系统提示输出是否成功的标识。

任务1－7　引入账套

第一步：系统管理员在系统管理界面单击【账套】的下级菜单【引入】，则进入引入账套的功能。

第二步：系统管理员在界面上选择所要引入的账套数据备份文件和引入路径，点击【打开】按钮表示确认；如想放弃，则点击【放弃】按钮。

任务2　系统初始化

任务描述：

××公司的账套、操作员及权限已经初步设置完成，基本信息和基础档案也已按照收集整理的数据逐步设置规范。系统初始化设置包括启用总账系统，录入相应的基础档案，进行凭证类别设置，总账系统的选项设置，期初余额的录入及试算平衡和对账，该工作由该公司财务总监（即账套主管）负责完成。

任务实施：

任务2－1　系统启用

第一步：Admin 创建一个新账套后，自动进入系统启用界面。此时，Admin 可直接进行总账子系统的启用，启用时间为 2018－07－01。

第二步：或者由账套主管进入【用友 ERP－U8 企业门户_ 基础信息_ 基本信息】界面中，进行系统启用的设置。

第三步：选择要启用的系统，在方框内打勾。

第四步：在启用会计期间内输入启用的年、月、日数据。

第五步：用户按【确认】按钮后，保存此次的启用信息，并将当前操作员写入启用人。

任务2－2　基础档案设置

设置基础档案就是把手工资料经过加工整理后，并根据本单位建立信息化管理的需要，建立软件系统应用平台。

表 4－49　　需修改的会计科目表

会计科目名称	余额方向	辅助核算	账页格式
库存现金	借	日记账	金额式
银行存款——川财院模拟银行	借	日记账、银行账	金额式
应收账款	借	客户往来，且不受控于应收系统	金额式
其他应收款	借	个人往来	金额式
存货科目 在途物资 原材料 库存商品 账页格式：	制造企业 M1、M2、M3 等 M1、M2、M3 等 D 型手机、H 型手机等 数量金额式	贸易公司 D 型手机、H 型手机等 无 D 型手机、H 型手机等	供应商公司 M1、M2、M3 等 无 M1、M2、M3 等
应付职工薪酬——工资	贷		金额式
应付职工薪酬——职工福利费	贷		金额式
应付职工薪酬——社会保险费	贷		金额式
应付职工薪酬——住房公积金	贷		金额式
应交税费——应交增值税（进项税额）	贷		金额式

续表

会计科目名称	余额方向	辅助核算	账页格式
应交税费——应交增值税（销项税额）	贷		金额式
应交税费——应交增值税（进项税额转出）	贷		金额式
应交税费——未交增值税	贷		金额式
应交税费——待抵扣进项税额	贷		金额式
应交税费——待认证进项税额	贷		金额式
应交税费——应交企业所得税	贷		金额式
应交税费——应交个人所得税	贷		金额式
应交税费——应交城市维护建设费	贷		金额式
应交税费——应交教育费附加	贷		金额式
应交税费——应交地方教育费附加	贷		金额式
应交税费——应交房产税	贷		金额式
应交税费——应交土地使用税	贷		金额式
应交税费——应交印花税	贷		金额式
应付账款	贷	供应商往来，且不受控于应付系统	金额式
生产成本——基本生产成本——D 型手机（直接材料）	借		金额式
生产成本——基本生产成本——D 型手机（直接人工）	借		金额式
生产成本——基本生产成本——D 型手机（制造费用）	借		金额式
制造费用——折旧费	借		金额式
制造费用——职工薪酬	借		金额式
制造费用——无形资产摊销	借		金额式
制造费用——租赁费	借		金额式
研发支出——资本化支出	借		金额式
管理费用——开办费	借	部门核算	金额式
管理费用——办公费	借	部门核算	金额式
管理费用——职工薪酬	借	部门核算	金额式
管理费用——维护费	借	部门核算	金额式
管理费用——其他	借	部门核算	金额式
销售费用——广告费	借	部门核算	金额式
销售费用——职工薪酬	借	部门核算	金额式
销售费用——维护费	借	部门核算	金额式
销售费用——其他	借	部门核算	金额式
“营业税金及附加”科目调整为“税金及附加”	借		金额式
“主营业务收入”和“主营业务成本”根据本公司生产或经营的产品设置明细科目 制造企业设置明细：D 型手机，H 型手机等 贸易公司设置明细：D 型手机，H 型手机等 供应商公司设置明细：M1、M2、M3 等 服务公司设置明细：物流收入，场地租赁收入等			

注：企业可根据自身行业性质选择修改相应会计科目。

任务2－3　总账“选项”设置

根据工作实际需要，有选择性地进行设置。

任务2－4　录入期初余额、试算平衡和对账

第一步：进入企业应用平台以后，选择左下角【业务工作】，点击【总账】→【设置】→【期初余额】，打开期初余额录入窗口（根据企业的实际情况录入期初余额数）。

第二步：在期初余额的单元格中，有三种颜色：白色、灰色和黄色。白色是末级科目，可以双击对应的空白单元格直接录入；灰色是非末级科目，在录入了末级科目以后数据会自动生成；而黄色是带有辅助核算的科目，必须双击后按明细录入并汇总数据后录入。

第三步：如果是年中建账，如是7月开始使用账务系统，建账月份为7月，可以录入7月初的期初余额以及1～6月份的累计借方发生额、累计贷方发生额，系统自动计算年初余额；若是年初建账，则直接录入期初余额。

第四步：录完所有数据后，单击【试算】按钮，可查看期初余额试算平衡表，检查余额是否平衡，也可单击【对账】按钮，检查总账、明细账、辅助账的期初余额是否一致。

任务3　日常业务处理

任务描述：

总账系统初始化设置完成以后，就可以开始进行日常业务处理了。制单工作由总账会计完成，出纳签字由出纳人员完成，审核凭证由账套主管完成。

工作流程：

日常业务处理流程如图4－51所示。

任务实施：

任务3－1　审核原始凭证

第一步：总账会计接到外来或自制的原始凭证或原始凭证汇总表，对其进行合法性、合规性、合理性审核，同时签署审核意见。

第二步：根据审核无误的原始凭证编制记账凭证。

任务3－2　填制记账凭证

第一步：以2018年7月的经济业务为例进行说明。将系统日期修改为2018年7月31日。以总账会计的身份，2018年7月31日进入企业应用平台，选择【财务会计】→【总账】→【凭证】→【填制凭证】，打开填制凭证窗口，显示单张空白凭证。

第二步：单击工具栏上的【增加】按钮或按【F5】键，增加一张新凭证。光标定位在凭证类别上，输入或参照选择一个凭证类别字。

第三步：在“附单据数”处输入原始单据张数。当您需要将某些图片、文件作为附件链接凭证时，可单击附单据数录入框右侧的图标，选择文件的链接地址即可。

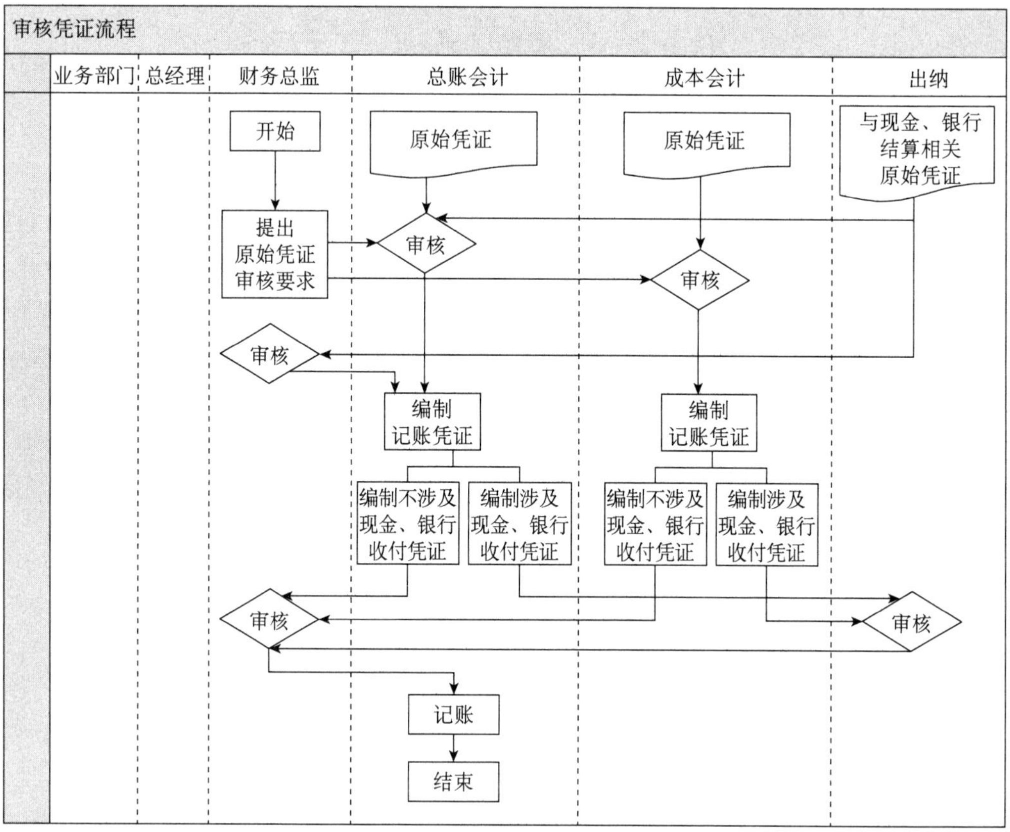

图 4－51　日常业务处理流程

第四步：输入凭证分录的摘要，按 F2 或参照按钮可输入常用摘要，但常用摘要的选入不会清除原来输入的内容。

第五步：输入末级科目或按 F2 键参照录入。

第六步：若科目为银行科目，且在结算方式设置中确定要进行票据管理，在【选项】中设置“支票控制”，那么这里会要求要输入“结算方式”“票号”及“发生日期”。

第七步：如果科目设置了辅助核算属性，则在这里还要输入辅助信息，如部门、个人、项目、客户、供应商、数量等。录入的辅助信息将在凭证下方的备注中显示。

第八步：录入该笔分录的借方或贷方本币发生额，金额不能为零，但可以是红字，红字金额以负数形式输入。如果方向不符，可按空格键调整金额方向。

第九步：若想放弃当前未完成的分录的输入，可按【删行】按钮或【Ctrl + D】键删除当前分录即可。

第十步：当凭证全部录入完毕后，按【保存】按钮或 F6 键，弹出信息提示框，直接单击【确定】按钮，保存这张凭证。

任务 3－3　修改凭证

第一步：在【填制凭证】中，通过按工具栏上的【首页】、【上页】、【下页】、【末页】按钮翻页查找，或按【查询凭证】按钮输入查询条件，找到要修改的凭证。

第二步：可修改附单据数、摘要、科目、外币、汇率、金额、辅助项信息。若要希望当前分录的金额为其他所有分录的借贷方差额，则在金额处按“＝”键即可；按【插行】按钮或按〔Ctrl＋I〕键可在当前分录前插入一条分录；按【删行】按钮或按〔Ctrl＋D〕可删除当前光标所在的分录。

第三步：修改完毕后，点击【保存】按钮即保存当前修改，点击【放弃】按钮即放弃当前凭证的修改。

任务3－4　删除凭证（作废与整理）

第一步：进入【填制凭证】界面后，通过点击【首页】、【上页】、【下页】、【末页】按钮翻页查找或点击【查询】按钮输入条件查找要作废的凭证。

第二步：单击【制单】下的【作废/恢复】，凭证左上角显示“作废”字样，表示已将该凭证作废。

第三步：作废凭证仍保留凭证内容及凭证编号，只在凭证左上角显示“作废”字样。作废凭证不能修改，不能审核。在记账时，不对作废凭证作数据处理，相当于一张空凭证。在账簿查询时，也查不到作废凭证的数据。

第四步：若当前凭证已作废，用鼠标单击菜单【制单】下的【作废/恢复】，可取消作废标志，并将当前凭证恢复为有效凭证。

第五步：进入填制凭证界面，单击菜单【制单】下的【整理凭证】，选择需要整理的月份。

第六步：按【确定】按钮后，显示选择凭证号重排方式，提供凭证号重排、凭证日期重排与审核日期重排三个选项。

第七步：选择完凭证号重排方式后，按【确定】后，进入作废凭证整理列表。

第八步：选择要删除的作废凭证，按【确定】按钮，系统将这些凭证从数据库中删除掉，并对剩下凭证重新排号。

任务3－5　凭证的审核和签字

第一步：以账套主管的身份登录进入企业应用平台。选择【凭证】→【审核凭证】，显示“审核凭证查询条件”界面。

第二步：审核人员在确认该张凭证正确后，单击【审核】按钮将在审核处自动签上审核人名，并在凭证上显示审核日期，即该张凭证审核完毕，系统自动显示下一张待审核凭证。

第三步：若审核人员发现该凭证有错误，可按【标错】按钮，对凭证进行标错，以便制单人对其进行修改。

第四步：如果需要对一批凭证进行审核或取消审核，则单击【查询】，输入查询条件后按【确定】按钮，屏幕显示符合条件的凭证，单击【审核】菜单下的【成批审核】，系统自动对当前范围内的所有未审核凭证执行审核；单击【审核】菜单下的【成批取消审核】，系统自动对当前范围内的所有已审核凭证执行取消审核。

第五步：出纳签字、主管签字的操作步骤同上。

任务3－6 记账

第一步：点击【凭证】→【记账】选项，打开记账对话框。

第二步：点击【记账报告】，显示记账报告对话框。记账报告是经过合法性检验后的提示信息，如果此次要记账的凭证中有些凭证没有审核或未经出纳签字，则属于不能记账的凭证，可根据提示修改后，再记账。如果需要打印记账报告，则单击【打印】即可。

第三步：单击【记账】按钮，弹出【期初试算平衡表】。点击【确定】按钮以后，系统开始登录总账、明细账、辅助账和多栏账等有关账簿。如需要对非当前登录会计月的调整期凭证记账，可选中“其他调整期”选项并选择凭证范围，单击【记账】按钮记账。

第四步：系统自动记账完毕之后，弹出信息提示框，点击【确定】按钮，完成记账。

任务3－7 恢复记账

第一步：点击【总账】→【期末】→【对账】命令，打开对账窗口，在对账状态下按下【Ctrl + H】组合键。

第二步：点击【确定】按钮，再打开【凭证】菜单，会发现“恢复记账前状态”已被激活。若在【对账】中再次按下【Ctrl + H】键则隐藏此菜单。

第三步：选择【凭证】→【恢复记账前状态】，打开“恢复记账前状态”对话框，进行恢复记账操作。

任务4 期末业务处理

任务描述：

在总账系统中，初始工作和日常业务处理完成以后，还需要进行最后的期末处理工作，总账系统的期末处理是在其他业务管理系统已完成期末处理的基础上进行的，其内容主要是定义和生成各种期末转账凭证，通过转账凭证完成期末的费用计提、期间损益结转、计算及结转所得税等业务，并进行期末对账和结账工作。

任务实施：

任务4－1 自定义转账

自定义转账是指根据企业的实际业务情况和成本计算的需要，对费用分摊、税费计算、辅助核算结转等进行的转账定义。

第一步：在总账系统中，选择【期末】→【转账定义】→【自定义转账】，进入【自定义转账设置】窗口。

第二步：单击【增加】按钮，可定义一张转账凭证，弹出【转账目录】录入窗口。

第三步：输入转账序号、转账说明及凭证类别。

第四步：单击【确定】进入添加了内容的【自定义转账设置】窗口。

第五步：点击工具栏上的【增行】，在【科目编码】栏内用下拉框选入该张凭证的借方科目，双击【方向】栏内空白栏，选择“借”方，再双击【金额公式】栏，点击下拉框弹出公式项。

第六步：在“公式名称”列表框中选择相应的公式后，单击【下一步】，进入下一个【公式向导】对话框。

第七步：选择好需要取数的科目、期间等内容后，点击【完成】返回【自定义转账设置】窗口，所选公式便会显示出来。点击【增行】，用同样的方法输入贷方科目后，点击【保存】，将添加的内容进行保存。

第八步：在【自定义转账设置】窗口单击【增行】，用同样的方法继续添加借方或贷方科目，直到该张凭证所有科目全部输入完毕。点击【保存】后，可退出【自定义转账设置】窗口或继续增加另一条自定义转账设置。

任务4-2 期间损益转账定义

期间损益的结转主要是指在一个会计期间终了，将损益类科目的余额结转到本年利润科目中的操作，通过结转，能够及时反映企业利润的盈亏情况。主要是对于管理费用、销售费用、财务费用、主营业务收入、营业外收支等科目向本年利润的结转。

第一步：执行【期末】→【转账定义】→【期间损益】命令，屏幕显示【期间损益结转设置】窗口。

第二步：选择凭证类别，并在表格上方的“本年利润科目”中单击下拉框或按F2键参照录入相应的科目编码。如果本年利润科目又分为多个下级科目，则可在下面表格中录入，并与相应的损益科目对应。

第三步：点击表格下方的任意位置，在“本年利润科目编码”和“本年利润科目名称”栏内就会显示出相应的内容（注意连续月份的定义，如果新增明细科目，需要对新增的科目进行定义，否则无法将此科目的金额结转到“本年利润”科目，将会导致报表不平）。

第四步：设置完成后，单击【确定】即可。

任务4-3 转账生成

期末转账凭证定义完后，每月月末只需执行转账生成即可快速生成转账凭证，在此生成的转账凭证将自动追加到未记账凭证列表中去。

第一步：选择【期末】→【转账生成】，显示“转账生成”界面，上面提供可供选择的转账方式。

第二步：选择需要进行的转账工作（如自定义转账、对应结转等），操作方法是：需要进行哪项转账工作，就选中哪项转账的单选按钮。选择要进行结转的月份和要结转的凭证。

第三步：选择完毕后，按【确定】按钮，屏幕显示您将要生成的转账凭证。按【首页】、【上页】、【下页】、【末页】可翻页查看将要生成的转账凭证。若凭证类别、制单日期和附单据数与实际情况略有出入，可直接在当前凭证上进行修改即可。

第四步：如果确定系统显示的凭证是需要生成的转账凭证时，按【保存】按钮将当前凭证追加到未记账凭证中。凭证上会打上“已生成”标记。

任务4-4 银行对账（本任务根据企业的需要可由出纳代为完成）

任务描述：

会计人员应及时正确地记载各项经济业务，掌握银行存款余额，合理控制资金使用，定期与银行对账单核对，每月编制银行存款余额调节表，发现问题及时解决。

第一步：总账会计取得银行对账单同银行存款日记账进行核对，即将银行对账单同银行存款日记账逐笔进行勾对，找出未达账项。

第二步：编制银行存款余额调节表。

银行存款日记账调节后的余额 = 日记账余额 + 银行已收企业未收 - 银行已付企业未付

银行对账单调节后的余额 = 对账单余额 + 企业已收银行未收 - 企业已付银行未付

第三步：由财务总监审核银行存款余额调节表，主要审核银行存款余额调节表编制的正确性，审核后交成本会计保管。

任务4-5　对账、试算平衡

对账是对账簿数据进行检查核对，以检查记账是否正确，账簿是否平衡的操作。至少一个月进行一次对账操作，一般可在月末结账前进行。在会计期末进行结账前，除了需要进行对账外，还需要进行试算平衡。

第一步：执行【期末】→【对账】命令，打开【对账】窗口，显示待对账界面。

第二步：选择需要对账的会计期间，方法是：选到需要对账的会计期间，在“是否对账”栏双击鼠标，出现一个“Y”的标志。

第三步：选择对账内容，选择总账与哪些辅助账进行核对。

第四步：确定后，单击【对账】按钮，系统开始自动对账。在对账过程中，按【对账】按钮可停止对账。

第五步：按【试算】按钮，可以对各科目类别余额进行试算平衡，显示试算平衡表。

第六步：按【检查】按钮，检查明细账、总账、辅助账自身的数据完整性及有效性。

任务4-6　期末结账

第一步：单击系统主菜单【期末】→【结账】进入此功能，屏幕显示结账向导一（选择结账月份）。

第二步：选择结账月份后单击【下一步】，屏幕显示结账向导二（核对账簿）。

第三步：按【对账】按钮，系统对要结账的月份进行账账核对。在对账过程中，可按【停止】按钮中止对账。对账完成后，单击【下一步】，屏幕显示结账向导三（月度工作报告）。若需打印，则单击【打印月度工作报告】即可打印。

第四步：查看工作报告后，单击【下一步】，屏幕显示结账向导四（完成结账）。按【结账】按钮，若符合结账要求，系统将进行结账，否则不予结账。

【附】取消结账的流程：

打开总账系统下的期末结账功能，在对应的结账月份同时操作“CTRL + SHIFT + F6”，本月“Y”符号消失，表示本月结账被取消。

任务5　年度账结转

任务描述：

到了年末，需要将年末数据结转到下年度年初。在使用 ERP 财务管理软件后，为了快速、准确、高效地将本年末的数据结转到下年度年初。用友 ERP 财务管理系统提供了结转年度账的功能，根据分工，由账套主管完成年度账的建立和结转上年数据工作。此处介绍的是以手工结转的方式进行年度账结转。

任务实施：

任务5－1 建立年度账

示例：新建2019年年度账并结转2018年的年度账数据。

第一步：将公司中账套数据库服务器中的加密服务器修改为192.168.2.252（视具体实训环境而定）。

第二步：以年末的时间如2018年12月31日，账套主管的身份注册到系统管理中，执行“建立年度账”命令，建立2019年的年度账。

第三步：年度账建立成功后，以新年度年初的时间如2019年1月1日，账套主管的身份注册到系统管理中，执行“结转上年数据”命令。

第四步：执行“手工结转”命令，以账套主管001的身份，以2019年1月1日的时间登录到企业应用平台中，可查看基础档案、期初余额（并进行试算平衡和对账操作）等数据。

【附】如果使用用友 ERP－U8 V10.1版，年度账结转流程如下：

第一步：企业应用平台的登录时间设置为“2019年1月1日”；

第二步：进入“总账”—“期初余额”，依次点击“开账”—“结转”，即将上年度的期末数据结转至新年度。

任务6 编制财务报表

任务描述：

编制财务报表是每个会计期末最重要的工作之一，从某种程度上说，编制财务报表是一个会计期间工作完成的标志。UFO 报表系统是报表处理的工具，利用 UFO 报表系统既可编制对外会计报表，又可编制各种内部报表。该系统的主要任务是设计报表的格式和编制报表取数公式，从总账系统或其他业务子系统中取得相关会计信息以生成报表数据，达到自动编制各种会计报表的目的。

任务实施：

任务6－1 使用报表模板生成资产负债表

例1：使用报表模板，生成2018年7月31日的资产负债表数据。

第一步：在 UFIDA ERP－U8 窗口中选择【财务会计】→【UFO 报表】菜单项，即可启动 UFO 报表。

第二步：执行【文件】→【新建】菜单项，创建一个新的空白报表文件。

第三步：在空白报表中选择【格式】→【报表模板】菜单项，打开【报表模板】对话框，如图4－52所示。

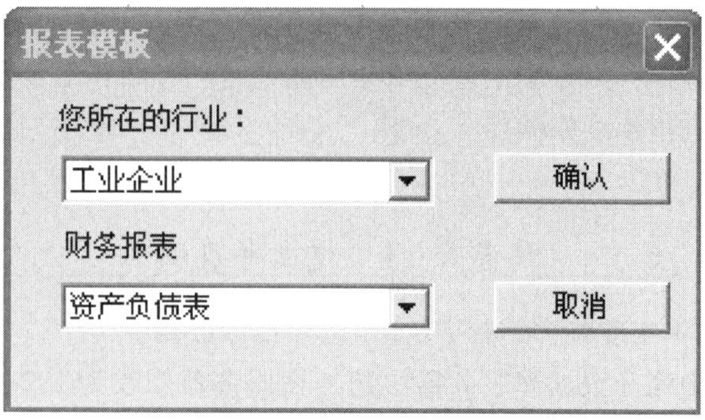

图 4－52 【报表模板】对话框

第四步：根据本实训案例，在其中选择所在行业为（2007 年新会计制度科目），财务报表为资产负债表。

第五步：选择“确定”，切换到“数据状态”下，点击【数据】→【关键字】→【录入】菜单项，在年、月、日中分别录入 2018、7、31，出现如图 4－53 所示。

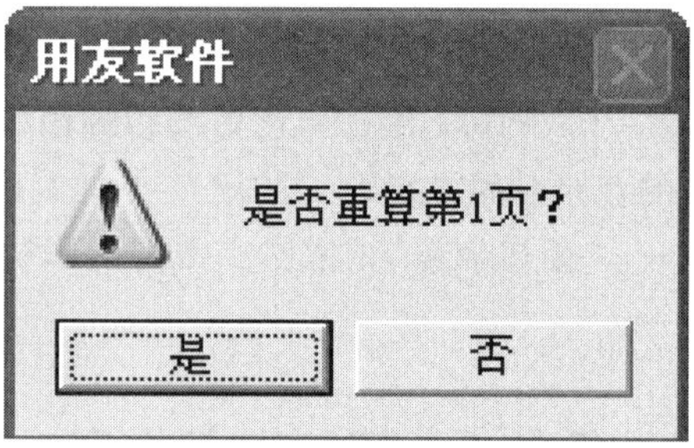

图 4－53 是否进行表页重算

第六步：选择“是”，进行第 1 页重算，然后生成 2018 年 7 月 31 日的资产负债表数据。

例 2：生成 2018 年 3 月的利润表数据。

第一步至第四步同例 1。

第五步：在格式状态下，执行【数据】→【关键字】→【取消】菜单项，将关键字中的“月”前面打上“√”。

第六步：在格式状态下，执行【数据】→【关键字】→【设置】菜单项，将“月”设为关键字。

第七步：将利润表中公式里面的会计期间更改为“月”。

第八步：切换到“数据状态”下，点击【数据】→【关键字】→【录入】菜单项，在年、月中分别录入 2018、3，然后进行第一张表页重算，即可生成 2018 年 3 月的利润表数据。

任务 7 整理会计资料

任务描述：

到了月末，需要将相应会计资料如凭证、报表、纳税申报表等进行装订成册。装订前，需打印1个月凭证、总账，打印1个月度的报表：资产负债表、利润表、财务预算表、财务分析表、增值税及所得税申报表等。

工作流程：

整理会计资料流程如图4－54所示。

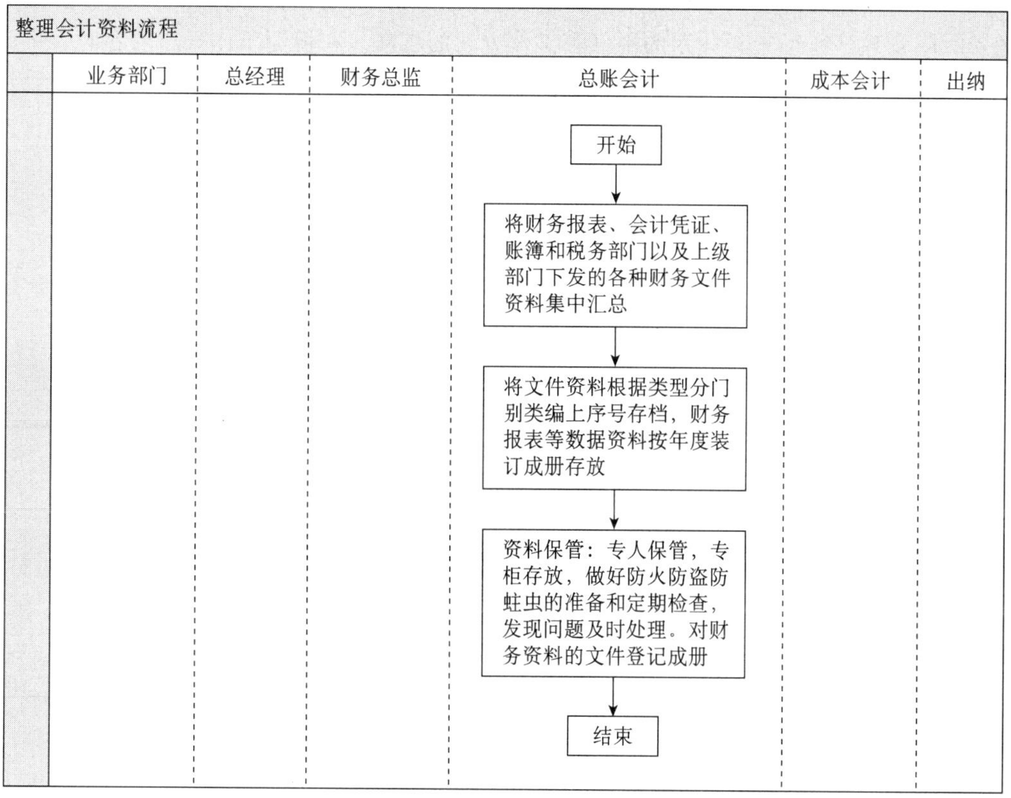

图4－54　整理会计资料

任务实施：

任务7－1　收集、整理会计资料

第一步：将财务报表、会计凭证、账簿和税务部门以及上级部门下发的各种财务文件资料集中汇总、打印。

第二步：形成的会计档案，都应由财务会计部门按照归档的要求，负责整理立卷或装订成册后，交由多专业综合实训基地管委会进行保管。

任务7－2　保存会计档案注意事项

第一步：对会计档案管理要做好防磁、防火、防潮、防尘、防盗、防虫蛀、防霉烂和防鼠咬等工作。

第二步：采用磁盘、光盘等存储介质保存会计档案，要定期进行检查和复制，防止由于介质损坏而使会计档案丢失。

第三步：各种会计资料，未经相应审批手续，不得外借和拿出单位。

任务8　填写工作日志

任务描述：

通过填写工作日志，回顾自己的工作得失，有利于督促工作目标的实现，帮助加强自我管理和时间管理，有助于新计划的制订和工作方式的创新。在填写工作日志内容时，可以从以下方面着手：实习期间的工作主要内容概述，遇到的问题，解决的办法，有何收获以及其他。切忌流水账。

4.5.7　我是出纳员

4.5.7.1　我的工作职责

作为企业的出纳员，我的工作职责如下：

（1）办理银行开户。

（2）办理现金和银行收付业务。

（3）支票管理。

（4）启用、登记现金和银行存款日记账。

（5）进行对账。

（6）编制资金报表。

（7）保管库存现金和相关印章。

4.5.7.2　我的工作条件

计算机、用友 U872 财务软件、Office 办公软件、装订机、计算器、回形针、双色印台、文件夹、夹子、现金收讫章、现金付讫章和相关单据等。

4.5.7.3　我的工作任务

出纳员工作任务书如表 4 - 50 所示。

表 4 - 50　出纳员工作任务书

序号	工作任务	第 1 期	第 2 期	第 3 期	第 4 期	第 5 期	第 6 期
1	银行开户						
2	启用日记账						
3	购买支票、发票						
4	支票管理						
5	提现						
6	现金管理						
7	银行付款业务						
8	银行收款业务						

续表

序号	工作任务	第1期	第2期	第3期	第4期	第5期	第6期
9	办理银行贷款						
10	发放薪酬						
11	资金报表						
12	印章管理						
13	档案管理						
14	填写工作日志						

注：每项任务完成后在对应的框内打“√”。

任务1 银行开户

任务描述：

在实训中，企业在进行注册时，需要在银行开立基本存款账户。

任务实施：

基本存款账户的开立。

企业在领取营业执照并刻制公章之后，即可到银行办理开户手续，开立银行结算账户。根据人民银行关于结算账户管理的有关规定，每个企业仅可开立一个基本账户，用以提取现金及日常结算支付等，并可根据经营业务的需要，再开立其他的一般账户。

开立账户需要准备的资料：营业执照正副本、法定代表人身份证原件、经办人身份证（如果是代办，需要提供代办人的身份证）；还需带公章、财务专用章及预留法人名章。

系统操作如下：

第一步：向银行发送开户申请。

第二步：到银行柜台递交纸质的开户申请书及银行开户需要的相关材料。

第三步：填写印鉴卡片，并预留银行印鉴。

第四步：支付手续费。

第五步：待银行审批，通过后，将收到银行发的基本账户卡和手续费发票。

第六步：填写日记账。

任务2 启用日记账

任务描述：

现金日记账是用来逐日反映库存现金的收入、付出及结余情况的特种日记账。它是由企业出纳人员根据审核无误的现金收、付款凭证和从银行提现的银付凭证逐笔进行登记的。为了确保账簿的安全、完整，现金日记账必须采用订本式账簿。

任务实施：

第一步：启用日记账时，应填写“账簿启用及接交表”，按实际启用时间填制启用日期，加盖企业财务专用章，并在启用表的贴印花税处粘贴印花税票，并在票体上划线以示完税凭证。

第二步：设置日记账时，应在日期栏、摘要栏、金额栏，依次填列启用日期、“期初余额”字样，期初的金额。

现　金　日　记　账

年		凭证编号	摘要	对方科目编码	借方										√	贷方										√	余额									
月	日				千	百	十	万	千	百	十	元	角	分		千	百	十	万	千	百	十	元	角	分		千	百	十	万	千	百	十	元	角	分

图 4－55　现金日记账

银行存款日记账

年		凭证编号	结算方式		摘要	借方									√	贷方									√	余额								
月	日		类	号码		百	十	万	千	百	十	元	角	分		百	十	万	千	百	十	元	角	分		百	十	万	千	百	十	元	角	分

图 4－56　银行存款日记账

任务 3　购买支票、发票

任务描述：

企业办理了税务登记后，即具有领购普通发票的资格，认定为增值税一般纳税人的，可以领购增值税专用发票，企业可以根据经营需要向主管税务机关提出领购普通发票的申请，主管税务机关接到申请后，应根据企业的生产经营等情况，确认纳税人使用发票的种类、联次、版面金额及购票数量。

为了加强支票管理，缩小现金流通范围，简化结算手续，提高工作效率，保证资金安全有效运行，根据《中华人民共和国票据法》，企业应使用支票结算。

任务实施：

(1) 发票领购。

①提供的资料：税务登记证副本、发票领购申请表、财务专用章或发票专用章印模、经办人的身份证件。

②领购方式：批量供应、交旧购新、验旧购新。

多专业课程中，由于作为纳税人的企业大多都是财务制度健全、有一定经营规模的纳税人，所以采取批量供应的领购方式，即根据纳税人业务量大小，确定一定时间的购买量。

企业领购发票流程详见税务机关业务办理流程。

(2) 支票领购步骤。

第一步：填一份空白凭证购买单，盖上企业预留银行印鉴。

第二步：带上企业基本存款账户的开户许可证和企业经办人身份证，并向银行交纳工本费。

第三步：完成支票购买。

【附】制造企业开户申请书填写范例（见图4－57）。

教学专用

川财院模拟银行空白凭证购买单

系统时间　年　月　日

户名　单位名称　　　账号　单位银行账号　　　凭证号码　银行自行编号

凭证种类		单位	数量	单价	工本费					手续费					合计金额					
名称	起讫号码				百	十	元	角	分	百	十	元	角	分	千	百	十	元	角	分
转账支票	支票号码	本	1		3	0	0	0	0											
现金支票	支票号码	本	1		2	0	0	0	0											
上列款项请从我账户内支付		合计													¥	5	0	0	0	0

付款人盖章　企业财务章

人民币（大写）　伍佰圆整

科目（借）________　对方科目（贷）________

复核 营业部主任　经办 综合柜员

图4－57　支票购买单

任务4　支票管理

任务描述：

支票是出票人签发，委托办理支票存款业务的银行或者其他金融机构在见票时无条件支付确定的金额给收款人或持票人的票据。

任务实施：

（1）支票的领用。

①业务人员领用支票时，必须填写“支票领用审批单”，写明经办人、用途、预计金额、支票号码、日期，经部门负责人或副总经理签字，并由财务总监审核后，由总经理审批同意后办理领用手续。

②出纳必须凭盖有制单会计人员印章的会计凭证才能签发支票，并按照要求填上日期、大小写金额、收款人、用途等。不得签发空白支票、空头支票、远期支票；不准签发印鉴不全、印鉴不符的支票；不准签发与付款凭证实际内容、实际金额不符的支票；否则，由此而造成的企业损失全部由签发人承担。

③建立严格的支票领用、注销手续，出纳凭审批单签发银行支票时，必须在小写金额栏恰当币位写上“￥”，同时要求领用人在支票使用簿上签字，登记银行支票号码、用途、领用日期，但不得签发空白现金支票。支票领用登记簿如图4－58所示。

支　票　登　记　簿

教学专用

年		支票号码	用途	金额										经办人	收回日期	备注
月	日			千	百	十	万	千	百	十	元	角	分			

图 4－58　支票登记簿

（2）支票的使用。

①支票签发后，经办人员要及时与对方办理结算手续，并将手续齐全的发票或收据及支票存根交回财务部门入账。

②经办人员领用支票后，必须在 7 日内报销清账，不得转借他人使用，因特殊原因不能在规定期限内报账的，应主动向财务人员说明原因，限定报账时间。

③支票用于转账的必须在支票左上角画两条斜线。

④各种预付款、保证金等，一律凭相关合同和付款审批单办理，付款审批单应附入付款凭证记账备查。

⑤付款审批单由业务人员或经办人负责办理报批，会计人员对一切审批手续不完全的资金使用事项，都有权且必须拒绝办理。

（3）支票的保管

①支票领用后，因填写错误或因故未用造成支票作废的，应及时将该支票交回，与原票头粘贴在一起并加盖“作废”章，在“支票领用登记簿”的该号码支票后注明“作废”字样予以注销。

②支票的使用必须做到随签发、随盖章，不得事先盖章备用。

③领取的支票必须妥善保管，不得随意乱放，因发生支票丢失而使企业财产遭受损失的，将直接追究责任人的责任。

④支票经管人员一旦发现支票丢失或被盗，要立即向企业领导报告，同时积极查找，并迅速办理挂失手续或向公安部门报案。

⑤会计人员应及时正确地记载各项经济业务，掌握银行存款余额，合理控制资金使用，定期与银行核对，如有未达账项，应编制银行存款余额调节表，发现问题及时解决。

⑥严禁将支票出租、出借或转让其他企业或个人使用，严禁将支票作抵押。

⑦加强支票、印鉴管理，实行内部牵制和审核。原则上，支票和印鉴不能一人同时保

管。支票和印鉴要妥善保管，严防遗失或被盗而造成重大经济损失。

任务5 提　　现

任务描述：

各企业需要用现金发放工资或者其库存现金小于库存现金定额面需要用现金补足时，除了按规定可以用非业务性现金收入补充以及国家规定可以坐支者外，均应按规定从银行提取现金。

任务实施：

各企业从银行提取现金的程序包括：

第一步：签发现金支票。

现金支票是银行的存款人签发给收款人办理结算或委托开户银行将款项直接支付给收款人的一种票据（见图4－59）。出纳员应认真填写支票的有关内容，如支票号码、密码号码、签发日期、开户银行名称、签发企业账号、收款人名称、取款金额、取款用途，并加盖印章。与一般签发现金支票不同，企业向银行提取现金，其收款人和签发人都是本企业。

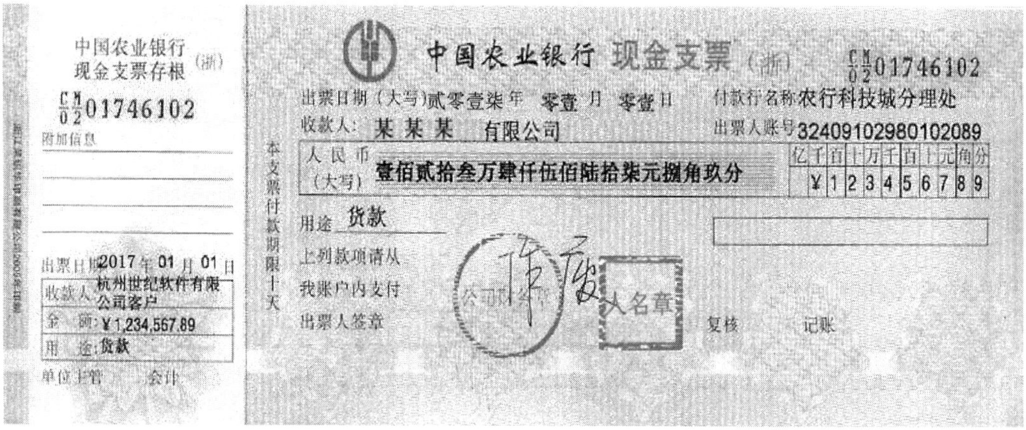
中国农业银行 现金支票存根（浙）
CM 02 01746102
附加信息
出票日期 2017年01月01日
收款人：杭州世纪软件有限公司客户
金额：¥1,234,567.89
用途：货款
单位主管 会计

中国农业银行 现金支票（浙） CM 02 01746102
出票日期（大写）贰零壹柒年 零壹 月 零壹 日 付款行名称：农行科技城分理处
收款人：某某某 有限公司 出票人账号：32409102980102089
人民币（大写）壹佰贰拾叁万肆仟伍佰陆拾柒元捌角玖分 ¥123456789
本支票付款期限十天
用途：货款
上列款项请从我账户内支付
出票人签章 人名章
复核 记账

图4－59 现金支票

签发支票时，有以下具体要求：

（1）必须使用墨汁或碳素墨水填写，支票上各项内容要填写齐全，数字要标准，大小写金额要一致。

（2）签发日期应填写实际出票日期，支票正联出票日期必须使用中文大写，支票存根部分出票日期可以用阿拉伯数字书写。在支票正联用大写填写出票日期时，为防止变造支票的出票日期，在填写月、日时候应注意：月为壹、贰和壹拾，日为壹至玖和壹拾、贰拾和叁拾的，应在其前加“零”；日为壹拾至壹拾玖的，应在前加“壹”。例如，2017年2月10日，应写成“贰零壹柒年零贰月壹拾日”。

（3）大写金额应紧接“人民币”书写，不得留有空白，以防加填；阿拉伯小写金额数字前面，应填写人民币符号“¥”。

（4）对填写错误的支票，必须加盖“作废”戳记，与存根一并保管。

（5）签章处按预留银行印鉴分别签章，不能缺漏。转账支票需在正面盖企业财务章和法人印章。现金支票在正反两面加盖企业财务章和法人印章，在背面还要填写取款人的身份证号码和姓名。

第二步：取款。

各企业取款人持出纳员签发的现金支票到银行取款时，先将现金支票交给银行有关人员进行审核，审核无误后将支票交给经办本企业结算业务的银行经办出纳人员，等待取款，银行经办出纳人员对支票进行审核，核对密码，办理规定的付款手续，手续齐备后银行经办人员即照支票付款。

第三步：将现金支票存根交总账会计填写记账凭证。

第四步：根据财务总监审核后的记账凭证，登记现金日记账和银行存款日记账。

任务6　现金管理

任务描述：

现金管理包括员工借款、费用报销、现金支付。

工作流程：

现金支付业务流程如图4-60所示。

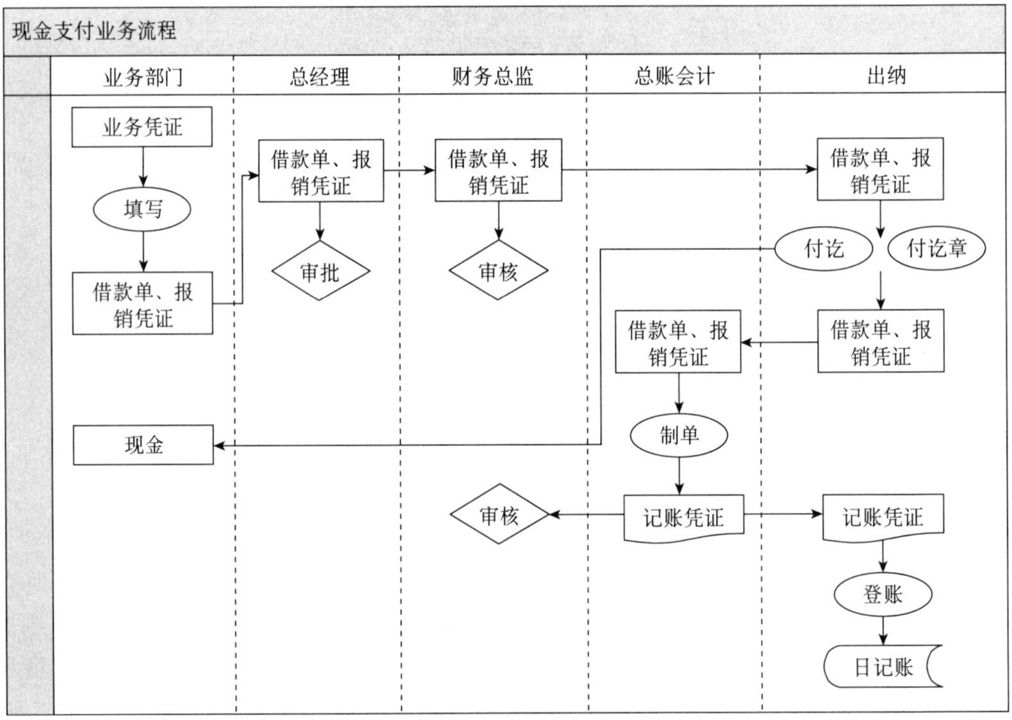

图4-60　现金支付业务流程

任务实施：

（1）根据稽核人员审核签章的收款凭证进行复核后，办理款项收取。

（2）各部门借款。

第一步：各部门借款人按借款限额填写“借款单”（见图4-61），并签名或盖章。

借　款　单

年　　月　　日

借款人部门	借款人签字	
借款金额	大写：	小写：
借款用途		
备　　注		

企业负责人：　　　　财务经理：　　　　部门负责人：

图4-61　借款单

第二步：交付总经理签署意见。

第三步：财务总监对借款人的借款需求进行审核。

第四步：借款人员根据签字手续齐全的“借款单”到财务部门办理借款，由出纳员支付现金或开具转账支票，并在相关原始凭证上加盖“现金付讫”戳记。

注意：职工借款必须按规定办理借款手续，并严格按限额借款，否则，财务部门不得付款。

第五步：将借款单等交总账会计填制记账凭证。

第六步：根据财务总监审核后的记账凭证登记现金日记账或银行存款日记账。

第七步：登账后将记账凭证交总账会计登记科目明细账。

（3）费用报销。

日常费用报销主要包括差旅费、交通费、电话费、办公费、低值易耗品及业务招待费、培训费、资料费等。

费用报销的一般流程：报销人整理报销单据并填写对应费用报销单→部门经理审核签字→财务部门复核→总经理审批→到出纳处报销。

第一步：出纳人员根据财务总监审核的报销单，再次审核票据的合法、合理及完整性。

第二步：报销人员将报销单及借款单交由总账会计填制的记账凭证。

第三步：出纳根据办理支付手续，并在报销单上加盖“现金付讫”章或冲抵借款单。

第四步：登记现金日记账。

任务7　办理转账付款业务

任务描述：

企业在运营过程中，需购买固定资产、生产线、原材料、设备维护费用、研发费用、市场开拓及维护等相关费用，在进行此类费用的支付时，需签发转账支票，企业到开户银行或将转账支票交给收款人到开户银行办理支付款项手续。转账支票只能用于转账，不能用于提取现金。

工作流程：

转账支票业务流程如图4-62所示。

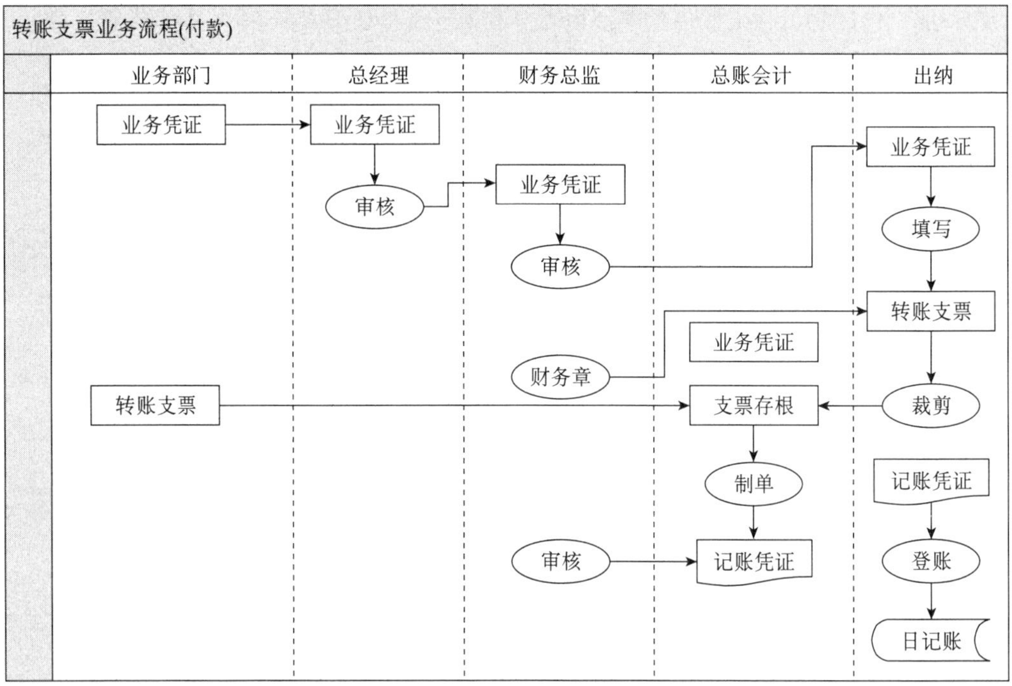

图 4－62　转账支票业务流程（付款）

任务实施：

分为两种情况，一是正送转账支票付款业务；二是倒送支票付款业务。

情况一：正送转账支票付款业务。

主要指签发转账支票的企业直接将转账支票交由收款企业。

第一步：出纳根据有关领导审批的支票付款申请和购货发票，签发转账支票（见图4－63）。

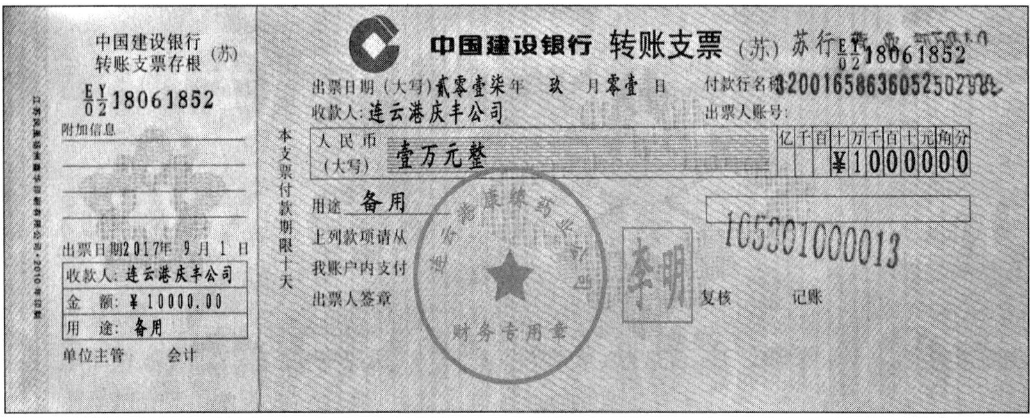

图 4－63　转账支票

第二步：出纳将转账支票交给本企业银行预留印鉴保管人员，印鉴保管人员对审核无误后的支票正面加盖银行预留印鉴。

第三步：出纳将转账支票的存根撕下，连同购货发票等递给总账会计，总账会计核对购货发票与支票相关项目内容，审核无误后据以编制银行存款付款凭证。

第四步：财务总监审核记账凭证及所附原始凭证并在审核栏签章。

第五步：出纳对上述凭证进行再审核，然后将支票的正联交给收款企业，在购货发票上加盖“付讫”章，并登记“支票签发登记簿”，由经办人和批准人签章。

第六步：登记“支票签发登记簿”，并根据付款凭证登记银行存款日记账，然后在付款凭证出纳栏签章。

情况二：倒送支票付款业务。

主要针对付款企业将转账支票交由开户银行，委托其将款项划拨给收款人。

第一步：出纳根据有关领导审批的支票付款申请和购货发票，签发转账支票。

第二步：出纳将转账支票交给本企业银行预留印鉴保管人员，印鉴保管人员对审核无误后的支票正面加盖银行预留印鉴。

与正送情况不同的是，除在支票正面加盖银行预留印鉴外，还需在支票背面“背书人签章”处加盖预留印鉴，并填写日期。

第三步：出纳将转账支票的存根撕下，连同购货发票等递给总账会计，总账会计核对购货发票与支票相关项目内容，审核无误后据以编制银行存款付款凭证。

第四步：财务总监审核记账凭证及所附原始凭证并在审核栏签章。

第五步：出纳对上述付款凭证进行再审核，无误后根据支票填制一式三联的“进账单”，将进账单和支票正联送开户银行提示付款。

持票人填写银行进账单时，必须清楚地填写票据种类、票据张数、收款人名称、收款人开户银行及账号、付款人名称、付款人开户银行及账号、票据金额等栏目，并连同相关票据一并交给银行经办人员。对于二联式银行进账单，银行受理后，银行应在第一联上加盖转讫章并退给持票人，持票人凭此记账（见图4－64）。

川财院模拟 银行 进账单（回单） 1

系统时间 年 月 日

<table>
<tr><td rowspan="3">出票人</td><td>全称</td><td colspan="3">出票单位名称</td><td rowspan="3">收款人</td><td colspan="3">全称</td><td colspan="8">收款单位名称</td></tr>
<tr><td>账号</td><td colspan="3">出票单位账号</td><td colspan="3">账号</td><td colspan="8">收款单位账号</td></tr>
<tr><td>开户银行</td><td colspan="3">川财院模拟银行</td><td colspan="3">开户银行</td><td colspan="8">川财院模拟银行</td></tr>
<tr><td rowspan="2">金额</td><td colspan="5" rowspan="2">人民币（大写）伍万元整</td><td>亿</td><td>千</td><td>百</td><td>十</td><td>万</td><td>千</td><td>百</td><td>十</td><td>元</td><td>角</td><td>分</td></tr>
<tr><td></td><td></td><td></td><td>¥</td><td>5</td><td>0</td><td>0</td><td>0</td><td>0</td><td>0</td><td>0</td></tr>
<tr><td colspan="2">票据种类</td><td>转账支票</td><td>票据张数</td><td colspan="2">1张</td><td colspan="11" rowspan="3">开户行签章</td></tr>
<tr><td colspan="2">票据号码</td><td colspan="4">转账支票号码</td></tr>
<tr><td colspan="2">备注：</td><td colspan="4"></td></tr>
</table>

此联是开户银行交给持（出）票人的回单

图4－64 银行进账单

第六步：根据银行返还已加盖“受理凭证专用章”进账单的第一联，出纳在购货发票上加盖“付讫”章，并交总账会计作为付款凭证的原始凭证。

第七步：登记“支票签发登记簿”，由经办人和批准人签章。并根据付款凭证登记银行存款日记账，然后在付款凭证出纳栏签章。

任务 8　银行收款业务

任务描述：

企业在运营过程中，会收到客户送来的转账支票，企业应在收到支票时到银行办理收款。收款业务有两种情况：正送转账支票收款业务和倒送情况下转账支票收款。

工作流程：

转账支票业务流程如图 4－65 所示。

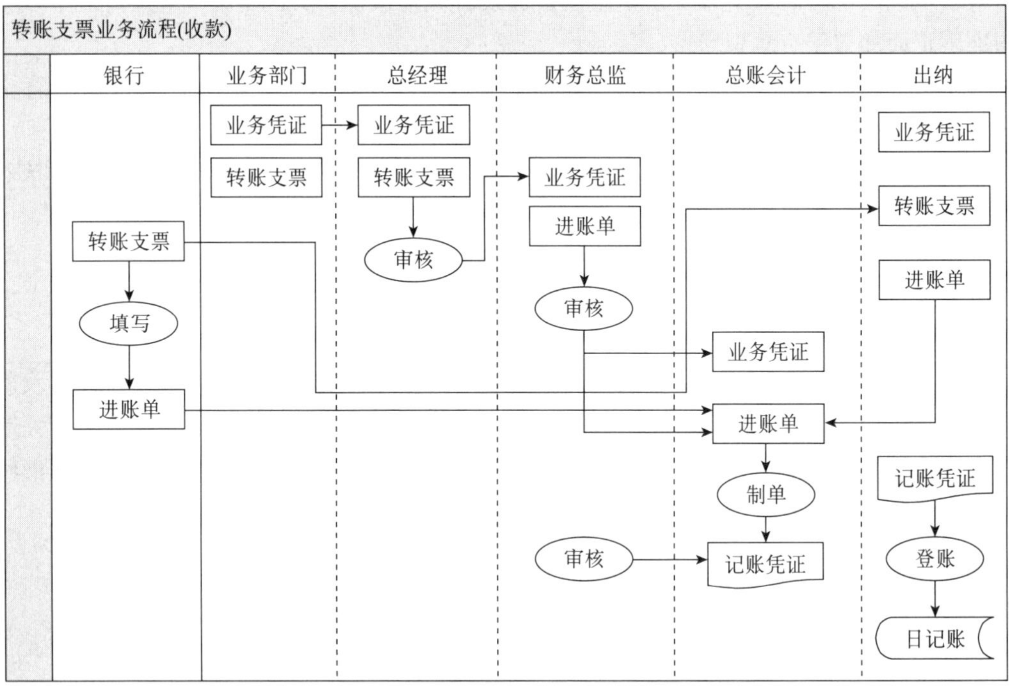

图 4－65　转账支票业务流程（收款）

任务实施：

分为两种情况：一是正送转账支票收款业务；二是倒送情况下转账支票收款业务。

第一种情况：正送转账支票收款业务，主要指直接收到付款企业签发转账支票。

第一步：出纳收到已由财务总监审核的销售发票和转账支票，进行再审核。

为避免收到假支票或无效支票，对转账支票的审核应从以下几个方面进行：

（1）支票应记载事项是否齐全。

（2）支票要素是否按规范的要求填写清楚、齐全，尤其注意出票日期是否为大写，大小写金额填写是否正确，两者是否相符。

（3）票面有无污损、涂改的地方。

（4）是否在签发企业盖章处加盖企业银行预留印鉴。

（5）支票收款企业是否为本企业。

（6）支票是否在付款期内。

（7）有密码的支票密码是否填列。

（8）背书转让的支票其背书是否正确、连续。

第二步：审核无误后，出纳应在支票背面做委托收款背书，委托本企业开户银行收款。

出纳将支票交财务总监，由其审核后在支票背面“背书人签章”栏加盖财务专用章，同时，加盖法人名章，出纳人员在支票背面记载“委托收款”字样并填写背书日期，在被背书人栏记载开户银行名称（见图4－66）。出纳人员还需要根据支票填写一式三联的进账单。

图4－66　支票背面

川财院模拟　　银行　　进账单（回单）　　1

系统时间　　年　月　日

出票人	全　称	出票单位名称		收款人	全　称	收款单位名称									
	账　号	出票单位账号			账　号	收款单位账号									
	开户银行	川财院模拟银行			开户银行	川财院模拟银行									
金额	人民币（大写）伍万元整				亿	千	百	十	万	千	百	十	元	角	分
								¥	5	0	0	0	0	0	0
票据种类	转账支票	票据张数	1张	开户行签章											
票据号码	转账支票号码														
备注：															

此联是开户银行交给持（出）票人的回单

图4－67　银行进账单

第三步：出纳将支票和进账单一起送其开户银行，办理转账手续。银行审核签章后，退回进账单第一联（见图4－67）。收到银行签章退回的第一联，表示已办妥手续，其开户银行接受委托同意向付款人收取款项。

第四步：出纳收到开户银行签章后退回的进账单第三联收账通知，将收账通知和销售发票传递给总账会计，审核无误后据以编制银行存款收款凭证。

第五步：财务总监审核记账凭证及所附原始凭证并在审核栏签章。

第六步：出纳对上述收款凭证再审核并签章，在销售发票上加盖“收讫”章，并登记银行存款日记账。

第二种情况：倒送情况下转账支票收款业务。

支票采用倒送方式进行结算，作为收款方需根据付款方提供的“进账单”收账通知单（第三联）办理收款手续。

第一步：出纳收到开户银行签章后退回的进账单第三联收账通知，将收账通知和销货发票核对。

第二步：核对无误后，将发票和进账单收账通知传递给总账会计，审核无误后据以编制银行存款收款凭证。

第三步：财务总监审核记账凭证及所附原始凭证并在审核栏签章。

第四步：出纳对上述收款凭证再审核并签章，在销售发票上加盖“收讫”章，并登记银行存款日记账。

任务9　办理银行贷款

任务描述：

银行贷款是指银行根据国家政策以一定的利率将资金贷放给资金需要者，并约定期限归还的一种经济行为。企业在运营过程中，若出现资金短缺，可向银行申请贷款。

任务实施：

第一步：企业提出贷款申请书，并向银行提供纸质的《贷款申请书》。

第二步：银行负责贷款的信贷专员按照银行借款原则，对申请企业贷款用途、企业的经营状况和发展前景以及企业还本付息的能力进行审查，并填写调查报告。

第三步：企业与银行签订抵押合同、贷款合同。

第四步：出纳填写《银行贷款付款凭证》交给银行综合柜员。

第五步：取得银行发放的贷款。

第六步：出纳根据付款凭证的回单联等有关单证交由总账会计编制记账凭证。

第七步：出纳根据审核无误的记账凭证登记银行存款日记账。

任务10　发放薪酬

任务描述：

职工薪酬是指企业为获得职工提供的服务而给予各种形式的报酬以及其他相关支出，包括职工在职期间和离职后提供给职工的全部货币性薪酬和非货币性福利。企业提供给职工配偶、子女或其他被赡养人的福利等，也属于职工薪酬。

根据《企业会计准则第9号——职工薪酬》，职工薪酬包括：

（1）职工工资、奖金、津贴和补贴。

（2）职工福利费。
（3）医疗保险费、养老保险费、失业保险费、工伤保险费和生育保险费等社会保险费。
（4）住房公积金。
（5）工会经费和职工教育经费。
（6）非货币性福利。
（7）因解除与职工的劳动关系给予的补偿。
（8）其他与获得职工提供的服务相关的支出。

任务实施：

第一步：人力资源部经理申请发放工资，并填写《职工薪酬发放表》。
第二步：财务总监审核《职工薪酬发放表》，并签字。
第三步：总经理审核《职工薪酬发放表》，并签字。
第四步：核对无误，财务总监在《职工薪酬发放表》上盖财务专用章。
第五步：与银行签代发工资协议。
第六步：企业将每月的职工薪酬发放表交给银行。
第七步：银行根据工资信息将实发工资的金额从基本户转入临时的代发工资户。
第八步：在规定期限银行将代发工资户中的金额分别转入员工个人的工资卡。
第九步：每月银行出具支付凭据给企业。
第十步：出纳将单据交总账会计编制记账凭证。
第十一步：总账会计根据《职工薪酬发放表》等单据编制记账凭证。
第十二步：出纳登记银行存款日记账。

【任务拓展】

企业应当在职工为其提供服务的会计期间，将应付的职工薪酬确认为负债，除因解除与职工的劳动关系给予的补偿外，应当根据职工提供服务的受益对象，分别下列情况处理：

（1）计入成本的职工薪酬支出。对于应由生产产品、提供劳务负担的职工薪酬，应计入相关成本。一般来说，从事生产经营和劳务服务人员的薪酬部分，应计入产品成本或劳务成本。

（2）计入资产价值的职工薪酬支出。对于应由在建工程、无形资产负担的职工薪酬，应计入建造固定资产或无形资产成本。

（3）计入费用的各种保险费用及住房公积金。企业为职工缴纳的医疗保险费、养老保险费、失业保险费、工伤保险费、生育保险费等社会保险费和住房公积金，应当在职工为其提供服务的会计期间，根据工资总额的一定比例计算，并确认为当期费用。

任务11　资金报表

任务描述：

会计期末，出纳应根据企业实际情况进行现金盘点、银行对账和期末结账。

工作流程：

现金清查流程如图4－68所示。

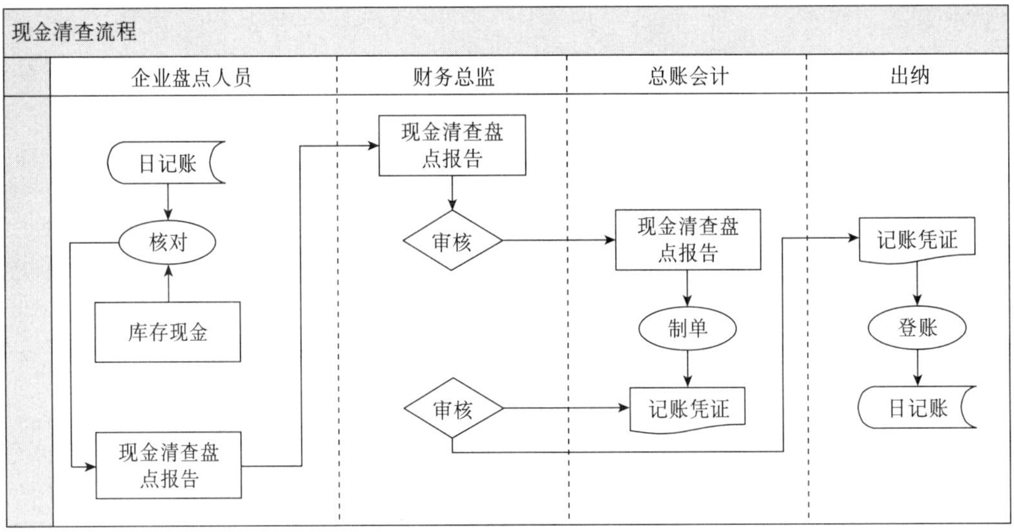

图 4－68 现金清查流程

任务实施：

（1）现金盘点。

第一步：清点现金。

企业盘点人员应将出纳保险柜中现金按不同金额、币种分别清点整理。

第二步：填写现金盘点报告单。

企业盘点人员应按照实际清点的现金数量和币别填制现金盘点报告单。填写完毕后，需要经出纳（保管人员）、盘点人（一般为总账会计）和监盘人（一般为财务总监）对盘点结果予以确认，确认无误后签字（见图 4－69）。

库存现金清查盘点报告

单位名称：　　　　　　　　年　　月　　日　　　　　　　　金额单位：

实存金额	账面余额	盘盈金额	盘亏金额	备　　注

现金出纳：　　　　　　　　监盘人：　　　　　　　　制表人：

图 4－69 库存现金清查盘点报告

第三步：提出处理意见，依次经财务总监，总经理审批。

第四步：出纳将盘点报告和处理意见交由总账会计编制盘亏或盘盈的记账凭证。

第五步：盘点差异处理。

第六步：总账会计对差异处理结果编制记账凭证。

第七步：出纳登记现金日记账。

（2）银行对账（本任务可由出纳代为完成）。

银行定期开出的“银行存款对账单”是银行对本企业在银行的存款进行序时核算的账簿记录的复制件，所以与“银行存款对账单”进行核对，实际上是与银行进行账簿记录的核对。

第一步：核对对账单。

理论上讲，企业银行存款日记账的记录与银行开出的“银行存款对账单”无论是发生额，还是期末余额都应该完全一致，因为它们是对同一账号存款的记录。但是通过核对，我们会发现双方的账目经常出现不一致的情况。原因有：一是有“未达账项”；二是双方账目可能发生记录错误。

无论是“未达账项”，还是双方账目记录有误，都要通过企业银行存款日记账的记录与银行开出的“银行存款对账单”进行逐笔“勾对”才能发现。

具体做法：企业把“银行存款日记账”中的借方和贷方的每笔记录分别与“银行存款对账单”中的贷方和借方的每笔记录从凭证种类、编号、摘要内容、记账方向和金额等方面进行逐笔核对。经核对相符时，分别在各自有关数额旁边划“√”以作标记。在双方账单中没有划“√”标记的，不是“未达账项”就是双方账目记录的错误。

对于已查出的错账、漏账，有过错的一方应及时加以更正。但是为了对账方便，银行记录错误时，可暂由企业出纳在“银行存款对账单”中作假设性更正，事后再与银行联系，由银行更正其账目；对于“未达账项”，则应编制余额调节表加以调节，以便切实查清双方账目是否相符，查明企业银行存款的实有数额。需要注意的是，通过编制余额调节表来调整余额数字，达到查清账目的目的，并不是按照查对到的情况直接记账，账簿记录要依据日后凭证到达后处理。

第二步：编制银行存款余额调节表（见表4－51）。

银行存款余额调节表，是在银行对账单余额与企业账面余额的基础上，各自加上对方已收、本企业未收账项数额，减去对方已付、本企业未付账项数额，以调整双方余额使其一致的一种调节方法。

表4－51　　银行存款余额调节表

开户行及账号：

编制企业：　　　　　　　　　　金额单位：元

项目	金额	项目	金额
企业银行存款日记账余额		银行对账单余额	
加：银行已收、企业未收款		加：企业已收、银行未收款	
减：银行已付、企业未付款		减：企业已付、银行未付款	
调节后的存款余额		调节后的存款余额	

主管：　　　　　　会计：　　　　　　出纳：

通过核对调节，“银行存款余额调节表”上的双方余额相等，一般可以说明双方记账没有差错。如果经调节仍不相等，要么是未达账项未全部查出，要么是一方或双方记账出现差错，需要进一步采用对账方法查明原因，加以更正。调节相等后的银行存款余额是当日可以动用的银行存款实有数。对于银行已经划账，而企业尚未入账的未达账项，要待银行结算凭证到达后，才能据以入账，不能以“银行存款调节表”作为记账依据。

（3）期末结账。

日记账应做到日清月结，每日应对本日发生额进行小计。具体操作：本日业务完成后在摘要栏注明“本日小计”，并计算出借方发生额和贷方发生额以及余额，若本日只有一笔业务时可不用小计但应结出本日的余额。小计一栏不需要红线表示。

本月合计划线：在月末最后一笔账下，按照账本的线条，画上一条通栏红线。

本年累计划线：在本年累计的上、下栏线条上，画上通栏红线，正好两条红线是将本年累计夹在中间的。

库存现金、银行存款明细账如图 4－70 所示。

日期	摘要	借方	贷方	方向	余额	
2017. 11. 6		100		借	100	
2017. 11. 6		200		借	300	日结
2017. 11. 6			100	借	200	
2017. 11. 6	本日小计	300	100	借	200	
***	***	***	***	***	***	月结
2017. 11. 30	本月合计	300	100	借	200	
2017. 12. 7		500		借	700	
2017. 12. 20			300	借	400	
2017. 12. 31	本月合计	500	300	借	400	年结
2017. 12. 31	本年累计	800	400	借	400	
	结转下年					

图 4－70 库存现金、银行存款明细账

任务 12 印章管理

任务描述：

出纳需对使用的印章妥善保管。

任务实施：

一般情况下，现金和银行收讫、现金和银行付讫由出纳保管。

出纳使用的印章必须妥善保管，严格按照规定的用途使用，不得将印章随意存放或带出工作企业。用于签发支票的各种预留银行印鉴不能由出纳一人保管，一般应由主管会计人员或其他指定人员保管，各种印章的保管应与现金的管理相同，以防违法乱纪人员有机可乘，给国家和企业造成不必要的经济损失。

支票印鉴一般应由会计主管人员或指定专业人员保管，支票和印鉴必须由两人分别保管。负责保管的人员不得将印章随意存放或带出工作企业。各种印章应与现金的保管相同，不得随意放入抽屉内保管，这样极易使违法违纪人员有机可乘，给国家和企业造成不必要的经济损失。

任务13　档案管理

任务描述：

出纳需对相关的资料和凭证进行整理。

任务实施：

（1）装订前的整理。

（2）出纳档案的保存。

①整理和保管有关凭证。出纳记账所依据的原始凭证及记账凭证，在出纳记账后，要传递给总账会计，在年终归档前由总账会计进行整理和保存。

②调阅出纳资料。出纳保存的核算资料，按规定不能外借，若有特殊情况需要调阅，必须报经上级主管部门批准，并应登记、签字、限期归还。调阅的出纳资料不能拆散原卷册。

4.5.8　我是外勤会计

4.5.8.1　我的工作职责

作为企业的外勤会计，我的工作职责如下：

（1）负责办理营业执照。

（2）负责公司客户关系管理，为客户解答财务、税务等方面的事情。

（3）负责纳税申报工作及办理。

（4）负责开具发票。

（5）负责公司交办的其他业务。

4.5.8.2　我的工作条件

完成工作需要配备计算机、打印机（建议使用激光打印机）、正版用友U8财务软件、计算器、Office办公软件、回形针、文件夹、夹子、金税系统和相关单据等用品用具和办公自动化软件。

4.5.8.3　我的工作任务

外勤会计工作任务书如表4-52所示。

表4-52　外勤会计工作任务书

序号	工作任务	第1期	第2期	第3期	第4期	第5期	第6期
1	工商注册登记						
2	纳税申报						
3	开具增值税专用发票						
4	填写工作日志						

注：①每项任务完成后在对应的框内打“√”。

②其他任务参照各章节。

任务1　开具增值税专用发票

任务描述：

根据业务部门出具的开票通知开具增值税专用发票。

任务实施：

（1）销售人员根据具体业务填写开票通知单（该单据一式两份，在本公司财务部领取），如图4－71所示。

（2）填好后将红色“财务部记账联”交由本公司外勤会计开具增值税专用发票。

（3）销售人员将发票等单据交给采购公司并以此为凭据要求回款。

________有限公司

开启发票通知单　　　　编号：

购货单位					开票时间	
详细地址					开票种类	
税　　号					付款方式	
开 户 行					经 办 人	
账　　号					单位负责人	
电　　话					财务负责人	
货物或应税劳务名称	规格型号	单位	数量	含税单价	金　额	发票号码
合计						

注：开票应附产品销售（加工）合同或协议，产品发货单或材料售料单。

图4－71　开票通知单

第 5 章　走进会计师事务所

会计师事务所是依法独立承担注册会计师业务的中介服务机构，是由有一定会计专业水平、经考核取得注册会计师资格证书的注册会计师组成的、受当事人委托承办有关审计、会计咨询、税务等业务的组织。会计师事务所是连接政府和企业的桥梁，所有者和经营者之间的纽带，它独立于政府和企业之外，不以盈利为首要目标，是具有法定社会职能的第三人。

5.1 工作职责

5.1.1　审计业务

（1）年度会计报表审计、财务收支审计。

（2）厂长（经理）经济责任审计、承包经营者责任审计。

（3）企业解散、合并、破产审计、经济效益审计。

（4）专项经济项目审计、银行贷款审计。

（5）基建工程预、决算审计。

（6）其他专题审计。

5.1.2　税务代理业务

（1）代理各税纳税申报。

（2）审验各税核算和汇算。

（3）代理废业、变更税务清算。

（4）代理税务登记、发票领结。

（5）制作涉税文书。

5.1.3 管理咨询业务

（1）担任会计、税务顾问。
（2）财税业务咨询。
（3）受托建账建制。
（4）资本运营咨询。
（5）可行性研究调查。
（6）其他管理业务咨询。

5.1.4 财税业务培训

（1）财务会计制度培训。
（2）税务政策、法规培训。
（3）会计核算业务培训。

5.1.5 资产评估

（1）资产转让评估。
（2）企业联营、合并、转制、分设资产评估。
（3）中外合资、合作资产评估。
（4）企业清算资产评估。
（5）资产抵押、担保资产评估。
（6）企业资产租赁资产评估。

5.2 岗位设置

一般来讲，会计师事务所会根据本企业的业务范围确定组织结构。会计师事务所组织结构如图 5－1 所示。

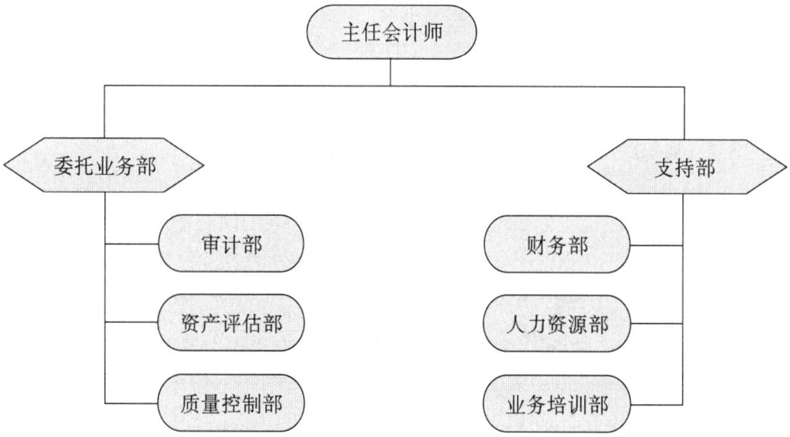

图 5－1　会计师事务所组织结构图

5.3 我是会计师事务所所长

5.3.1　我的工作职责

我是会计师事务所所长，同时也是事务所的主任会计师，我的工作职责是负责会计师事务所的全面日常经营管理工作，具体工作职责如下：

（1）负责会计师事务所的筹建工作。

（2）全面负责会计师事务所的经营方针、政策的制定与执行。

（3）负责监督执行会计师事务所的各项业务。

（4）负责审计人员的聘用、培养、管理与考核。

（5）负责与其他部门的沟通、协调工作。

（6）组织制定并实施事务所的执业操作规程、质量监管、人事、财务等内部管理制度。

（7）签署会计师事务所的有关法律文书、业务报告。

（8）主持研究会计师事务所重大业务报告审计实施情况。

（9）本会计师事务所章程约定的其他事项。

5.3.2　我的工作任务

在会计师事务所经营期间，会计师事务所所长的具体工作任务如表 5－1 所示。

表 5－1　　会计事务所所长工作任务书

序号	工作任务	第1期	第2期	第3期	第4期	第5期	第6期	第7期
1	组建团队							
2	制订业务发展计划							
3	制定事务所管理制度							
4	负责企业经营排名							
5	审批、签署业务报告							
6	员工绩效考核							
7	填写工作日志							

注：①每项任务完成后在对应的框内打“√”。

②此工作任务书作为指导教师监督、检查实训学生的参考依据，也是学生自我管理、自我监督的依据。

任务1　组建团队

任务描述：

团队组建是开展会计师事务所业务工作的第一步。筹建工作做得越好，相应准备工作做得越充分，之后的工作任务就能更好地完成。

工作流程：

团队组建流程如图 5－2 所示。

图 5－2　团队组建流程图

任务实施：

第一步：招聘员工。

会计师事务所所长，首先招聘人力资源负责人。安排人力资源负责人根据会计师事务所的岗位设置、任职要求和人数，现场制作海报。在招聘过程中，尤其要注意岗位专业胜任能力的匹配。

第二步：注册登录系统，分配工作任务。

对于招聘的员工，进行系统注册。并分配到人力资源部、评估部、质量控制部、业务培训部、财务部。

第三步：做好经营准备工作。

完成对办公场所的布置、领取和清点需要的各种资料、印章，组织员工学习和熟悉各类资料。

任务2 制订业务发展计划

任务描述：

根据会计师事务所的业务发展需要，制订事务所不同阶段的发展计划。会计师事务所业务发展计划表如表5－2所示。

表5－2 业务发展计划表

不同发展阶段	时　间	业务发展计划
初始阶段	0季度	
存续期间	1季度	
	2季度	
	3季度	
	4季度	
	5季度	
结束期间	6季度	

注：①每项任务完成后在对应的框内打“√”。

②此工作任务书作为指导教师监督、检查实训学生的参考依据，也是学生自我管理、自我监督的依据。

任务实施：

第一步：初始阶段。

在业务的初始阶段，制定计划的时候需要考虑如何最大限度地争取到客户，并确保会计师事务所具备执行业务所需的员工和专业胜任能力。

第二步：存续期间。

在业务存续期间，需要考虑如何使会计师事务所利润最大化。并根据现有客户的具体情况，做好客户的维护，针对客户存在的问题，出具相应的管理建议，并努力争取更优质的客户。

第三步：结束期间。

在业务结束期间，需要做好会计师事务所经营情况的分析。并与竞争对手比较，找出存在的不足和具备的优势。

任务3 制定会计师事务所管理制度

任务描述：

为了加强会计师事务所的内部管理，建立健全会计师事务所的内部决策和管理机制，结合多专业综合实训课程的环境，需要建立会计师事务所的管理制度，主要包括：会计师事务所企业文化建设制度、人事管理制度、财务管理制度、执业质量控制制度、业务档案管理制度等（见图5－3）。

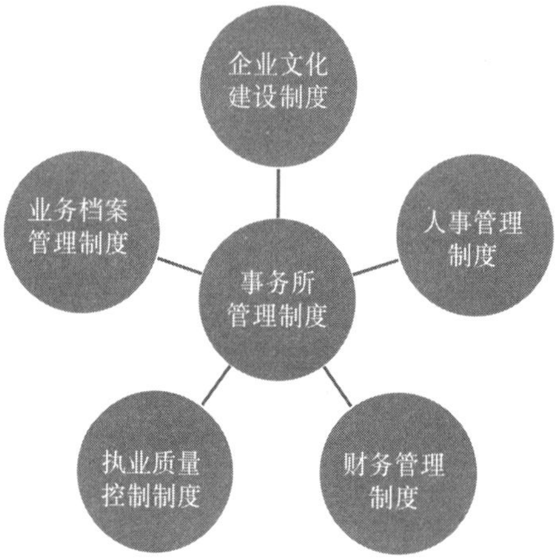

图 5-3 事务所管理制度

任务实施：

第一步：通过各种渠道查阅会计师事务所的各项管理制度，比照制定本所的管理制度。

第二步：将重要管理制度打印张贴，便于员工了解、学习。

任务 4 负责企业经营排名

任务描述：

每期审计结束后，会计师事务所的所长需要对企业的经营情况进行排名。对企业经营的排名，可以看出企业竞争情况，便于企业管理者作出经营决策。

任务实施：

第一步：会计师事务所所长需要与其他事务所所长一起汇总企业资料，对所有企业按行业进行排名。

第二步：排名依据：累计净利润 ×50% + 当期净资产 ×50%。

第三步：对于出具非标准审计意见的企业，不参与企业排名。

任务 5 审批签署业务报告

会计师事务所所长需要对日常管理的文件进行审批，对于签署的审计报告要进行业务质量控制复核。

任务 6 员工绩效考核

会计师事务所所长应该按照本所制定的绩效考核，对员工的工作进行绩效考核。由于业务特殊性，员工经常加班完成工作，如何提高和增强员工的团队协作能力，是所长需要考虑的内容。

任务7　填写工作日志

按照规定的要求，在系统和纸质手册上完成工作日志的填写，主要记录本岗位当日的工作内容、出现的失误、优化建议及实习体会等。

5.4 我是会计师事务所审计员

5.4.1　我的工作职责

（1）与客户沟通，接受客户委托后负责签订审计业务约定书。
（2）实施风险评估程序，识别重大错报风险。
（3）应对已经识别的重大错报风险。
（4）编制总体设计策略和具体审计计划。
（5）针对审计项目，填写审计工作底稿。
（6）参与或负责出具审计报告。
（7）完成部门经理及项目主管交办的其他工作。

5.4.2　我的工作任务

会计师事务所审计员的工作任务如表5-3所示。

表5-3　审计业务任务书

序号	工作任务	0季度	1季度	2季度	3季度	4季度	5季度	6季度
1	编制并签订审计业务约定书							
2	实施风险评估程序，识别并应对重大错报风险							
3	编制总体审计策略和具体审计计划							
4	进行控制测试和实质性测试并编制工作底稿							
5	出具审计报告							

注：①每项任务完成后在对应的框内打“√”。
②此工作任务书作为指导教师监督、检查实训学生的参考依据，也是学生自我管理、自我监督的依据。

任务1　编制并签订审计业务约定书

任务描述：

审计业务约定书是会计师事务所和委托人双方的法定代表人或其授权人共同签订，并加盖委托人和事务所印章。签订的审计业务约定书具有法定约束力，具有其他根据《中华人民共和国经济合同法》签订的合同同等的法律效力，它是委托人和受托人双方之间在法律上的生效契约。如果出现法律诉讼，这是确定双方责任的首要依据。从审计工作本身来看，当委托和受托目标全部实现后，注册会计师应将审计业务约定书妥善保管，作为一项重要的审计工作底稿，纳入审计档案管理。

工作流程：

签订审计业务约定书流程如图5－4所示。

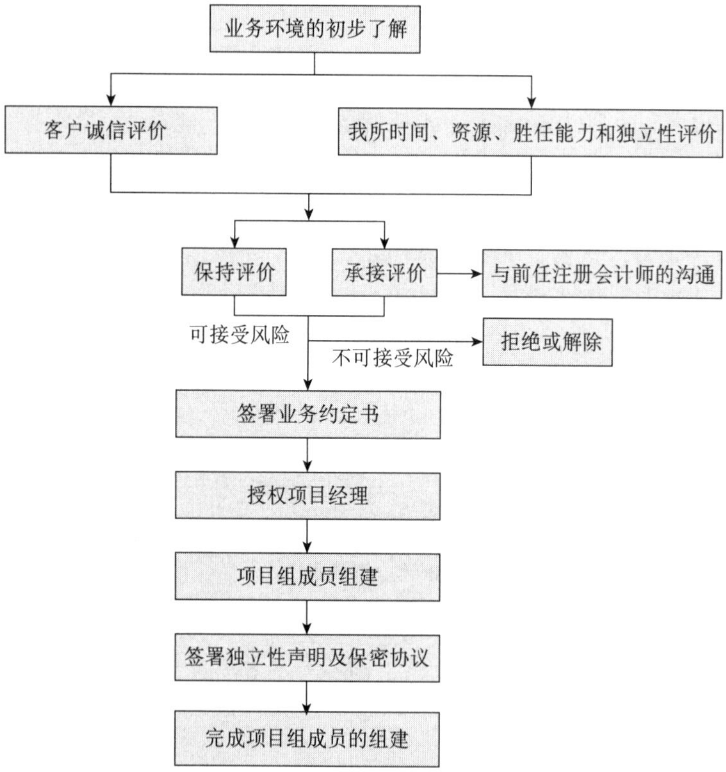

图5－4　签订审计业务约定书流程图

任务实施：

第一步：审计人员洽谈客户，确定目标客户。

根据实训要求，一共有18家制造企业，3家供应商，3家贸易企业，1家综合服务公司需要审计。审计人员需要主动洽谈客户，初步确定意向客户。

第二步：签订审计业务约定书。

审计人员根据确定的客户，正确填制审计业务约定书。填制过程需要注意：审计报表根据实训要求，为月度报表资料；审计收费为含税金额；被审计单位审计资料提交时间需要明确。填制完成后，所长签字盖章并加盖单位公章。

第三步：将已被审核的审计业务约定书发送给被审计单位。

第四步：被审计单位收到审计业务约定书后，若对约定内容无异议（主要是收费情况和审计时间的安排），则签字盖章后发送给会计师事务所。

第五步：双方约定业务生效，可以进行审计工作。

示例：

审计业务约定书

甲方：____________________有限公司

乙方：____________________会计师事务所

兹由甲方委托乙方对__________财务报表进行审计，经双方协商，达成如下约定：

一、业务范围及审计目标

1. 乙方接受甲方委托，对甲方按照企业会计准则和《____企业会计制度》编制的____年____月____日的资产负债表，____年度的利润表和现金流量表以及财务报表附注（以下统称财务报表）进行审计。

2. 乙方通过执行审计工作，对财务报表的下列方面发表审计意见：

（1）财务报表是否按照企业会计准则和《____企业会计制度》的规定编制。

（2）财务报表是否在所有重大方面公允反映甲方的财务状况、经营成果和现金流量。

二、甲方的责任与义务

（一）甲方的责任

1. 按照适用的财务报告编制基础财务报表，并使其实现公允反映。

2. 设计、实施和维护与财务报表编制相关的内部控制，以使财务报表不存在由于舞弊或错误而导致的重大错报。

（二）甲方的义务

1. 及时为乙方的审计工作提供其所要求的全部会计资料和其他有关资料（在____年____月____日之前提供审计所需的全部资料），并保证所提供资料的真实性和完整性。

2. 甲方管理层对其作出的与审计有关的声明予以书面确认。

3. 为乙方提供必要的工作条件，包括允许注册会计师接触与编制财务报表相关的信息（如记录、文件和其他事项），向注册会计师提供审计所需要的其他信息，允许注册会计师在获取审计证据时不受限制地接触其认为必要的内部人员和其他相关人员。

4. 按本约定书的约定及时足额支付审计费用以及乙方人员在审计期间的交通、食宿和其他相关费用。

三、乙方的责任和义务

（一）乙方的责任

1. 乙方的责任是在实施审计工作的基础上对甲方财务报表发表审计意见。乙方按照中国注册会计师独立审计准则（以下简称审计准则）的规定进行审计。审计准则要求注册会计师遵守职业道德规范，计划和实施审计工作，以对财务报表是否不存在重大错报获取合理保证。

2. 审计工作涉及实施审计程序，以获取有关财务报表金额和披露的审计证据。选择的审计程序取决于乙方的判断，包括对由于舞弊或错误导致的财务报表重大错报风险的评估。

3. 乙方需要合理计划和实施审计工作，以使乙方能够获取充分、适当的审计证据，为甲方财务报表是否不存在重大错报获取合理保证。

4. 乙方有责任在审计报告中指明所发现的甲方在某重大方面没有遵循企业会计准则和《____企业会计制度》编制财务报表且未按乙方的建议进行调整的事项。

5. 由于测试的性质和审计的其他固有限制，以及内部控制的固有局限性，不可避免地存在某些重大错报在审计后可能仍然未被乙方发现的风险。

6. 在审计过程中，乙方若发现甲方内部控制存在乙方认为的重要缺陷，应向甲方提交管理建议书。甲方在实施乙方提出的改善建议前应全面评估其影响。未经乙方书面许可，甲方不得向任何第三方提供乙方出具的管理建议书。

7. 乙方的审计不能减轻甲方及甲方管理层的责任。

（二）乙方的义务

1. 按照约定时间完成审计工作，出具审计报告。乙方应于____年____月____日前出具审计报告。

2. 除下列情况外，乙方应当对执行业务过程中知悉的甲方信息予以保密：(1) 取得甲方的授权；(2) 根据法律、法规的规定，为法律诉讼准备文件或提供证据，以及向监管机构报告发现的违反法规的行为；(3) 接受行业协会和监管机构依法进行的质量检查；(4) 监管机构对乙方进行行政处罚（包括监管机构处罚前的调查、听证）以及乙方对此提起行政复议。

四、审计收费

1. 本次审计服务的收费是以乙方各级别工作人员在本次工作中所耗费的时间为基础计算的。乙方预计本次审计服务的费用总额为人民币______元。

2. 甲方应于本约定书签署之日起____日内支付____%的审计费用，其余款项于“审计报告草稿完成日”结清。

3. 如果由于无法预见的原因，致使乙方从事本约定书所涉及的审计服务实际时间较本约定书签订时预计的时间有明显的增加或减少时，甲乙双方应通过协商，相应调整本约定书第四条第 1 项下所述的审计费用。

4. 如果由于无法预见的原因，致使乙方人员抵达甲方的工作现场后，本约定书所涉及的审计服务不再进行，甲方不得要求退还预付的审计费用；如上述情况发生于乙方人员完成现场审计工作，并离开甲方的工作现场之后，甲方应另行向乙方支付人民币______元的补偿费，该补偿费应于甲方收到乙方的收款通知日起______日内支付。

5. 与本次审计有关的其他费用（包括交通费、食宿费等）由甲方承担。

五、审计报告和审计报告的使用

1. 乙方按照《中国注册会计师审计准则第 1501 号——对财务报表形成审计意见和出具审计报告》和《中国注册会计师审计准则第 1502 号——在审计意见中发表非无保留意见》规定的格式和类型出具审计报告。

2. 乙方向甲方致送审计报告一式____份。

3. 甲方在提交或对外公布审计报告时，不得修改乙方出具的审计报告及其后附的已审计财务报表。当甲方认为有必要修改会计数据、报表附注和所作的说明时，应当事先通知乙方，乙方将考虑有关的修改对审计报告的影响，必要时，将重新出具审计报告。

六、本约定书的有效期间

本约定书自签署之日起生效，并在双方履行完毕本约定书约定的所有义务后终止。但其中第三（二）2、四、五、八、九、十项并不因本约定书终止而失效。

七、约定事项的变更

如果出现不可预见的情况，影响审计工作如期完成，或需要提前出具审计报告，甲、乙双方均可要求变更约定事项，但应及时通知双方，并由双方协商解决。

八、终止条款

1. 如果根据乙方的职业道德及其他有关专业职责、适用的法律法规或其他任何法定的要求，乙方认为已不适宜继续为甲方提供本约定书约定的审计服务时，乙方可以采取向甲方提出合理通知的方式终止履行本约定书。

2. 在终止业务约定的情况下，乙方有权就其于本约定书终止之日前对约定的审计服务项目所做的工作收取合理的审计费用。

九、违约责任

甲、乙双方按照《中华人民共和国合同法》的规定承担违约责任。

十、适用法律和争议解决

本约定书的所有方面均应适用中华人民共和国法律进行解释并受其约束。本约定履行地是乙方出具审计报告所在地，因本约定书所引起的或与本约定书有关的任何纠纷或争议（包括关于本约定书条款的存在、效力或终止，或无效之后果），双方选择第____种解决方式。

（1）向有管辖权的人民法院提起诉讼。

（2）提交______________仲裁委员会仲裁。

十一、双方对其他有关事项的约定

本约定书一式两份，甲、乙方各执一份，具有同等法律效力。

甲方：____________________	乙　　方：________________
授权代表：________________	授权代表：________________
____年____月____日	____年____月____日

任务2　实施风险评估程序，识别并应对重大错报风险

任务描述：

审计准则规定，注册会计师应当了解被审计单位及其环境，以充分识别和评估财务报表重大错报风险，设计和实施进一步审计程序。了解被审计单位及其环境是必要程序，为注册会计师在下列关键环节做出职业判断提供了重要基础：

（1）确定重要性水平，并随着审计工作的进程评估对重要性水平的判断是否仍然恰当。

（2）考虑会计政策的选择和运用是否恰当，以及财务报表的列报是否恰当。

（3）识别需要特别考虑的领域，包括关联方交易、管理层运用持续经营假设的合理性或交易是否具有合理的商业目的。

（4）确定在实施分析程序时所使用的预期值。

（5）设计和实施进一步审计程序，以将审计风险降至可接受的低水平。

（6）评价所获审计证据的充分性和适当性。

工作流程：

风险评估流程如图 5－5 所示。

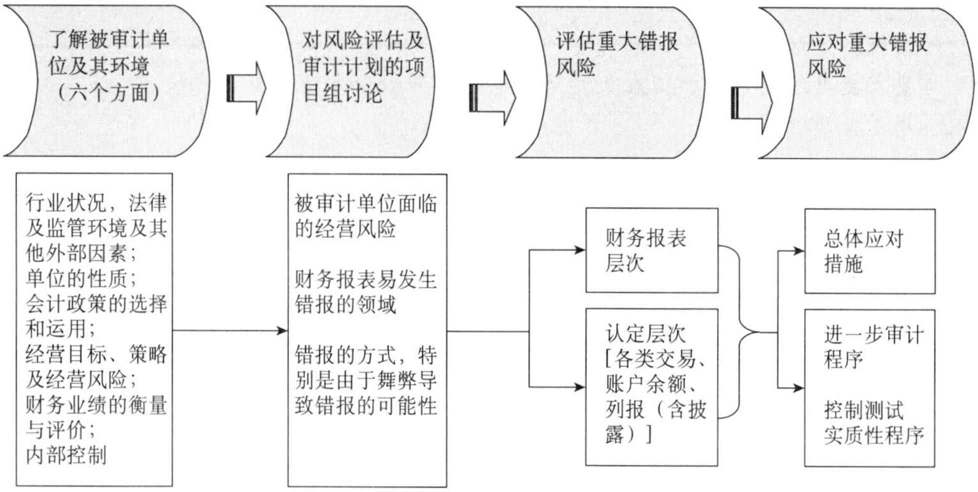

图 5－5 风险评估流程图

任务实施：

第一步：了解被审计单位及其环境。

审计人员应当运用职业判断确定需要了解被审计单位及其环境的程度。目的是识别和评估财务报表重大错报风险。审计人员应当实施下列风险评估程序：

（1）询问被审计单位管理层和内部其他人员，管理层所关注的主要问题，如主要竞争对手、重要客户和供应商、税收法规的实施、经营目标战略的变化，最近的财务状况、经营成果和现金流量。

（2）实施分析程序，应当预期可能存在的合理关系，并与被审计单位记录的金额、依据记录金额计算的比率或趋势相比较。

（3）观察和检查，耳听为虚，眼见为实。观察和检查不仅可以提供有关被审计单位及其环境的真实信息，还可以印证管理层和其他相关人员的询问结果。

第二步：项目组内部讨论风险评估结果。

项目组内部讨论有助于审计人员共享信息，在所有业务阶段都有必要。通过讨论，可以使成员更好地了解在各自负责的领域中，由于舞弊或错误导致财务报表重大错报的可能性，并了解各自实施审计程序的结果如何影响审计的其他方面，包括对确定进一步审计程序的性质、时间安排和范围的影响。

第三步：评估重大错报风险。

审计人员评估出的被审计单位的重大错报风险分为两个层次：一是财务报表层次，二是交易、账户余额和认定层次。财务报表层次重大错报风险通常与控制环境有关，并与财务报表整体存在广泛联系，可能影响多项认定。审计人员需要将识别的重大错报风险汇总，结果将作为影响进一步审计程序的性质、时间和范围的基础，以应对识别的风险。

第四步：应对重大错报风险。

审计人员应当针对财务报表层次的重大错报风险实施下列总体应对措施：

（1）向项目组强调保持职业怀疑的必要性。

（2）指派更有经验的审计人员，或利用专家的工作（实训中，可向指导老师寻求帮助）。

（3）提供更多的督导。

（4）在选择拟实施的进一步审计程序时融入更多的不可预见的因素。

（5）对拟实施的审计程序的性质、时间安排或范围做出总体修改。

针对认定层次的重大错报风险，审计人员需要实施进一步审计程序，包括控制测试和实质性程序。注意进一步审计程序的性质、时间和范围的选择。

示例：

表5－4被审计单位环境调查表，表5－5内部控制问卷调查表，表5－6项目组内部讨论表，表5－7识别的重大错报风险汇总表，表5－8评估认定层次重大错报风险汇总表。

表5－4　　被审计单位环境调查表

会计师事务所

被审计单位：	索引号：	页次：
项目：了解被审计单位及其环境（不含内部控制）	编制人：	日期：
财务报表截止日/期间：	复核人：	日期：

一、了解被审计单位及其环境的目标

通过了解被审计单位及其环境，以识别和评估财务报表重大错报风险。

二、了解被审计单位及其环境（不含内部控制）审计程序

具体程序	是否执行	索引号
（一）考虑被审计单位所在行业的业务性质或监管程度是否可能导致特定的重大错报风险，考虑项目组是否配备了具有相关知识和经验的人。		
1. 了解被审计单位的行业状况。		
2. 了解被审计单位所处的法律环境及监管环境。		
3. 了解影响被审计单位经营的其他外部因素。		
（二）了解被审计单位的性质，理解预期在财务报表中反映的各类交易、账户余额、列报。		
1. 了解被审计单位所有权结构。		
2. 了解被审计单位治理结构。		
3. 了解被审计单位组织结构。		
4. 了解被审计单位经营活动。		
5. 了解被审计单位投资活动。		
6. 了解被审计单位筹资活动。		
（三）了解被审计单位对会计政策的选择和运用，是否符合适用的会计准则和相关会计制度，是否符合被审计单位的具体情况。		

续表

具体程序	是否执行	索引号
1. 调查被审计单位主要会计政策。		
2. 了解被审计单位重大和异常事项的会计处理、新领域的会计处理。		
3. 如果被审计单位变更了重要的会计政策，应当考虑变更的原因及其适当性，并考虑是否符合适用的会计准则和相关会计制度的规定。		
（四）了解被审计单位的目标和战略，以及可能导致财务报表重大错报的相关经营风险。		
1. 了解被审计单位的目标和战略。		
2. 了解被审计单位的经营风险及风险评估过程。		
（五）了解被审计单位财务业绩的衡量和评价情况，考虑这种压力是否可能导致管理层采取行动，以至于增加财务报表发生重大错报的风险。		
1. 了解被审计单位所处行业关键业绩指标及被审计单位的业绩趋势。		
2. 了解被审计单位财务业绩与预测、预算的差异情况；与竞争对手的业绩比较；与外部机构提出的报告比较。		
3. 了解被审计单位管理层和员工业绩考核与激励性报酬政策。		
4. 了解被审计单位分部信息与不同层次部门的业绩报告情况。		

被询问人签名： 签名日期：

询问人签名： 签名日期：

表 5－5 **内部控制问卷调查表**

会计师事务所

被审计单位：	索引号：	页次：
项目：内部控制调查问卷（整体层面）	编制人：	日期：
财务报表截止日/期间：	复核人：	日期：

审计目标

在被审计单位整体层面了解和评价内部控制

被询问人基本信息

询问时间：	询问地点：	被询问人部门、岗位及职责：	部门负责人：

询问内容	结论
一、控制环境调查	
（一）被审计单位对诚信和道德价值观念的沟通与落实	
1. 公司是否有可供遵循的行为规范？行为规范涵盖的主要内容？	
2. 公司是否建立了信息传达机制，使员工能够清晰了解管理层的理念？信息传达机制包含哪些内容？	

续表

询问内容	结论
3. 公司管理层在诚信和道德价值观方面是否与公司的利益相关者（如投资者、债权人等）保持良好的关系？	
4. 对违反公司规定的行为是否及时采取补救措施，如何将这些措施传达至相应层次的员工？	
5. 公司设计的激励机制是否合理，员工的报酬和晋升是否并不完全建立在实现短期目标的基础上？	
（二）对胜任能力的重视调查	
1. 公司通过哪些方式明确岗位责任和任职条件，以确保相应的岗位人员具有相应的胜任能力？	
2. 公司制定了哪些政策或采取什么措施，保持并提高员工的胜任能力？	
3. 公司通过采取什么措施保证财会人员和信息管理人员具有相应的胜任能力，确保财务报表不会因专业胜任能力的影响？	
（三）治理层的参与程度	
1. 董事会是否下设审计委员会？审计委员会的工作内容及程序包括哪些？	
2. 公司董事的任职条件、提名和任命制度如何？	
3. 董事会及其审计委员会成员能够独立履行其职责？是否存在1人控制董事会的情况？	
4. 董事会、审计委员会或类似机构是否独立于管理层？	
（四）管理层的理念和经营风格调查	
1. 管理层之间如何进行权力分配，董事会能否对管理层的行为作出有效监督，以使其能恰当地履行职责？	
2. 管理人员简历情况？是否具有适当的胜任能力且保持稳定？	
3. 管理层是否创造了良好的工作氛围，内部控制不因业绩目标而被规避？	
4. 管理层在对待风险的问题上是否适度，不接受超过风险承受度之外的风险？	
5. 管理层对业务分支机构是否保持有效控制及如何控制，以确保内部控制在公司范围内得以有效运行？	

续表

询问内容	结论
6. 管理层是否重视已有政策、程序的执行？	
7. 管理层对信息技术的控制是否给予适当关注，确保信息系统能否有效运行？	
（五）组织机构调查	
1. 公司的组织结构如何？是否具备提供管理各类活动所需信息的能力？	
2. 对交易授权的控制是否建立在适当的层次上，如何进行授权控制？	
3. 对于分散（分权）的运作是否存在适当的监控，如何进行监控？	
4. 管理层制定和修订会计系统和控制活动的政策包括哪些，报告体系是否顺畅？	
5. 公司是否建立了完善的信息系统并保持其相对独立性？	
6. 组织相关的交易处理是否均具有正式的书面文件规定便于理解和操作？	
7. 管理层是否定期评估组织结构的恰当性？	
（六）职权与责任的分配调查	
1. 员工的岗位职责包括具体任务、报告关系及所受限制等是否明确并传达到本人？	
2. 公司内部是否有明确的职责划分和岗位分离制度？是否保持权力和责任的对等？	
3. 对授权交易及系统改善的控制是否有适当的记录，对数据处理的控制是否适当记录？	
（七）人力资源的政策与实务调查	
1. 公司的人力资源政策的具体内容，包括招聘、培训、考核、晋升、薪酬、调动和辞退员工等方面。	
2. 关键管理人员是否具备岗位所需的丰富知识和经验？	
3. 是否设定程序以使人力资源政策不受地域限制，在公司范围内得到充分沟通和执行？	
4. 公司的人力资源政策是否能确保员工具有与其职务相符的专业胜任能力，并让员工得到发展的机会？	

续表

询问内容	结论
5. 相关人力资源政策是否能让员工具有相对宽松的工作环境，使其能较好地履行自己的工作职责？	
6. 人事政策中是否强调员工需保持适当的伦理和道德标准？	
7. 人力资源政策与程序是否清晰，并定期发布和更新？	
二、被审计单位风险评估过程调查	
1. 公司是否建立了整体目标并传达到相关层次？	
2. 业务层面的目标是否来源于整体目标和战略，并与之相关联？	
3. 管理层是否已经明确某些措施必须正确实施或者某些措施不能失败，否则整体目标就不能实现？	
4. 各级管理人员是否参与制定目标？	
三、主要控制活动调查	
1. 主要经营活动的开展是否都有可供遵循的政策和程序？	
2. 是否有严格的授权审批制度，以确保所有交易和事项的处理均在授权范围内进行？	
3. 是否有与公司经营活动相适应的不相容职务分离制度，以降低舞弊和不当行为发生的风险？	
4. 是否明确职责分派，确保工作按时完成？	
5. 管理层为达到经营目标，是否有相应的预算控制措施，是否监控预算的执行情况，是否对预算和实际的差异？	
6. 是否选择适当的关键绩效衡量指标，持续评价企业绩效，适时解决关键指标与目标绩效的偏差？	
7. 是否建立了适当、适时的报告制度，满足不同层次的管理需求？	
8. 是否建立了严格的财产保护制度，确保公司财产的安全？	
9. 是否建立了重大风险预警机制和突发事件应急处理机制，确保发生突发事件时能得到及时妥善处理，避免产生损失。	

被询问人签名：　　　　　　　　签名日期：

询问人签名：　　　　　　　　签名日期：

表 5－6 项目组内部讨论

讨论要素	要素解析
讨论目标	
讨论内容	
参与讨论人员	
讨论的时间与方式	

表 5－7 识别的重大错报风险汇总表

识别的重大错报风险	对财务报表的影响	相关的各类交易类别、账户余额和披露认定	是否与财务报表整体广泛相关	是否属于特别风险	是否属于仅通过实质性程序无法应对的重大错报风险
记录识别的重大错报风险	描述对财务报表的影响和导致财务报表发生重大错报的可能性	列示相关的交易、账户余额和披露认定	考虑是否属于财务报表层次的重大错报风险	考虑是否属于特别风险	考虑是否属于仅通过实质性程序无法应对的重大错报风险
……					

表 5－8 评估认定层次的重大错报风险汇总表

重大账户	认定	识别的重大错报风险	风险评估结果
列示重大账户，如应收账款	列示相关的认定，如存在、完整性、计价或分摊	汇总实施审计程序识别出的与该账户的某些认定相关重大错报风险	评估该项认定的重大错报风险水平（考虑控制是否合理、是否得到执行）
……			

任务 3　编制总体审计策略和具体审计计划

任务描述：

计划审计工作对于注册会计师顺利完成审计工作和控制审计风险具有非常重要的意义。会计师事务所工作人员在接受客户委托后，应按照《中国注册会计师独立审计准则第 1201 号——计划审计工作》的具体要求计划审计工作。审计人员应深入被审计单位详细了解被审计单位及其环境，了解内部控制，并对事务所承接审计业务进行审计风险评估，并确定重要性水平以及进一步的审计程序。

审计计划工作包括总体审计策略和具体审计计划，使审计业务得到有效的执行，并将会计师事务所面临的审计风险降至可接受的低水平。

（1）总体审计策略。

总体审计策略是用来确定审计范围、时间和方向，并指导制定具体审计计划。审计人员应当在整体审计策略中清楚地说明审计资源的规划和调配，包括确定执行审计业务所必需的审计资源的性质、时间安排和范围。具体包括：①向具体审计领域调配的资源。②向具体审计领域分配资源的多少、包括分派到重要地点进行存货监盘项目组成员的数量、向高风险领域分配的审计预算时间等。③何时调配这些资源，即是在期中审计阶段还是在关键的截止日期调配资源等。④如何管理、指导、监督这些资源的利用，包括预期何时召开项目组预备会和总结会、预期项目合伙人和经理如何进行复核、是否需要实施项目质量控制复核。

（2）具体审计计划。

具体审计程序是依据总体审计策略制定的，比总体审计策略更加详细。具体审计计划包括项目组成员拟实施的审计程序的性质、时间和范围。

工作流程：

工作流程如图5－6所示。

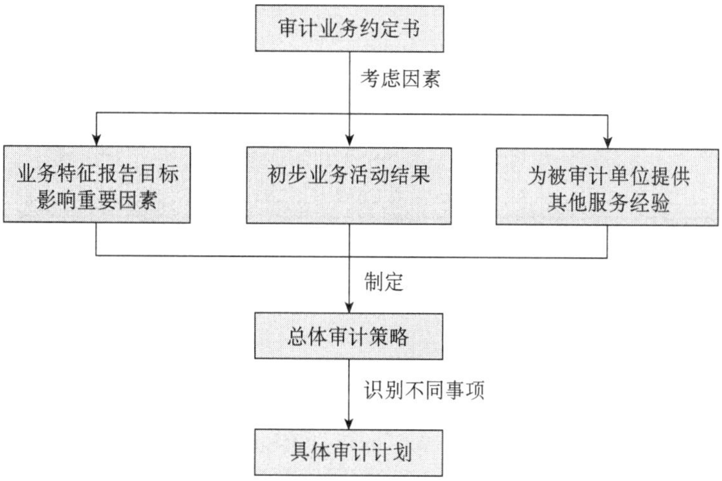

图5－6　编制总体审计策略和具体审计计划流程图

示例：表5－9是总体审计策略表、表5－10是重要性水平初步估计表、表5－11是具体审计计划。

表5－9　总体审计策略表

客户名称：

一、审计范围	
报告要求	内容
适用的会计准则和相关会计制度	
适用的审计准则	
与财务报告相关的行业特别规定	
需要阅读的含有已审计财务报表的文件中的其他信息	
制定审计策略需考虑的其他事项	
二、审计业务时间安排 （一）对外报告时间安排 （二）执行审计时间安排	

续表

执行审计时间安排	时间
1. 期中审计	
（1）制定总体审计策略	
（2）制定具体审计计划	
（3）了解被审计单位及其环境	
（4）控制测试	
2. 期末审计	
（1）存货监盘	
（2）往来款的函证	
（3）银行询证函	
（4）检查记录/文件/有形资产	
（5）询问相关人员	
（6）观察相关场所和活动	
（7）重新计算相关数据	
（8）对相关数据或指标执行分析程序	

（三）沟通的时间安排

所需沟通	时间	
与管理层及治理层的会议	风险评估后与管理层及治理层沟通	
	控制测试后与管理层及治理层沟通	
	实质性测试完成后与管理层及治理层沟通	
	出具报告前与管理层及治理层沟通	
项目组会议（包括预备会和总结会）	预审开始前召开项目组会议	
	项目组内部讨论	
	项目组总结会	
与专家或有关人士的沟通	略	
与其他注册会计师沟通		
与前任注册会计师沟通	接受委托前与前任注册会计师的沟通	
	接受委托后与前任注册会计师的沟通	
	发现前任注册会计师已审报表的重大错报时	

三、影响审计业务的重要因素

（一）重要性

续表

确定的重要性水平			索引号
总资产法	0.50%		
净资产法	0.50%		
收入总额法	0.50%		
税前利润法	3%		
按照上述方法孰低原则，最终确定为			

（二）可能存在较高重大错报风险的领域

可能存在较高重大错报风险的领域		索引号

（三）重要的组成部分和账户余额

重要的组成部分和账户余额	索引号
1. 重要的组成部分	
2. 重要的账户余额	

四、人员安排

（一）项目组主要成员的责任

职位	姓名	主要职责
项目负责合伙人		
项目负责经理		负责整个项目的二级复核，重大问题的处理，与项目质量复核人、被审计单位、前任注册会计师的沟通
项目经理		负责整个项目的一级复核，审计计划的制定及修改，部分风险评估、合并会计报表的审计、审计报告和审计总结的誊写、项目组讨论的记录，与项目质量复核人、被审计单位、前任注册会计师的沟通

续表

职位	姓名	主要职责
高级审计员		负责公司的存货与仓储循环、销售与收款循环控制测试、实质性程序
中级审计员		负责公司的购货与付款循环、货币资金控制测试、实质性程序

（二）与项目质量控制复核人员的沟通（如适用）

复核的范围：

沟通内容	负责沟通的项目组成员	计划沟通时间
对风险评估的讨论		
对审计计划的第一次讨论		
对审计计划的第二次讨论		
对财务报表的复核		

五、对专家或有关人士工作的利用（如适用）

（一）对内部审计工作的利用

主要报表项目	拟利用的内部审计工作	索引号

（二）对其他注册会计师工作的利用

其他注册会计师名称	利用其工作范围及程度	索引号

（三）对专家工作的利用

主要报表项目	专家名称	主要职责及工作范围	利用专家工作的原因	索引号

（四）对被审计单位使用服务机构的考虑

子公司名称	服务机构名称	服务机构提供的相关服务及其注册会计师出具的审计报告意见及日期	索引号

表 5－10　　重要性标准初步估计表

××年度

单位名称：　　会计报表层次重要性标准　　单位：元

年份或项目	税前利润法	总收入法	总资产法	备　注
20××年				
20××年				
20××年				
前三年平均				

续表

年份或项目	税前利润法	总收入法	总资产法	备　注
当年未审数				
重要性比例	（3%～5%）	（0.5%～1%）	（0.5%～1%）	
重要性标准（绝对值）			0	按税前利润法确定重要性标准

说明	（一）方法适用范围： 1. 利润法用于比较稳定、回报率较合理的企业 2. 收入法用于微利企业和商业企业 3. 资产法用于金融、保险或其他资产大而利润小的企业
	（二）以上方法三者只用其一，建议优先选用税前利润法，不能三者同时使用
	（三）所有未调整不符事项金额总和不超过确定的重要性标准
	（四）应交税金不在重要性标准之内
	（五）重要性标准计算基础以当年未审数为主，适当参考前三年平均数
	（六）各账户和各交易层次重要性水平为会计报表层次重要性水平的60%

经理对总体审计重要性标准的意见：

编制：　　　　日期：　　　　复核：　　　　日期：

表5－11　　具体审计计划

被审计单位：

报表截止日：

内容	具体执行程序（检查、观察、重新计算、重新执行和分析测试等）	执行范围	时间	执行人员	备注
一、计划风险评估内容					
项目预审会议	讨论	个体报表		项目组所有成员	
（一）一般项目风险评估					
1. 财务资料的初步分析	分析程序	个体报表		项目组所有成员	
2. 实地观察经营场所调查问卷	观察、询问	个体报表		项目组所有成员	
（二）了解被审计单位及其环境（不包括内部控制）	—	—	—		—
1. 行业状况、法律环境与监管环境以及其他外部因素	检查、观察、询问	个体报表	—		—
2. 被审计单位的性质	检查、观察、询问	个体报表	—		—
3. 会计政策的选择和运用	检查、观察、询问	个体报表	—		—

续表

内容	具体执行程序（检查、观察、重新计算、重新执行和分析测试等）	执行范围	时间	执行人员	备注
4. 目标、战略及相关经营风险	检查、观察、询问	个体报表	—		—
5. 财务业绩的衡量和评价	检查、观察、询问	个体报表	—		—
（三）了解内部控制					
从整体层面了解和评价内部控制	检查、观察、询问	个体报表			
（四）财务报表审计中对舞弊的考虑	讨论、询问	个体报表			
（五）与被审计单位沟通	—				
与管理层沟通备忘录	交谈	被审计单位相关管理层人员			
（六）风险讨论与风险汇总	讨论	个体报表			
1. 风险评估及项目组讨论纪要	讨论	个体报表			
2. 完成风险评估汇总表	讨论	个体报表			
二、计划内部控制测试内容					
1. 采购和付款循环测试	检查、观察、询问、重新执行	个体报表			
2. 销售和收款循环测试	检查、观察、询问、重新执行	个体报表			
3. 投资和筹资循环测试	检查、观察、询问、重新执行	个体报表			
4. 人事和薪金循环测试	检查、观察、询问、重新执行	个体报表			
5. 项目组内部讨论	讨论	个体报表			
6. 与被审计单位沟通	交谈	被审计单位管理层及治理层			
三、计划实质性程序内容（注意：有的科目涉及多个循环，由占金额较大的循环的审计人员协调做完审计程序）					
（一）销售与收款循环	检查、观察、询问、重新计算、分析程序	个体报表			
应收账款	检查、观察、询问、重新计算、分析程序	个体报表			

续表

内容	具体执行程序（检查、观察、重新计算、重新执行和分析测试等）	执行范围	时间	执行人员	备注
……	—	—			
（二）采购与付款循环	—	—			
存货	检查、观察、询问、重新计算、分析程序	个体报表			
	—	—			
（三）筹资和投资循环	—	—			
长期股权投资	检查、观察、询问、重新计算、分析程序	个体报表			
……	—	—			
（四）固定资产循环	—	—			
固定资产	检查、观察、询问、重新计算、分析程序	个体报表			
……	—	—			
（五）人事和薪金循环	—	—			
应付职工薪酬	检查、观察、询问、重新计算、分析程序	个体报表			
	—	—			
（六）货币资金循环	—	—			
库存现金	检查、观察、询问、重新计算、分析程序	个体报表			
……	—	—			
四、计划业务完成阶段审计工作	—	—			
1. 调整分录汇总表	重新计算、分析程序	个体报表			
2. 获取管理层声明书	—	个体报表			
3. 起草审计报告	—	—			
4. 与管理层沟通	交谈	管理层			
5. 出具审计报告	—	—			

续表

内容	具体执行程序（检查、观察、重新计算、重新执行和分析测试等）	执行范围	时间	执行人员	备注
6. 召开项目总结会议，写出项目审计工作总结	—	—			
五、计划质量控制工作内容	—	—			
1. 审计过程中的内部沟通记录	记录	相关内容	随时		
2. 项目负责人复核核对表（复核记录直接反映在底稿中）	记录	相关内容	随时		
3. 项目质量复核核对表	记录	相关内容	随时		
六、审计计划的审批					
部门负责人审批意见：					
主任（副）会计师审批意见：					

任务4　进行控制测试和实质性程序，编制工作底稿

任务描述：

审计人员实施风险评估程序本身并不足以为披露审计意见提供充分、适当的审计证据，注册会计师还应当实施进一步审计程序，包括实施控制测试和实质性程序。因此，审计人员根据评估的重大错报风险，运用职业判断，针对财务报表层次的重大错报风险确定总体应对措施，针对认定层次的重大错报风险设计和实施进一步审计程序，以将审计风险降至可接受的低水平。

控制测试是指审计人员在对被审计单位内部控制进行初评的基础上，为证实该控制是否在实际工作中得以贯彻执行，贯彻执行的实际效果是否符合设立该控制的初衷而进行的测试活动。控制测试的方法一般有：检查、询问、重新执行、观察。

实质性程序：包括细节测试和实质性分析程序即通过检查、观察、询问、函证、重新计算、分析程序，获取充分、适当的审计证据，以便对被审计单位会计报表发表审计意见提供合理的基础。

工作流程：

内部控制测试流程如图 5－7 所示。

任务实施：

第一步：货币资金循环审计。

审计人员需要了解货币资金的内部控制，并决定是否进行控制测试。然后针对货币资金实施实质性程序。货币资金包括库存现金、银行存款、其他货币资金。在实训中，企业只有银行存款，所以关注点在银行存款的审计。

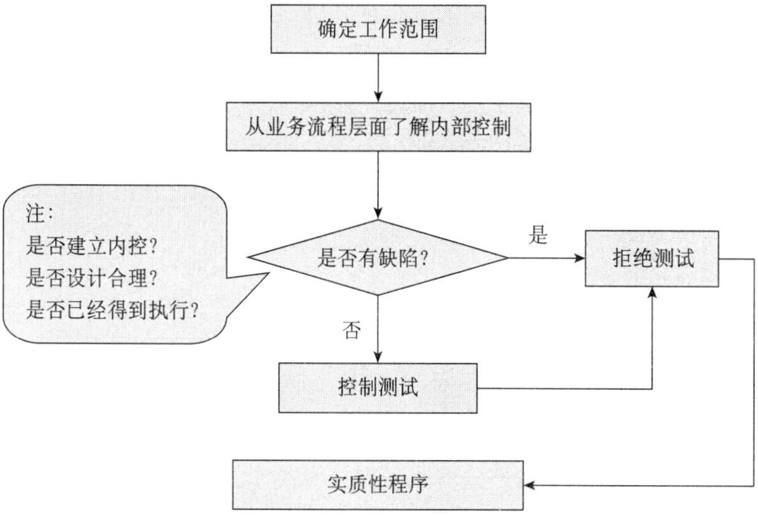

图 5－7 内部控制测试流程图

第二步：销售与收款循环审计。

首先，需要认识销售与收款循环的特点，需要识别销售与收款循环的主要活动：

（1）接受客户订单。

（2）批准赊销信用。

（3）按销售单供货。

（4）按销售单装运货物。

（5）向客户开具账单。

（6）记录销售。

（7）办理现金、银行存款收入。

（8）办理和记录销售退回、销货折让与折扣。

（9）注销坏账。

（10）提取坏账准备。

其次，需要了解销售与收款循环的内部控制，并决定是否进行控制测试。

最后，需要针对销售与收款循环，实施实质性程序。重点关注应收账款、主营业务收入等账户的测试。

第三步：采购与付款循环审计。

首先，需要认识采购与付款循环的特点，需要识别采购与付款循环的主要活动：

（1）请购商品或劳务。

（2）编制订购单。

（3）验收商品。

（4）存储已验收的商品。

（5）编制付款凭单。

（6）确认与记录负债。

（7）付款。

（8）记录现金、银行存款支出。

其次，需要了解采购与付款循环的内部控制，并决定是否进行控制测试。

最后，需要针对采购与付款循环，实施实质性程序。重点关注固定资产、应付账款、管理费用等账户的测试。

第四步：生产与仓储循环审计。

首先，需要认识生产与仓储循环的特点，需要识别生产与仓储循环的主要活动：

（1）计划和安排生产。

（2）发出材料。

（3）生产商品。

（4）核算产品成本。

（5）存储商品。

（6）发出商品。

其次，需要了解生产与仓储循环的内部控制，并决定是否进行控制测试。

最后，需要针对生产与仓储循环，实施实质性程序。重点关注存货、应付职工薪酬、主营业务成本等账户的测试。

第五步：筹资与投资循环审计。

由于实训特点，实训企业一般涉及筹资业务比较多，而投资业务几乎不涉及。因此本循环的重点放在筹资业务的审计。

首先，需要筹资所涉及的主要活动：

（1）审批授权。

（2）签订合同或协议。

（3）取得资金。

（4）计算利息或股利。

（5）偿还利息或发放股利。

其次，需要了解筹资业务的内部控制，并决定是否进行控制测试。

最后，需要针对筹资业务，实施实质性程序。重点关注财务费用、应付利息等账户的测试。

示例：表 5－12 是货币资金内部控制测试表、表 5－13 是货币资金——银行存款实质性程序表。

任务 5　出具审计报告

任务描述：

审计报告是指注册会计师根据中国注册会计师审计准则的规定，在实施审计工作的基础上对被审计单位财务报表发表审计意见的书面文件。审计报告是由独立会计师或审计师对公司审计之后签发的正式报告，主要用于向公司董事会、全体股东及社会公众报告公司的财务运行情况。审计报告根据普遍接受的会计标准和审计程序出具，可对公司的财务状况作出积极和消极的结论。

按照被审计单位的具体情况，注册会计师可以根据实际情况出具审计报告。审计报告分为标准审计报告和非标准审计报告。

表 5－12

货币资金内部控制测试汇总表

所属会计师事务所：______

被审计单位：______ 审核员：______ 日期：______ 索引号：______

审查项目：货币资金循环控制测试 会计期间： 复核员：______ 日期：______ 页次：______

控制序号	控制目标	受影响的相关交易和账户余额及其认定（ZJL－3）	被审计单位的控制活动	控制活动是否得到执行（是/否）	是否测试该控制活动运行有效性（是/否）	该控制活动运行测试结果（有效/无效）	控制测试结果是否支持风险评估结论（支持/不支持）	控制的性质（人工/自动/包含自动化成分的人工控制）	控制测试程序	执行控制的频率（每年一次/每季一次/每月一次/每周一次/每天一次/每天多次/不定期）	所测试的项目数量	控制测试程序和过程底稿索引号
ZJKZ－1	现金账实相符	现金：存在；完整性	每月末，会计主管指定出纳员以外的人员对现金进行盘点，编制库存现金盘点表，将盘点金额与现金日记账余额进行核对。对冲抵库存现金的借条、未提现支票、未作报销的原始凭证，在库存现金盘点表中予以注明。会计主管复核库存现金盘点表，如果盘点金额与现金日记账余额存在差异，需查明原因并报财务经理批准后进行账务处理	是	是	有效	支持					
ZJKZ－2	银行存款账实相符	银行存款：存在；完整性	每月末，会计主管指定出纳员以外的人员核对银行存款日记账和银行对账单，编制银行存款余额调节表，使银行存款账面余额与银行对账单调节相符。如调节不符，查明原因。会计主管复核银行存款余额调节表，对需要进行账务调整的调节项目及时进行处理	是	是	有效	支持					
ZJKZ－3	银行存款安全	银行存款：存在；完整性	公司的银行账户的开立、变更或注销须经财务经理审核，报总经理审批。每月末，会计主管指定出纳员以外的人员对空白票据、未办理收款和承兑的票据进行盘点，并与银行票据登记簿进行核对。会计主管复核库存银行票据盘点表，如果存在差异，需查明原因。公司账务专用章由财务经理保管，个人名章由出纳员保管	是	是	有效	支持					

表 5－13　　　　**货币资金——银行存款实质性程序表**

被审计单位名称：		编制人：		日期：			索引号：
截止日：		复核人：		日期：			页　次：

一、审计目标

二、审计程序

<table>
<tr><th rowspan="2">针对认定实施的审计程序</th><th colspan="5">财务报表的认定</th><th rowspan="2">执行人</th></tr>
<tr><th>存在</th><th>完整性</th><th>权利和义务</th><th>计价和分摊</th><th>列报</th></tr>
<tr><td>1. 获取或编制银行存款明细表，复核加计正确，并与总账数和银行存款日记账余额核对是否相符</td><td rowspan="3">√</td><td rowspan="3"></td><td rowspan="3"></td><td rowspan="3">√</td><td rowspan="3"></td><td rowspan="3"></td></tr>
<tr><td>2. 根据实际情况，选择以下方法对银行存款进行分析程序</td></tr>
<tr><td>3. 盘点银行存单
同被审计单位主管会计人员盘点储蓄账户存单、其他银行存款存单，编制银行存单盘点表，检查是否与账面记录金额一致，是否抵押或限制使用，存单是否为被审计单位所有（如背面是否加盖银行的已质押章）</td></tr>
<tr><td>4. 获取资产负债表日所有银行账户的对账单、银行存款余额调节表，并与日记账逐一核对；若是定期存款，则获取定期存单原件，不得以复印件代替；若无法获取，则应实地盘点存单原件，并应获取其他相关支持文件，如开户证明、银行代保管证明</td><td>√</td><td>√</td><td>√</td><td>√</td><td></td><td></td></tr>
<tr><td>5. 对所有银行存款账户发函询证，包括零余额账户和在本期内注销的账户，检查回函金额是否与对账单一致。询证函应包括对银行存款是否存在受限的函证内容</td><td>√</td><td>√</td><td></td><td></td><td></td><td></td></tr>
<tr><td>6. 检查所有银行存款账户存款人是否为被审计单位，若存款人为非被审计单位，应获取该账户户主的声明及被审计单位的文字说明，对金额较大的作出审计调整或恰当披露</td><td>√</td><td>√</td><td></td><td></td><td></td><td></td></tr>
<tr><td>7. 检查是否存在一年以上的定期存单，对大额的定期存款或限定用途的存款，要查明情况，作出记录</td><td></td><td></td><td></td><td>√</td><td></td><td></td></tr>
<tr><td>8. 计算定期存款及存放于非银行金融机构的存款占银行存款的比例，分析这些资金的安全性，注意被审计单位是否存在高息资金拆借</td><td></td><td></td><td></td><td></td><td></td><td></td></tr>
<tr><td>9. 对长期未能收回的银行存款，应查明原因。对可能存在损失的，应转入其他应收款并计提坏账准备</td><td></td><td></td><td></td><td></td><td>√</td><td></td></tr>
<tr><td>10. 抽取银行存款收支原始凭证进行测试，检查内容是否完整，有无授权批准，并核对相关账户的进账情况。如有与被审计单位生产经营无关的收支事项，应查明原因并作相应的记录</td><td></td><td></td><td>√</td><td></td><td></td><td></td></tr>
</table>

续表

针对认定实施的审计程序	财务报表的认定					执行人
	存在	完整性	权利和义务	计价和分摊	列报	
11. 复核上年工作底稿并询问，以确定银行存款账户是否完整，关注是否存在出租账户或与他人共用同一账户的现象		√	√			
12. 抽查资产负债表日前后（　）天的单笔金额为（　）元以上的银行存款收支凭证进行截止测试。如有重大跨期收支事项，应作适当调整	√	√				
13. 对不符合现金及现金等价物条件的银行存款和受到限制的银行存款的应予以列明	√	√	√			
14. 验明银行存款的列报与披露是否恰当			√	√		

注：审计人员需要根据业务循环，把涉及的会计账户逐一进行内部控制和实质性程序的测试。

标准审计报告是指不含有说明段、强调事项段、其他事项段或其他任何修饰性用语的无保留意见的审计报告。其中，无保留意见是指当注册会计师认为财务报表在所有重大方面按照使用的财务报告编制基础编制并实现公允反映时发表的审计意见。包含其他报告责任段，但不含有强调事项段或其他事项段的无保留意见的审计报告也被视为标准审计报告。

非标准审计报告，非无保留意见的审计报告包括保留意见的审计报告、否定意见的审计报告和无法表示意见的审计报告。

报告出具：

（1）标准审计报告。注册会计师认为财务报表在所有重大方面按照使用的财务报告编制基础编制并实现公允反映时发表的审计意见。

（2）保留意见的审计报告。一般来说，如果认为财务报表整体是公允的，但还存在下列情形之一，注册会计师应当出具保留意见的审计报告：

①会计政策的选用、会计估计的作出或财务报表的披露不符合适用的会计准则和相关会计制度的规定，虽影响重大，但不至于出具否定意见的审计报告。

②因审计范围受到限制，不能获取充分、适当的审计证据，虽影响重大，但不至于出具无法表示意见的审计报告。

（3）否定意见的审计报告。

注册会计师经过审计后，认为被审计单位会计报表存在下述情况之一时，应出具否定意见的审计报告：

①会计处理方法的选用严重违反《企业会计准则》及国家其他有关财务会计法规的规定，被审计单位拒绝进行调整。

②会计报表严重歪曲了被审计单位的财务状况、经营成果和资金变动情况，被审计单位拒绝进行调整。

工作流程：

审计报告出具流程如图5－8所示。

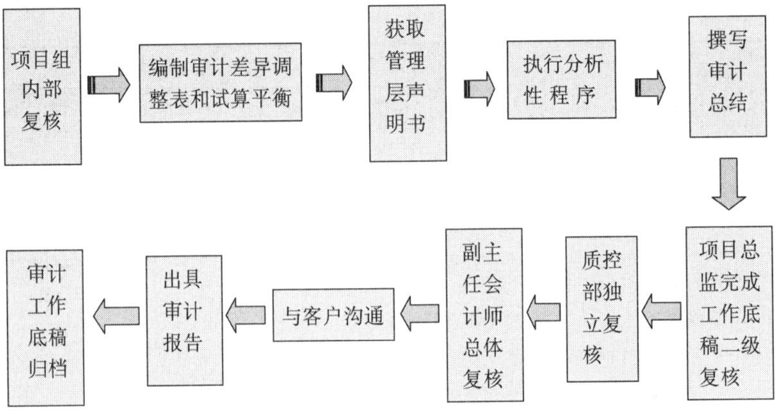

图5－8 审计报告出具流程图

【附】标准审计报告格式

审计报告

××股份有限公司：

一、对财务报表审计的报告

（一）审计意见

我们审计了××股份有限公司（以下简称公司）财务报表，包括20××年12月31日的资产负债表，20××年度的利润表、现金流量表、股东权益变动表以及财务报表附注。

我们认为，后附的财务报表在所有重大方面按照企业会计准则的规定编制，公允反映了公司20××年12月31日的财务状况以及20××年度的经营成果和现金流量。

（二）形成审计意见的基础

我们按照中国注册会计师审计准则的规定执行了审计工作。审计报告的“注册会计师对财务报表审计的责任”部分进一步阐述了我们在这些准则下的责任。按照中国注册会计师职业道德守则，我们独立于贵公司，并履行了职业道德方面的其他责任。我们相信，我们获取的审计证据是充分、适当的，为发表审计意见提供了基础。

（三）关键审计事项

关键审计事项是根据我们的职业判断，认为对本期财务报表审计最为重要的事项。这些事项是在对财务报表整体进行审计并形成意见的背景下进行处理的，我们不对这些事项提供单独的意见。

[按照《中国注册会计师审计准则第1504号——在审计报告中沟通关键审计事项》的规定描述每一关键审计事项。]

（四）管理层和治理层

管理层负责按照企业会计准则的规定编制财务报表，使其实现公允反映，并设计、执行和维护必要的内部控制，以使财务报表不存在由于舞弊或错误导致的重大错报。

在编制财务报表时，管理层负责评估公司的持续经营能力，披露与持续经营相关的事项（如适用），并运用持续经营假设，除非管理层计划清算公司、停止营运或别无其他现实的选择。

治理层负责监督公司的财务报告过程。

（五）注册会计师对财务报表审计的责任

我们的目标是对财务报表整体是否不存在由于舞弊或错误导致的重大错报获取合理保证，并出具包含审计意见的审计报告。合理保证是高水平的保证，但并不能保证按照审计准则执行的审计在某一重大错报存在时总能发现。错报可能由舞弊或错误所导致，如果合理预期错报单独或汇总起来可能影响财务报表使用者依据财务报表作出的经济决策，则通常认为错报是重大的。

在按照审计准则执行审计的过程中，我们运用了职业判断，保持了职业怀疑。我们同时我们也执行了以下工作：

（1）识别和评估由于舞弊或错误导致的财务报表重大错报风险，设计和实施审计程序以应对这些风险，并获取充分、适当的审计证据，作为发表审计意见的基础。由于舞弊可能涉及串通、伪造、故意遗漏、虚假陈述或凌驾于内部控制之上，未能发现由于舞弊导致的重大错报的风险高于未能发现由于错误导致的重大错报的风险。

（2）了解与审计相关的内部控制，以设计恰当的审计程序，但目的并非对内部控制的有效性发表意见。

（3）评价管理层选用会计政策的恰当性和作出会计估计及相关披露的合理性。

（4）对管理层使用持续经营假设的恰当性得出结论。同时基于所获取的审计证据，对是否存在与事项或情况相关的重大不确定性，从而可能导致对公司的持续经营能力产生重大疑虑得出结论。如果我们得出结论认为存在重大不确定性，审计准则要求我们在审计报告中提请报告使用者注意财务报表中的相关披露。如果披露不充分，我们应当发表非无保留意见。我们的结论基于审计报告日可获得的信息。然而，未来的事项或情况可能导致公司不能持续经营。

（5）评价财务报表的总体列报、结构和内容（包括披露），并评价财务报表是否公允反映相关交易和事项。

我们与治理层就计划的审计范围、时间安排和重大审计发现（包括我们在审计识别的值得关注的内部控制缺陷）进行沟通。

我们还就已遵守与独立性的相关职业道德要求向治理层提供声明，并与治理层沟通可能被合理认为影响我们独立性的所有关系和其他事项，以及相关的防范措施（如适用）。

从与治理层沟通的事项中，我们确定哪些事项对当期财务报表审计最为重要，因而构成关键审计事项。我们在审计报告中描述这些事项，除非法律法规禁止公开披露这些事项，或在极少数情形下，如果合理预期在审计报告中沟通某事项造成的负面后果超过在公众利益方面产生的益处，我们确定不应在审计报告中沟通该事项。

二、对其他法律和监管要求的报告

[本部分的格式和内容，取决于法律法规对其他报告责任的性质的规定。法律法规规范的事项（其他报告责任）应当在本部分处理，除非那些其他报告责任与审计准则所要求的报告责任涉及相同的主题。如果涉及相同的主题，其他报告责任可以在审计准则所要求的同一报告要素部分中列示。当其他报告责任和审计准则规定的报告责任涉及同一主题，并且审计报告中的措辞能够将其他报告责任与审计准则规定的责任予以清楚地区分（如差异存在）时，允许将两者合并列示（即包含在对财务报表审计的报告部分中，并使用适当的副标题）。]

××会计师事务所　　　　　　　　　　　　　　中国注册会计师：
　　　　　　　　　　　　　　　　　　　　　　（签名并盖章）

（盖章）　　　　　　　　　　　　　　　　　中国注册会计师：
　　　　　　　　　　　　　　　　　　　　　　（签名并盖章）

中国·成都　　　　　　　　　　　　　　　　二○××年×月×日

第6章　走进银行

银行是依法成立的经营货币信贷业务的金融机构，是商品货币经济发展到一定阶段的产物。根据职责不同，银行划分为中央银行、政策性银行、商业银行、投资银行、世界银行。商业银行是经济中最为重要的金融机构之一，包括中国工商银行、中国农业银行、中国银行、中国建设银行、中国邮政储蓄银行、交通银行等，是通过存款、贷款、汇兑、储蓄等业务，承担信用中介的金融机构。它主要的业务范围有吸收公众存款、发放贷款以及办理票据贴现等。在多专业综合实训课程中，以商业银行为主要金融机构开展经营活动。

【知识拓展】

《中华人民共和国商业银行法》

第一章　第二条　本法所称的商业银行是指依照本法和《中华人民共和国公司法》设立的吸收公众存款、发放贷款、办理结算等业务的企业法人。

6.1 工作职能

商业银行主要有四个基本职能，包括信用中介职能、支付中介职能、信用创造功能和金融服务职能。

（1）信用中介职能。信用中介是商业银行最基本、最能反映其经营活动特征的职能。信用中介是通过银行的负债业务，把社会上的各种闲散货币集中到银行里来，再通过资产业务，把它投向经济各部门。商业银行作为货币资本的贷出者与借入者实现资本的融通，并从吸收资金的成本与发放贷款利息收入、投资收益的差额中，获取利益收入，形成银行利润。商业银行通过信用中介的职能实现资本盈余和短缺之间的融通，并不改变货币资本的所有权，改变的只是货币资本的使用权。

（2）支付中介职能。商业银行除了作为信用中介，融通货币资本以外，还执行着货币经营的职能。通过存款在账户上的转移代理客户支付，在存款的基础上为客户兑付现款等，成为工商企业、团体和个人的货币保管者、出纳者和支付代理人。于是，以商业银行为中心，形成经济社会无始无终的支付链条和债权债务关系。

（3）信用创造功能。商业银行在信用中介职能和支付中介职能的基础上，产生了信用创造职能。商业银行是利用吸收的各种存款发放贷款，在支票流通和转账结算的基础上，贷款又转化为派生存款，在这种存款不提取现金或不完全提现的基础上，增加了商业银行的资金来源。最后在整个商业银行体系中，形成数倍于原始存款的派生存款。长期以来，商业银行是各种金融机构中唯一能吸收活期存款、开设支票存款账户的机构，在此基础上产生了转账和支票流通，商业银行以通过自己的信贷活动创造和收缩活期存款，而活期存款是构成货币供给量的主要部分，商业银行可以把自己的负债作为货币来流通，具有了信用创造功能。

（4）金融服务职能。随着经济的发展，各个经济单位的业务经营环境日益复杂化，银行间的业务竞争也日益剧烈化，从多方面给商业银行提出了更高的金融服务要求。商业银行根据客户的要求也不断开拓服务领域，如对企业“决策支援”的咨询服务和代理支付发放工资、其他费用服务等。商业银行通过金融服务业务的发展，进一步促进资产负债业务的扩大，并把资产负债业务与金融服务结合起来，开拓新的业务领域。在现代经济生活中，金融服务已成为商业银行的重要职能。

【知识拓展】

《中华人民共和国商业银行法》

第一章　第三条　商业银行可以经营下列部分或者全部业务：

（一）吸收公众存款；

（二）发放短期、中期和长期贷款；

（三）办理国内外结算；

（四）办理票据承兑与贴现；

（五）发行金融债券；

（六）代理发行、代理兑付、承销政府债券；

（七）买卖政府债券、金融债券；

（八）从事同业拆借；

（九）买卖、代理买卖外汇；

（十）从事银行卡业务；

（十一）提供信用证服务及担保；

（十二）代理收付款项及代理保险业务；

（十三）提供保管箱服务；

（十四）经国务院银行业监督管理机构批准的其他业务。

经营范围由商业银行章程规定，报国务院银行业监督管理机构批准。

商业银行经中国人民银行批准，可以经营结汇、售汇业务。

6.2 岗位设置

我国的商业银行采用的是分行制，即除了总行以外，在本市及国内外各地普遍设立分支机构。总行一般设在各大中心城市，所有分支机构统一由总行领导指挥。在多专业综合实训课程中，根据仿真社会经济环境和市场环境中涉及的经济业务和银行职能，商业银行岗位设置以分支机构为例，包括了银行行长、副行长、营业部主任、综合柜员、大堂经理、信贷经理、信贷专员。商业银行组织机构如图 6－1 所示。

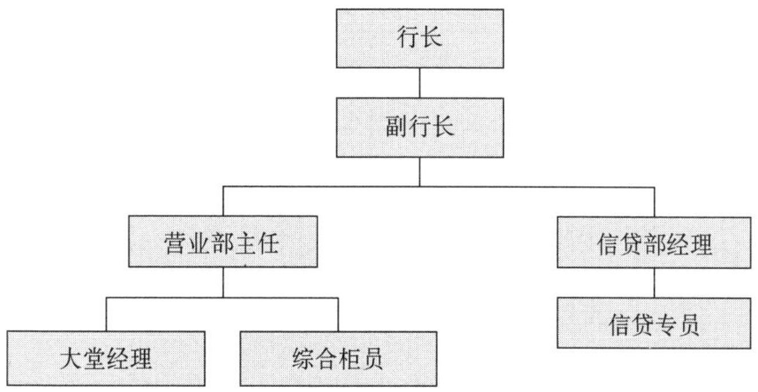

图 6－1　商业银行组织结构图

6.3 我是银行行长

6.3.1　我的工作职责

银行行长是商业银行的主要负责人，是银行内部的行政首脑，负责商业银行的经营管理和经营业绩。其职责是组织银行的各项业务经营活动，负责银行具体业务的组织管理。具体包括：

（1）负责银行团队建设。

（2）负责制定银行发展战略。

（3）负责打造银行企业文化。

（4）负责银行资金有效分配。

（5）负责银行正常经营监督管理。

（6）负责监督、授权银行业务工作。

（7）负责主持银行全局性的会议召开。

（8）负责银行对外联络。

（9）负责处理银行经营管理运行中存在的问题，组织收集银行运行情况和有关顾客信息，提出改进需求，保证银行有效运行和持续的改进。

（10）负责领导内部审核工作，批准审核计划，审核签发文件。

6.3.2 我的工作任务

银行行长工作任务书如表 6－1 所示。

表 6－1　　银行行长工作任务书

序号	工作任务	第一期	第二期	第三期	第四期	第五期	第六期	第七期
1	招聘员工							
2	组建银行团队							
3	组织办公用品领用及归还							
4	制定银行发展战略							
5	打造银行企业文化							
6	分配银行资金							
7	监督银行服务质量							
8	主持内部会议							
9	授权银行业务							
10	监督贷款业务							
11	银行对外接洽、联络							
12	填写工作日志							

注：①每项任务完成后在对应的框内打“√”。

②此工作任务书作为指导教师监督、检查实训学生的参考依据，也是学生自我管理、自我监督的依据。

任务 1　招聘员工

任务描述：

在多专业综合实训课程中，商业银行开展经营活动需要构建一个管理团队。员工招聘作为商业银行团队建设的基础，是商业银行管理工作中的首要环节。招聘工作直接关系到商业银行团队的形成，有效的招聘工作可以为以后的商业银行经营管理活动打好基础。因此，要重视员工的招聘工作。

工作流程：

招聘员工流程如图 6－2 所示。

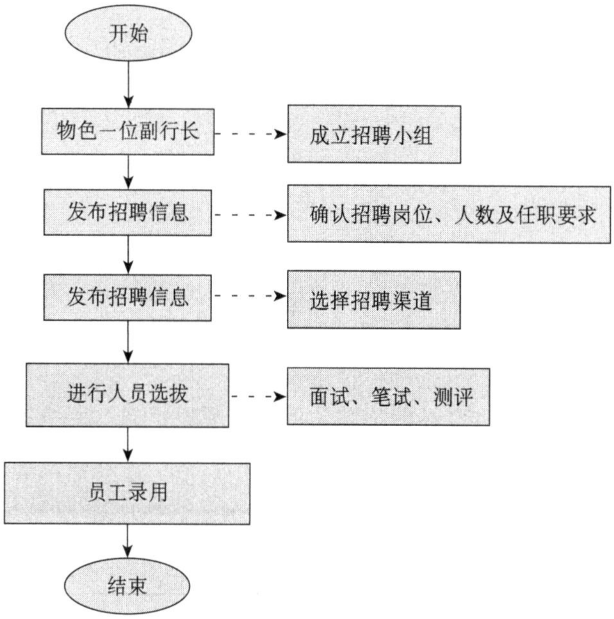

图 6－2 招聘员工流程图

任务实施：

第一步：物色一名副行长，负责协助招聘员工工作。

第二步：招聘需求分析，确认招聘岗位、人数及任职要求。招聘时应根据商业银行的岗位专业要求，按需科学合理的配备相关专业的员工，尽量发挥不同专业的员工在商业银行管理中的作用；同时，对应聘者的思想素质、道德品质、业务能力等方面进行全面考察，公平、公正、择优选拔录用员工。确保管理团队中的每位成员都能够独当一面，保证银行的顺利经营。在多专业综合实训中，拟招聘的商业银行员工岗位、数量及要求参考如下：

（1）副行长 1 名。

个人素质要求：具备政策执行能力、注重实效性；作风严谨稳健，具备极强的敬业精神和开拓意识；有用人、决策、公关的综合素质，善于与人深入沟通；团队组织能力强，能承受较大工作压力。

（2）营业部主任 1 名。

个人素质要求：具有较强的计划、组织、协调能力和人际交往能力。

（3）大堂经理 1 名。

个人素质要求：掌握服务礼仪知识，与人交往具有亲和力；具有较好的客户服务意识；具有高度的团队协作精神，具有较强的语言表达能力，能够解决服务中遇到的突发问题，吐字清晰，音质甜美，个性活泼，服务热忱，应变能力强，能够面对压力，愿意承担责任。

（4）综合柜员 6～8 名。

个人素质要求：思想品质好、具有高度团队协作精神、能够协调处理好业务与客户关系；工作严谨、细致、敬业。

（5）信贷部经理1名。

个人素质要求：高度的团队协作精神和领导力，能够解决信贷管理实际问题，具有较高的计划、组织、协调能力和人际交往能力，能够解决日常合同审核常见问题。

（6）信贷专员2~3名。

个人素质要求：有较强的沟通和表达能力，有一定的分析写作能力，思路清晰，认真细致；能够熟练使用办公软件，具备一定的策划设计沟通协调技能；高度的团队协作精神，具有一定的计划、组织、协调能力和人际交往能力。

第三步：实施招聘工作。

确认了招聘的目标后，与副行长组成招聘小组，对商业银行员工招聘工作的具体流程进行规划。在招聘过程中，需要选择信息发布的平台，招聘的渠道，人员选拔的方法并落实各项工作的具体时间和地点的安排等。

（1）发布招聘信息。

①选择招聘广告发布渠道。常见的招聘渠道有：现场招聘、网络招聘、校园招聘、传统媒体广告、人才介绍机构、员工推荐等。在多专业综合实训课程中，招聘渠道一般采用现场招聘，是招聘单位与求职者直接进行面对面对话，现场完成招聘面试的一种方式。

②制作招聘海报是商业银行对外宣传的重要方式，也是吸引优秀的求职者的重要手段。

（2）进行人员选拔。

①筛选应聘者简历。发布招聘信息后，通常可以获得比实际所需任职人员更多的职位候选人。简历的筛选主要是从基本信息筛选、查看主观内容（包括求职者对自己的评价性与描述性内容，如自我评价、个人描述等）、初步判断简历是否符合职位要求、全面审查简历中的逻辑性 、简历的整体印象、查看求职者薪资期望值等这几方面最终判定简历是否符合职位要求。

②笔试、面试、测评。招聘单位可以从多个维度采用多种方法对应聘者进行评价，常用的测试有笔试、面试、心理测评等。

笔试主要用来测试应聘者的知识和能力。我国工、农、中、建、交五大行实行全国统考，即在统一时间安排网上申请通过的人员在指定地点参加考试。考试内容分为行政能力测试、英语、专业课和心理测试。

面试是通过书面或面谈的形式来考察一个人的工作能力，通过面试可以初步判断应聘者是否可以融入自己的团队。面试有很多形式，依据面试的内容与要求，大致可以分为问题式、压力式、随意式、情景式、综合式。在实际面试过程中，招聘者可以采取一种或同时采取几种面试方式，也可以就某一方面的问题对求职者进行更广泛更深层次的考察，其目的在于能够选拔出优秀的应聘者。

第四步：员工录用。根据招聘的测评结果对应聘者作出录用决策。

（1）签订劳动合同。招聘单位与应聘者就职位、薪资待遇、工作时间等方面达成共识后，双方签订一式两份的劳动合同。一份交由银行保管，一份由应聘者自己保管。

（2）安排培训。新入职员工需要进行岗前培训，向员工介绍其工作性质、环境；了解本行的企业文化、相关规章制度等。

任务2　组建银行团队

任务描述：

根据商业银行的岗位设置招聘到合适的员工，组建一支精诚合作的人才团队。团队是为了实现某一共同目标，由互相协作的员工所组成的群体。团队建设在商业银行管理中是一种有计划、有目的、有步骤地对其员工进行训练的活动。商业银行通过团队建设，可提升员工的归属感，减低员工之间的冲突，从而增加员工对工作的满足感。另外，通过团队建设可以迅速而有效地解决一些日常工作中遇到的问题，借此推行一些新的工作方法，增加团队的凝聚力，从而提高团队成员的工作成效。

任务实施：

第一步：开始阶段。组织商业银行全体工作人员召开银行成立大会，宣告银行成立。

第二步：明确职责。银行成立大会之后，银行行长应明确商业银行每位工作人员的工作职责，员工相互之间能积极地沟通、协调和合作，确保商业银行的工作任务能顺利开展。

第三步：指挥工作。在多专业综合实训课程中，商业银行的组织职责明晰、组织层级少、管理幅度相对较小，但是业务内容复杂，内控要求高。银行行长必须承担总指挥的责任，安排并管理好全部银行工作人员的工作，使每一位员工都能发挥才能。

任务3　组织办公用品领用及归还

任务描述：

商业银行成立之初需领用日常经营所需的办公用品，在多专业综合实训课程结束后将剩余的办公用品及商业银行归档的资料交回管委会。

任务实施：

第一步：领用。商业银行成立之初需领用日常经营所需的办公用品，应安排1～2名银行工作人员到多专业综合实训管理委会员（以下简称“管委会”）领取《商业银行资料领用明细表》，根据表内涉及商业银行所需的办公用品进行领用。

第二步：归还。多专业综合实训课程结束后，安排1～2名银行工作人员将剩余办公用品及装订好的银行资料一并交回管委会。

任务4　制订银行发展战略

任务描述：

银行发展战略决定商业银行未来的发展方向，增加竞争实力，确保商业银行业务的持续发展，在本行自身发展中起重要作用。商业银行既要能满足客户的需求，同时又必须创造一定的经营利润。对于银行的政策、经营标准、管理规范、经营目标，银行行长必须忠实地执行。通过合理地分配与调动银行资源，达成兼顾客户需求及银行需要的经营目标。

任务实施：

第一步：风险管理战略。在银行经营过程中，要将风险管理放在第一位。

第二步：客户导向战略。银行的经营宗旨是为多专业综合实训课程中的所有机构和个人提供优质的金融服务。因此，银行的产品和业务流程都以提高客户满意度为目标。

第三步：质量管理战略。质量管理战略要求银行以客户满意为中心，确保银行提供的产品与服务符合客户的需求与期望。在质量管理战略中，银行要重视人力资源管理，重视员工培训，加强部门合作，不断改善经营管理。

第四步：金融品牌战略。银行必须明确市场定位，确立品牌战略，赢得差异化竞争优势。

任务5 打造银行企业文化

任务描述：

企业文化对外是单位的一面旗帜，对内是一种向心力，创建有自己特色的企业文化是银行持续发展的动力源泉。银行行长要努力打造银行企业文化，用其所产生的强烈的归宿感和信念来激发员工的积极性、创造性和主动性。目标包括：

（1）银行员工服从统一的纪律和制度、统一的整体利益、统一的人员调配和指挥。

（2）银行领导者公正对待每一个员工，使员工努力工作，忠于职守。

（3）保证员工的稳定性，以保证思想稳定。

（4）调动员工的积极性，鼓励员工的创造力和奉献精神。

（5）建立友好协作关系，保持集体的团结统一和融洽。

任务实施：

第一步：落实先决条件：

（1）指导原则。指导原则反映了一个团队成员所应遵循的指导意见，有助于团体成员把资源集中在银行的长远利益上，使团队把精力集中在最重要的核心问题上。

（2）明确职责。团队中每位成员必须明确自己的职责，并积极地与其他成员沟通、协调和合作，以确保团队的工作任务能顺利开展。

（3）决策机制。通过有效的会议和沟通，团队应制订一套决策机制，以使成员知道什么时候他们自己有权当场决定、什么时候需要集体共同解决并采取一致行动。

（4）文化氛围。良好的文化氛围可以增强团队的凝聚力。营造良好的文化氛围是建立一个优秀团队的基本条件。

第二步：开展团队建设：

（1）开始阶段：在团队建设开始阶段，应营造一个良好的沟通环境，使团队成员感受到一份轻松和兴趣，有利于团队日后制定工作目标。

（2）困惑阶段：在这个阶段，成员间容易产生摩擦。当发现成员冲突时，应当立即予以处理，并作出正面的安抚与鼓励。此外，应鼓励成员多采用参与式的管理模式。

（3）成型阶段：在成型阶段，应培养团队解决问题的能力，鼓励他们解决日常工作中的一些实际问题，并加强培养他们的技能，进一步促进团队成员间互相了解。

（4）行动阶段：团队内成员须明确大家的工作目标，定期召开检讨会议，并强调团队的协作性。

（5）团队阶段：对内方面，鼓励团队成员建立互相信任的关系；对外方面，鼓励成员积极地与外界保持联系和沟通，以利于团队日后建立有效的工作程序。

任务6　分配银行资金

任务描述：

分配资金是银行行长的一个重要任务。银行行长的财务决策直接影响银行财务状态，因此需要对银行资金进行合理、有效的分配。

任务实施：

第一步：审核确定银行财务预算。

第二步：管理银行资本，控制银行的各项大额支出。银行资本一般包括商业银行创立时所筹措的资本和商业银行经营利润的一部分。根据类型不同，银行资本包括实收资本（股本）、资本公积、盈余公积和未分配利润等。

（1）实收资本（股本）。银行实收资本是指投资者按照企业章程或合同、协议的约定实际投入银行的资本。股份制商业银行的股本是在核定的股本总额及核定的股份总额的范围内通过发行股票或股东出资取得。

（2）资本公积。资本公积是指由投资者或者其他人或其他单位投入，所有权归属于投资者，但不构成银行实收资本的那部分资本或出资。

（3）盈余公积。盈余公积是指银行按照规定从净利润中提取的各种积累资金。根据规定，我国银行的盈余公积包括法定盈余公积、任意盈余公积、法定公益金。

（4）未分配利润。未分配利润是指银行以前年度实现的，留待以后年度进行分配的结存利润。

（5）重估储备。重估储备是指对固定资产进行重估时，固定资产公允价值与账面价值之间的正差额。

（6）权益准备金。权益准备金也称银行的一般准备金，是指根据全部贷款余额按一定比例计提的，用于弥补尚未识别的可能性损失的准备。

（7）次级债务。次级债务是指固定期限不低于5年（包括5年），除非银行倒闭或清算，不用于弥补银行日常经营损失，且该项债务的求偿权排在存款和其他负债之后的银行长期债务。由银行与第三方提供担保的次级债务一般不计入资本。

实收资本、资本公积、盈余公积和未分配利润是银行的核心资本，是银行资本中最重要的组成部分。它占资本总额的比例不低于50%。银行附属资本主要是由贷款呆账准备金、坏账准备金、投资风险准备金和5年（包括5年）以上的长期债券组成。银行的资本额用公式表示如下：

资本总额＝（核心资本＋附属资本）－（对其他金融机构和非金融机构的投资＋对非自用不动产的投资＋未冲销呆账）

第三步：分析银行各战略项目，提供资金给有价值的项目。银行行长应对商业银行的运营情况及利润来源进行分析，及时掌握银行的业绩，进行合理的目标管理。

第四步：筹集资金创造更多价值。

【知识拓展】

中国银监会在2011年10月前连续出台了《中国银行业实施新监管标准指导意见》《商业银行杠杆率管理办法》《资本充足率管理办法》《商业银行流动性风险管理办法》，均于2012年1月1日实施。这四个办法称为“中国版巴塞尔协议Ⅲ”。主要内容包括：

（1）资本充足率监管。“中国版巴塞尔协议Ⅲ”在“巴塞尔协议Ⅲ”基础上要求一级核心资本充足率达到5%，比“巴塞尔协议Ⅲ”高出0.5%。在新标准实施后，商业银行一级核心资本要求达到7.5%，系统重要性银行和非重要性银行的资本充足率分别不低于11.5%和10.5%。

（2）流动性风险监管。“中国版巴塞尔协议Ⅲ”在“巴塞尔协议Ⅲ”基础上进一步丰富了流动性风险监管指标，建立了流动性覆盖率（LCR）、净稳定融资比例（NSFR）、流动性比例、存贷比4个监管指标和核心负债依存度、流动性缺口率、客户存款集中度及同业负债集中度4个监测指标，LCR和NSFR都应高于100%，流动性比率应高于25%，存贷比大于75%。

（3）杠杆率监管。一级资本占调整后表内外资产余额不低于4%，比“巴塞尔协议Ⅲ”标准高出1%。

（4）贷款损失准备监管。鉴于我国商业银行传统业务以贷款为主，因此“中国版巴塞尔协议Ⅲ”增加了贷款拨备率（贷款损失准备占贷款的比例）和拨备覆盖率（贷款损失准备占不良贷款的比例）指标，分别应不低于2.5%和不低于150%；建立了动态调整贷款损失准备制度。

任务7 监督银行服务质量

任务描述：

商业银行的核心是为客户服务，银行服务质量是影响银行声誉的重要因素，是银行间竞争的重要手段，也是银行管理工作好坏的标志。因此，银行行长要重视银行服务质量管理，监督信息反馈体系和服务质量管理体系的建立与执行，详细内容参见银行副行长业务内容。

任务实施：

第一步：监督银行副行长制订本行员工绩效考核办法，将优质服务工作长期化、日常化。

第二步：监督银行副行长执行强化培训与督导，将柜台优质服务规范化、标准化。

第三步：控制营运与管理业务。为保证商业银行的实际工作与制定的规范标准、营运计划和外部环境相统一，银行行长必须对商业银行日常营运与管理业务进行实质性的控制，包括人员控制、业务控制、现金控制、信息控制等。强化各部门员工之间的联动与配合，将服务延伸化、立体化。

第四步：高度重视客户意见或建议，每日营业结束检查客户意见簿，对客户投诉或不满立即解决，力争实现客户满意最大化。

第五步：内部管理制度执行。银行行长应履行的内部管理职责包括领导人工作日制（每日工作主要问题及解决办法）；每日必查（现金尾箱查看、重要空白凭证、印章、印鉴等检查）、学习讲解制度（每周至少三次）；内控制度监督。

任务8 主持内部会议

任务描述：

为了实现有效管理，促进银行内部上下的沟通与合作，提高各部门执行工作效率，银行须建立起内部会议制度，由专人负责会议记录。

任务实施：

在多专业综合实训课程中，银行行长需要主持银行内部会议包括：

第一步：决策会议：是银行日常管理工作最高决策会议，研究决定银行重要经营管理工作。参加人员为：银行行长、副行长、营业部主任、信贷部经理。会议内容包括：

（1）研究制订贯彻落实有关方针政策的具体措施。

（2）研究确定各项业务的发展规划、经营政策和计划。

（3）审议银行的基本规章制度。

（4）审议银行重要会议报告。

（5）研究经营、管理和发展中的重大事项。

（6）决定以银行名义表彰和授予的部门、个人荣誉称号。

（7）研究决定其他重要事项和相关工作。

第二步：工作例会：会议时间可自行制订，参加人员为：银行行长、副行长、营业部主任、信贷部经理。会议内容包括：

（1）工作例会参会人员要对本单位、本部门已完成的主要工作和下一步主要工作安排进行汇报，提出急需解决的问题。

（2）银行行长根据汇总的情况进行研究分析，并作出下一步工作部署。

第三步：每日晨会。每日晨会是指每日上午营业前将银行全体员工集合一起，互相问候，交流信息和安排工作的一种管理方式，时间大约10～15分钟。晨会内容包括集体活动，业绩回顾，经验分享，话术演练，当日安排，温馨提示，激励提振等7个步骤。银行行长作为晨会的第一责任人，还要督促参与晨会员工统一制服，统一队形，统一站姿等。

会议时间为每日早晨营业前，银行全体员工参加。晨会内容包括：

（1）检查员工穿着、形象是否符合规定。

（2）评选前日的优质服务标兵，并贴在银行宣传栏上。

（3）银行每位员工要对自己昨日的业绩、经验进行总结回顾，对成功案例进行话术表演等，提升全员素质，带动团队能力。

（4）安排银行当日工作，并提出相应要求，解决各部门、员工工作中的实际问题。

（5）反映银行各部门或个人在工作当中的问题、工作质量和管理水平。

第四步：经营形势分析会议：经营形势分析会议每期召开一次，银行全体员工参加。

（1）通报上期各项业务运营情况，总结经验，分析问题和不足。

（2）研究预测一定时期的存款、贷款等经营管理中出现的新情况、新问题，提出对策和建议。

（3）分析其他对银行业务开展、指标运营有重大影响的问题，并提出应对措施。

任务9 授权银行业务

任务描述：

为加强商业银行内部控制，防范风险，银行大金额业务及特殊业务须双人操作，相互监督，并且根据各岗位的经办操作权限逐级办理。

任务实施：

第一步：单位基本账户开立审批。基本存款账户是指单位客户为满足日常转账结算和现金收付需要只在一家银行开立的账户。按照人民银行规定，单位客户只能在银行开立一个基本账户，开立时须经中国人民银行核准。在多专业综合实训课程中，由银行行长扮演中国人民银行这一角色。

（1）中国人民银行审核单位客户提交的材料的真实性、有效性及完整性，根据开立基本存款账户的规定，判断其是否满足开立基本户的条件。

（2）审核无误后，在《开立基本存款账户申请书》中的“人民银行审核意见”内填写审核意见，如审核通过就填“同意”，审核不通过填写“不同意”。在纸质的《开户申请书》上加盖相关印章后，审核通过发放单位开户许可证，将所有审批资料交还给银行柜员。

第二步：业务授权。在商业银行业务办理中，按照管理级别、业务种类、金额不同，确定不同级别的银行人员审批、处理。属于银行行长监督、授权处理的业务包括：

（1）现金存款50万元以上。

（2）现金取款50万元以上。

（3）转账业务200万元以上。

任务10 监督贷款业务

任务描述：

在银行经营过程中，风险管理放在第一位。银行行长必须对操作风险给予足够的重视，加强业务办理的监督，尤其是贷款业务。

任务实施：

第一步：监督贷款业务（贷款办理参见我是信贷专员——任务2办理贷款）。

第二步：贷款合同签订。对信贷部门移交作为签订贷款合同的基础资料的完整性、有效性、以及和审批依据的一致性初步审核的基础上进行复审，确保签订合同质量。

第三步：对信贷部经理提交的信贷核贷书及客户资料进行复审，跟进送审文件及各类会签文件的进展。

第四步：督促信贷部经理进行贷后管理，跟踪借款人资金运作情况，定期完成规定之检查。

任务11 银行对外接洽、联络

任务描述：

银行行长是银行的代表者，就单位而言，对外接洽、联络代表着银行整体的形象，是一个重要环节。

任务实施：

（1）代表银行接待参观多专业综合实训课程的来宾。

（2）参加多专业综合实训管理委员会会议，及时、详细地向员工传达管委会下发的各类文件及通知，抓好落实和督办工作，及时向管委会反馈重要信息。

（3）加强与多专业综合实训中各机构的日常联系、信息交流和沟通。

（4）负责搜集各家单位的企业文化建设方面的优秀成果和先进经验。

任务12 填写工作日志

填写工作日志有利于及时回顾自己工作的得失，帮助提升自己的时间管理和自我管理；有利于更有效的计划工作，养成良好的工作习惯。工作日志内容主要有当天工作任务及完成情况、工作体会、有效性意见或建议、制订工作计划等。

6.4 我是银行副行长

6.4.1 我的工作职责

副行长是协助银行行长做好各项管理工作，多专业课程模拟情境中，银行副行长还分管银行的人力资源工作。

（1）协助行长完成银行团队组建。

（2）协助行长制订银行相关的规章制度。

（3）严格遵守并执行银行内部规定，在行长领导下，开展各项工作。

（4）协助行长完成银行管理事务。

（5）执行银行服务质量管理。

（6）负责组织银行全局性的会议召开。

（7）负责银行人力资源相关工作。

6.4.2 我的工作任务

银行副行长工作任务书如表 6－2 所示。

表 6－2 银行副行长工作任务书

序号	工作任务	第一期	第二期	第三期	第四期	第五期	第六期	第七期
1	制定银行相关制度							
2	协管银行内务							
3	管理银行服务质量							
4	组织内部会议							
5	完成人力资源工作							
6	填写工作日志							

注：①每项任务完成后在对应的框内打“√”。

②此工作任务书作为指导教师监督、检查实训学生的参考依据，也是学生自我管理、自我监督的依据。

任务 1　制定银行相关制度

任务描述：

为了保证银行的正常经营管理，副行长需制定和完善银行相关的规章制度，经行长批准后执行。加强对本行员工的考核，形成科学有效的激励约束机制。根据多专业综合实训课程中的工作任务，有针对性地制定本行的工作计划，合理安排分工，稳步推进。

任务实施：

第一步：制定《银行规范管理细则要求》，是银行在营业期间各岗位工作人员的工作规范要求。

第二步：制定《银行规范管理模式》，是银行在营业期间各岗位工作人员的服务要求。

第三步：制定《银行会议制度》，是银行召开内部会议的要求。

第四步：制定《银行服务考核办法》。该办法是从环境卫生、晨会、开门迎客、服务礼仪、加扣分项目、奖惩措施等方面对本行员工进行考核。

第五步：制定《银行人力资源管理制度》。

任务 2　协助管理银行内务

任务描述：

银行副行长应协助银行行长，做好银行内部管理。

任务实施：

第一步：检查督导银行环境卫生、办公秩序、劳动纪律、内部管理等，负责协调银行内部各部门工作。

第二步：督导检查各部门工作任务，落实到相关人员，检查工作完成情况及进度，并详细登记。

第三步：每日营业结束，同大堂经理一起检查银行电源及各种电子设备的关闭情况。

任务3 管理银行服务质量

任务描述：

随着银行间竞争的日益激烈，服务已成为银行的主要竞争。不断提高服务水平，才能提升银行业务经营管理的核心竞争力，促进银行业务经营健康持续协调发展。因此，银行副行长要狠抓、落实银行服务管理。

任务实施：

第一步：根据《银行服务考核办法》，定期检查、考核员工，并将考核结果上报银行行长。

第二步：不定期举办银行优质服务活动。让客户感觉到银行“以人为本，以客户为中心”的服务理念。

第三步：高度重视客户意见或建议，对客户投诉或不满立即解决，出面协调大堂经理处理不了的问题，力争实现客户满意最大化。

任务4 组织内部会议

任务实施：

为提高银行办公效率，维持正常的工作秩序，副行长根据《银行会议制度》，组织银行内部会议，并做好相应的会议记录（会议内容参见我是银行行长——任务8　主持内部会议）。

任务5 完成人力资源工作

任务描述：

银行副行长不仅要协助行长做好各项管理工作，在多专业课程模拟情境中，还要完成银行的人力资源的相关工作。

任务实施：

第一步：招聘工作。副行长应协助银行行长完成团队的组建（招聘工作内容参见我是银行行长——任务1　招聘员工）。

第二步：培训管理。不同的岗位需要具备与其岗位职责所要求的知识和技能，副行长应针对各部门的培训需求，分阶段、分层次制定全行的培训计划，组织、安排、实施员工培训，不断地对本行员工进行培养和能力开发，以提高战斗力，促进商业银行整体经营水平的提高。

（1）商业银行日常培训需求的调查和提出。

（2）组织实施不定期培训，并进行评估、考核、汇报。

（3）受训人员受训后的督导与追踪，确保培训效果在工作中得到体现。

（4）商业银行培训包括岗前培训、在岗培训和一岗多能培训。

第三步：考核管理。银行副行长承担着银行的绩效考核工作。负责管理权限内的员工的考评、考察及培养，提出调配、聘免、奖惩等意见、建议，为行长决策提供参考。每期期末将情况上报银行行长和相关部门负责人。

第四步：人员调配。人员调配是由主管部门负责人决定，经行长批准，由副行长实施，改变银行员工的工作岗位、职务的人事变动。包括单位之间和银行内部的变动。

工作流程：

人员调配流程如图 6－3 所示。

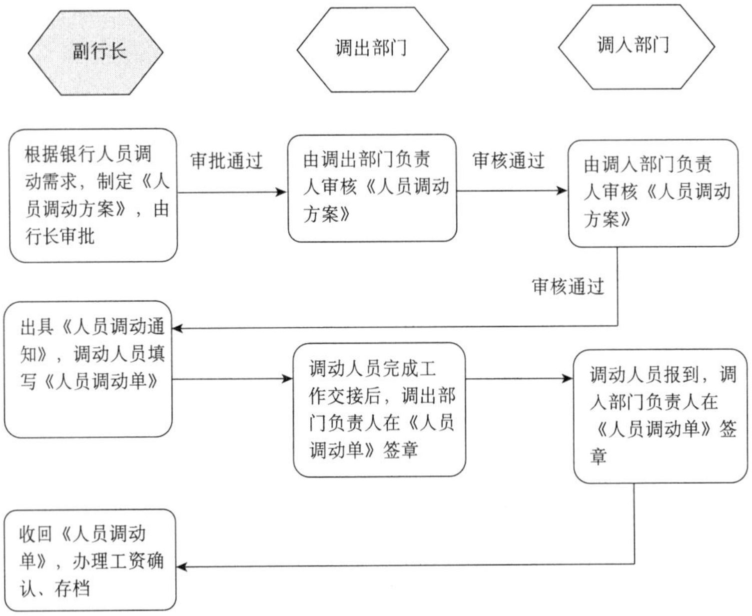

图 6－3 人员调配流程图

（1）副行长根据商业银行人员调动需求，制定《人员调动方案》，由商业银行行长审批。

（2）银行行长审批通过后，副行长将《人员调动方案》交给调出的本行相关部门负责人审核。

（3）本行相关部门负责人审批通过后，副行长将《人员调动方案》交给调入部门负责人审核。

（4）调入部门负责人审核通过后，副行长出具《人员调动通知》，调动人员填写《人员调动单》。

（5）待调动人员完成工作交接后，本行调出部门负责人在《人员调动单》签字确认。

（6）调动人员到调入部门报到，调入部门负责人在《人员调动单》签字确认。

（7）副行长收回调出、调入部门负责人签字确认后的《人员调动单》，办理该调动人员的工资确认并存档。

第五步：考勤工作。

（1）负责银行员工每日的考勤工作，将每日考勤情况上报银行行长及管委会。

（2）负责银行员工每次培训时的考勤工作，包括出勤率、迟到率等。

第六步：薪酬管理。

（1）制定适合本行发展战略的薪资制度。

（2）定期、不定期进行工资预算、统计及周期性数据分析（工资核算可参观《多专业综合实训教程》“薪酬核算”）。

（3）每期初，完成对全行员工工资、加班费的收集、整理、发放工作，包括：工资调整通知、考勤统计、工资的审核、批报。

（4）每期末，根据员工完成的培训考核情况，按照《考核办法》，调整员工工资。

第七步：人事档案管理。

（1）负责保管银行员工的档案，包括员工应聘表、员工基本资料、劳动合同、参与培训情况、考核结果。

（2）每期末，收集员工档案材料。员工档案的内容包括：应聘人员登记表、个人简历、身份证复印件、学历证明、职业资格证书复印件、薪酬认定书、员工所受的奖惩情况的资料、劳动合同、岗位培训资料等。

（3）每期末完成对员工档案材料的整理、录入、装订工作。员工的人事资料收集、归档后，副行长在档案袋上详细填写员工姓名及档案资料清单等内容，依据档案材料分类目录顺序排列，各种资料分类装订并注明收集人的姓名。将员工档案按部门编号统一管理，并登记《档案存放登记表》，建立《员工档案目录》，以便在需要时能及时查询。

（4）及时办理员工档案的查阅、借阅和转递手续，档案查阅。因工作需要查阅和借用档案时，须经过部门负责人的同意，并签字或盖章。档案除特殊情况外一般不借出查阅。如必须借出查阅时，应事先提交报告说明理由，经部门领导批准，严格履行登记手续，并按期归还。查阅档案必须严格遵守保密制度和阅档规定，严禁涂改、圈划、抽取、撤换档案。查阅者不得泄露或擅自向外公布档案内容。

（5）为行长和相关部门提供员工的基本情况。

（6）做好员工档案的安全、保密、保护工作，以免出现档案丢失、损毁等情况，对商业银行和员工个人造成损失。

6.5 我是营业部主任

6.5.1 我的工作职责

营业部主任要协助行长、副行长做好银行营业部的管理工作，并负责银行业务的实时授权、复核及处理。

（1）主持营业部日常工作，构建各项管理制度，培养员工，提高营业部整体工作效率和业务水平。

（2）按照会计制度、结算制度的规定，管理营业部各项业务，控制操作风险，保证日常业务顺利完成。

（3）业务实时复核、授权。

（4）制定和落实柜员工作责任制，每日营业结束后检查各柜员账务，定期检查各柜员现金、重要凭证、有价单证保管使用情况。加强现场监管，对柜员的工作情况做好检查和评价。

（5）每日营业结束检查银行库存限额，监督营业中各柜员间的库存现金调拨，以及营业结束现金库存核查工作及尾箱出入库工作。

（6）按制度规定处理会计出纳工作中的重要事项和疑难问题，对发生的各类会计出纳差错和事故，及时组织追查、补救和上报工作。

（7）管理银行的印章。营业开始前将印章分发给综合柜员，营业结束后统一将印章收回、保管。

（8）根据各项内控制度、业务流程和服务标准，在日常工作中组织监督检查，防范结算风险。监督银行员工依法经营和按规操作，协助副行长做好每日的检查工作，发现问题及时向副行长和行长报告。

（9）负责营业部的对外联络。

（10）不定期组织柜员进行业务学习，开展多种形式的业务练兵活动。

6.5.2 我的工作任务

营业部主任工作任务书如表 6－3 所示。

表 6－3　营业部主任工作任务书

序号	工作任务	第一期	第二期	第三期	第四期	第五期	第六期	第七期
1	制订营业部规章制度							
2	业务复核、授权							
3	柜员业务检查							
4	会计凭证整理归档							
5	管理金库							
6	保管银行的印章							
7	组织营业部员工业务、技能练兵活动							
8	填写工作日志							

注：①每项任务完成后在对应的框内打“√”。

②此工作任务书作为指导教师监督、检查实训学生的参考依据，也是学生自我管理、自我监督的依据。

任务1　制订营业部规章制度

任务描述：

为了保证银行营业部工作的正常开展，培养员工，提高营业部整体工作效率和业务水平，营业部主任需构建银行营业部各项管理制度，经行长批准后执行。

任务实施：

第一步：《银行柜台人员日常行为规范》，内容包括：总体要求、营业前准备、接待客户服务规范、文明用语、日终处理、营业结束后归整。

第二步：《营业部管理规定》。制定商业银行营业部的内部管理制度。

任务2　业务复核、授权

任务描述：

负责综合柜员办理业务的复核及授权（详细流程参见综合柜员的相关业务内容）。

任务实施：

为加强银行内部控制，防范风险，银行大金额业务及特殊业务须双人操作，相互监督，并且根据各岗位的经办操作权限逐级办理。属于营业部主任复核、授权处理的业务包括：

第一步：柜员领用凭证授权。

银行柜员根据实际业务量情况，领取需要的凭证种类及数量，填写一式两联的《重要空白凭证出库单》，经营业部主管审核签章后交给大堂经理。

营业部主管审核柜员领用的凭证种类是否与工作内容相关，且领用的数量原则上不超过一期的用量。审核无误后，在“业务部门签章”处签章。

第二步：日常业务大额授权。包括：

（1）现金存款5万元（含）至50万元。

（2）现金取款5万元（含）至50万元。

（3）转账取款10万元（含）至100万元。

第三步：银行询证函业务处理授权。

第四步：支票审核，包括票据背书审核和印鉴审核。

（1）票据背书审核：审核支票是否真实，是否在提示付款期限内；支票必须记载的事项是否齐全，出票金额、出票日期、收款人名称是否更改，其他记载事项的更改是否由原记载人签章证明；出票人的签章是否符合规定；背书转让的支票是否按规定的范围转让，背书是否连续，签章是否符合规定，背书使用粘单的是否按规定在粘接处签章；持票人是否在支票的背面作委托收款背书。

（2）印鉴审核：采用目测和折角相结合的方法，目测签章形状、文字内容和字体，折角应核对重叠一致。具体操作：

①拿出银行预留的单位印鉴卡。

②将支票的印鉴折角，放在印鉴卡上进行对比，看两章的对角部分是否相符。

③支票金额在自己权限范围内，且审核无误后，在复核处签章，将支票交还给综合

柜员。

任务 3 检查营业部业务

任务描述：

营业部主任要根据商业银行的服务要求，提高服务意识，监督、审查营业部业务办理情况，确保营业部业务的合规性与准确性。

任务实施：

第一步：每日营业结束后检查各柜员业务，审查业务凭证的合规性、经济业务发生的合理性、业务凭证对应关系的准确性以及凭证附件的所属是否有效，认真审核授权业务的真实性。

第二步：每日营业结束后检查各柜员现金、重要凭证、有价单证保管使用情况。

第三步：对检查发现的综合柜员业务各类差错和事故，及时组织追查、补救和上报工作。

第四步：每日营业结束检查银行库存限额，监督营业中各柜员间的库存现金调拨，以及营业结束现金库存核查工作及尾箱出入库工作。

第五步：每期检查大堂经理重要空白凭证的保管情况和领用手续，将库存数量、金额与表外有关账户核对相符，填写查库记录。

任务 4 整理会计凭证

任务描述：

会计凭证作为银行会计档案中的会计资料，是银行各项业务活动的会计记录。每日营业结束后，营业部主任应对当天业务处理完毕的会计凭证进行清理。

任务实施：

第一步：每日营业结束，营业部主任以柜员为单位对业务处理完毕的会计凭证进行编号，按照规定的排序要求进行清理：

（1）会计凭证：按银行轧账单、银行现金科目日结单、柜员轧账单顺序排列，其中柜员轧账单按柜员号大小排列。在柜员轧账单后按照柜员现金科目日结单、现金借/贷、转账、表外借/贷、其他类型的顺序分类排列，附件需加盖“附件”章，紧随各自的主件。柜员统计的凭证主、附件张数必须与实物相符。

（2）会计报表：按日、月、季、年形成的会计账簿、报表，按其日期进行整理装订。

第二步：整理后的凭证，统一装入档案盒内入库保管，于课程结束时，交给银行副行长，由其统一装饰银行档案资料送往管委会保存。

任务 5 管理金库

任务描述：

商业银行金库是集中保管现金、有价证券、重要空白凭证等贵重物品的重要场所。严格金库管理是确保银行库款安全的重要措施之一。

任务实施：

第一步：每日营业结束，一切现金、重要空白凭证等贵重物品必须入库保管，并做好相应的账簿记载；上述物品入库时应按规定手续办理。

第二步：坚持双人管库制度，对金库安全共同负责。

第三步：严格查库制度。营业部主任和副行长至少每天查库一次，银行行长应定期或不定期查库。查库时要查对库存实物，检查金库管理制度的贯彻执行情况。

任务6 保管银行的印章

任务描述：

银行专用印章是银行对内对外发生权责关系，具有法律效力的重要依据。银行印章应做到“专人使用、专人保管、专人负责、章证分管”。在多专业综合实训课程中，由银行副行长负责保管商业银行的印章。

任务实施：

第一步：营业开始前将印章分发给综合柜员，营业结束后统一将印章收回，入库保管。使用银行印章须在《印章保管使用登记簿》上详细记载，由有关人员签章。

第二步：银行专用印章必须与其配套使用的空白重要凭证实行分管分用。

第三步：各种银行专用印章必须严格按规定的范围使用。不得错用、串用、提前或在无真实业务记录的凭证上使用业务印章。

第四步：银行员工不得超越权限使用银行印章，不得私自交接业务印章，严禁将业务印章拿离业务场所。

第五步：银行员工进行岗位调换或临时离岗由他人使用印章时，必须经营业部主任批准，由其监督办理交接手续，交接双方及监交人必须在《印章保管使用登记簿》上填写有关内容并签章。

第六步：银行专用章如发生丢失，应迅速查明原因，及时上报银行行长及管委会。

任务7 组织营业部员工业务、技能练兵活动

任务描述：

定期组织营业部员工进行业务学习，开展多种形式的业务练兵活动，促进本部门员工互相学习和切磋技能，提高专业水平和综合素质。

任务实施：

第一步：每期初，对营业部员工进行培训需求的调查，汇总调查结果并上报银行副行长，由银行副行长统一安排培训。

第二步：不定期组织营业部员工开展如点钞比赛、服务评优等业务练兵活动。

6.6 我是综合柜员

6.6.1 我的工作职责

综合柜员主要负责商业银行日常的柜台工作，包括单位开户、销户、存款、取款业务，单位结算业务以及单位的对账业务。

（1）负责制定与执行商业银行营业部综合柜员工作计划。

（2）负责单位业务的办理工作。负责处理对公业务，包括对公业务的现金、转账业务、代办票汇，对公开户等，做到核算准确、内容完整。

（3）负责办理工资代收业务。

（4）对授信资金按合同规定进行投放。

（5）根据会计制度和有关规定的要求审查凭证要素，保证受理凭证的真实性、合法性和完整性。

（6）负责审查收款凭证，确保要素齐全、准确、大小写金额一致，在现金存款单上加盖经办员名章，并逐笔登记现金收入日记簿。

（7）负责保管好印鉴卡。

（8）负责开销户等特殊业务的申请授权与操作。

6.6.2 我的工作任务

综合柜员工作任务书如表6－4所示。

表6－4　　综合柜员工作任务书

序号	工作任务	第一期	第二期	第三期	第四期	第五期	第六期	第七期
1	领用现金及凭证							
2	办理单位询证函							
3	开立单位基本户							
4	销售支票							
5	办理单位现金存款业务							
6	办理单位现金取款业务							
7	办理单位转账业务							

续表

序号	工作任务	第一期	第二期	第三期	第四期	第五期	第六期	第七期
8	日终处理							
9	填写工作日志							

注：①每项任务完成后在对应的框内打“√”。

②此工作任务书作为指导教师监督、检查实训学生的参考依据，也是学生自我管理、自我监督的依据。

任务1　领用现金及凭证

任务描述：

银行柜员在办理每日业务操作前，首先要领取一定量的现金、重要空白凭证。凭证及现金出库到柜员个人钱箱后才能进行柜员的日常业务操作。

涉及岗位：营业部主任、综合柜员。

涉及单据：重要空白凭证出库单。

任务实施：

第一步：现金领用。钱箱分为实物钱箱和虚拟钱箱。实物钱箱是指存放现金实物的款箱；虚拟钱箱是指系统中被授权做现金业务的柜员，进行现金业务处理的虚拟库存现金箱。

（1）每日营业开始前，银行取回寄存的实物钱箱。钱箱管理员（由大堂经理兼任）经营业部主任授权后，将实物钱箱与系统上的虚拟钱箱发给柜员。

（2）综合柜员核对实物钱箱与虚拟钱箱的金额是否一致。

第二步：重要空白凭证领用。综合柜员根据实际业务量情况，领取需要的凭证种类及数量，填写一式两联的《重要空白凭证出库单》，经营业部主管审核签章后交给大堂经理。

任务2　办理银行询证函

任务描述：

银行询证函是指会计师（审计）事务所在执行审计过程中，以被审计单位名义向银行发出的，用以验证该单位的银行存款与借款、投资人（股东）出资情况以及担保、承诺、信用证、保函等其他事项等是否真实、合法、完整的询证性书面文件。

办理费用：200元。

涉及岗位：营业部主任、综合柜员、票据专员（也可由信贷专员兼任）。

涉及单据：银行询证函。

工作流程：

银行询证函业务流程如图6-4所示。

任务实施：

第一步：有验资需求的单位先与会计师事务所签订《验资合同》。

第二步：会计师事务所向银行提出银行询证函申请，同时会计师事务所经办人持盖有该单位公章的银行询证函到银行柜台办理。

第三步：银行审核银行询证函。核对单位填写银行询证函的相关内容是否正确，与银行

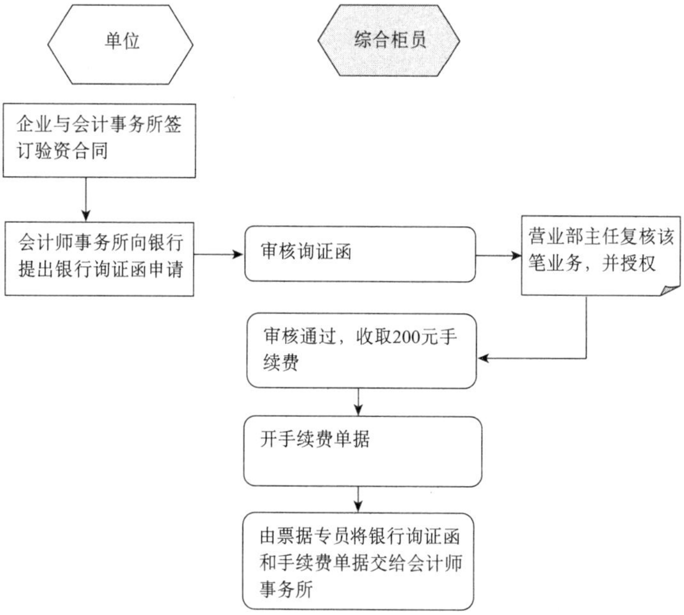

图 6－4　银行询证函业务流程图

系统中的单位信息是否一致。

第四步：综合柜员核对无误后，在纸质的银行询证函上盖银行公章及经办人签字，交由营业部主任复核。

第五步：营业部主任核对银行询证函填写内容是否与银行留存的单位相关信息一致。核准后签章，交还柜员办理。

第六步：综合柜员收取银行询证手续费 200 元。

第七步：综合柜员开具手续费单据。

第八步：由票据专员将手续费单据和审核后的银行询证函交给会计师事务所的工作人员（注：在现实工作中，是银行以邮寄的方式将银行询证函送至会计师事务所，在多专业课程模拟情境中，改由银行工作人员专人送达的方式）。

任务 3　开立单位基本户

任务描述：

基本存款账户是指存款人为满足日常转账结算和现金收付需要在银行开立用于结算的账户。按照人民银行规定，存款人只能在银行开立一个基本账户，开立时须经中国人民银行核准。

（1）开立基本存款账户所需提供的资料：

①单位营业执照原件。

②组织机构代码证书原件。

③税务登记证原件。

④单位法人身份证。

⑤经办人身份证。

⑥公章、财务专用章及预留法人名章。

（注：在现实生活，单位需向银行提供相关材料的复印件，但在多专业课程模拟情境中，单位不需再提供复印件，且银行只需核对相关信息数据，办理完后资料原件归还给该单位。）

（2）单位取得资料：

①手续费凭证。

②开户回执（开户申请书第二联）。

③开户许可证。

（3）办理费用：300元（银行收费只能用现金收，不能用验资户来扣收）。

涉及岗位：银行行长、营业部主任、综合柜员

涉及单据：开户申请书、印鉴卡

工作流程：

开立基本户流程如图6－5所示。

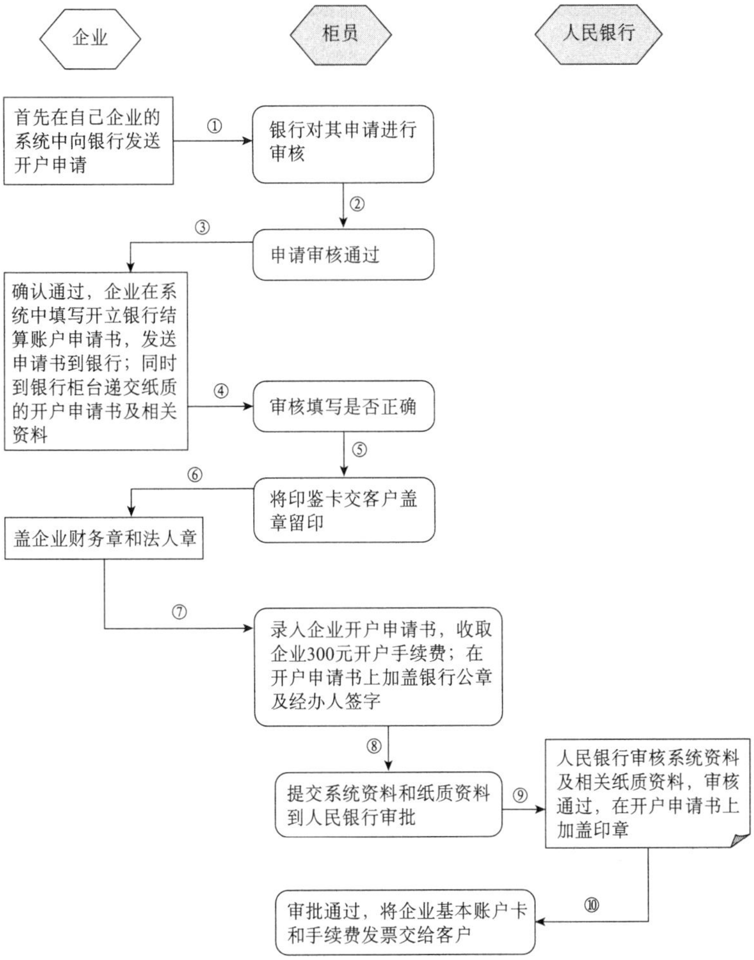

图6－5　开立基本户流程图

任务实施：

第一步：单位向商业银行发送开户申请，同时到商业银行柜台递交填写好的《开户申请书》和营业执照原件、法定代表人身份证、公章、财务专用章及预留法人名章、经办人身份证、法人授权经办人委托书。

第二步：综合柜员审核单位提供的材料，根据材料内容核对《开户申请书》的相关信息填写是否正确。

第三步：核对无误后，综合柜员将印鉴卡交客户盖章留印。在印鉴卡上需留印章包括单位的公章、财务章及法人章。

第四步：单位在印鉴卡上盖章后还给综合柜员。盖章后的印鉴卡必须收回由综合柜员保留，以便作为单位办理相关业务的印章鉴别依据。

第五步：综合柜员根据单位填写纸质的开立结算账户申请书，进行银行系统录入，并在纸质的开立结算账户申请书加盖银行公章和经办柜员的私章；收取开户手续费300元（收费只能用现金收，不能用验资账户来扣收）。

第六步：综合柜员提交单位开户资料报人民银行审批（注：在多专业课程模拟情境中，由银行行长作为人民银行进行系统及纸质资料的审批，具体操作详见“我是银行行长——任务9　授权银行业务”）。

第七步：人民银行审核通过，柜员将人民银行发放的单位开户许可证、手续费凭证及提供的材料原件交予客户。

任务4　销售支票

任务描述：

支票是指出票人签发的，委托办理支票存款业务的银行或者其他金融机构在见票时无条件支付确定的金额给收款人或者持票人的票据。

单位购买支票需提供：

（1）填一份空白凭证购买单，盖上单位预留银行印鉴。

（2）交纳工本费（转账支票30元，现金支票20元）。

（3）开户许可证。

（4）单位经办人身份证。

涉及岗位：营业部主任、综合柜员。

涉及单据：空白凭证购买单。

工作流程：

销售支票业务流程如图6-6所示。

任务实施：

第一步：单位经办人员须在《空白凭证购买单》上填写内容包括：单位的名称、账号、所购买支票的类型和数量，盖上单位预留银行印鉴，在申购人栏签上单位经办人的名字、身份证号码。

第二步：单位经办人员将填写好的《空白凭证购买单》、工本费现金和经办人身份证一并交给综合柜员。

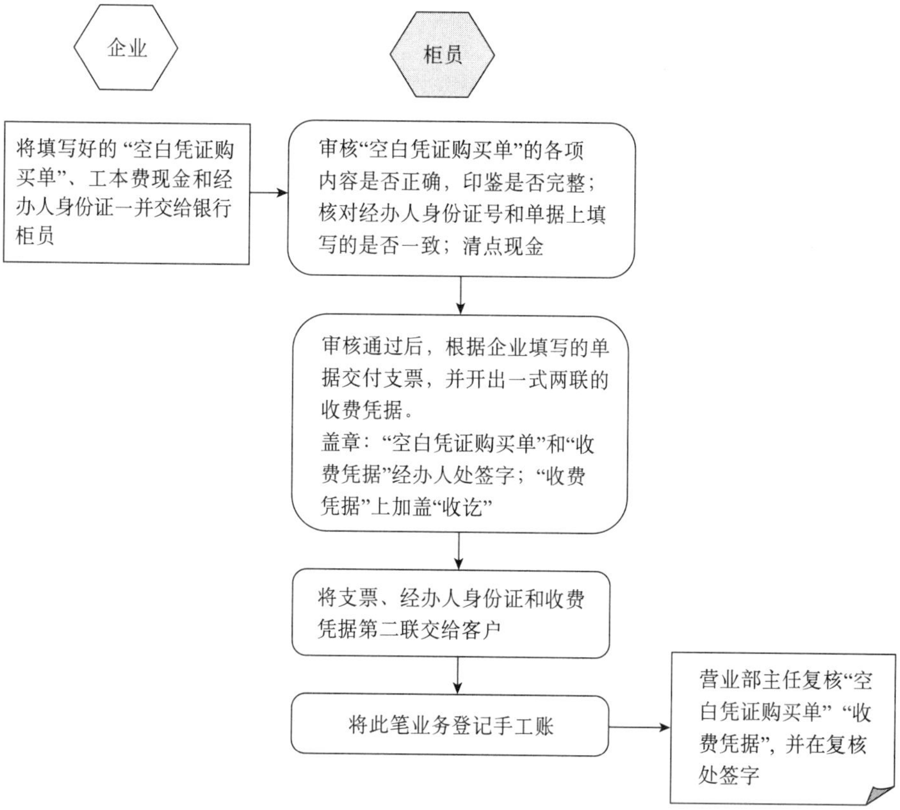

图6-6　销售支票业务流程图

第三步：综合柜员审核《空白凭证购买单》的各项内容是否正确，银行印鉴是否完整，与预留印鉴卡的单位印鉴是否一致；核对经办人身份证号和单据上填写的是否一致；清点现金。

第四步：综合柜员审核通过后，根据单位填写的单据交付支票，并开出一式两联收费凭据。

第五步：综合柜员盖章：《空白凭证购买单》和《收费凭据》经办人处签字；《收费凭据》上加盖“收讫”。

第六步：将支票、经办人身份证和收费凭据第二联交给客户。

任务5　办理单位现金存款

任务描述：

单位活期存款是指存款人将合法拥有的暂时闲置的资金存入银行，不约定存款期限，依照人民银行公布的活期存款利率按季计息，存款人可以随时办理存取款。

存款单位在银行基本存款账户中存入现金时，应填制一式两联《现金缴款单》。

涉及岗位：营业部主任、综合柜员。

涉及单据：现金缴款单。

工作流程：

单位现金存款业务流程如图 6－7 所示。

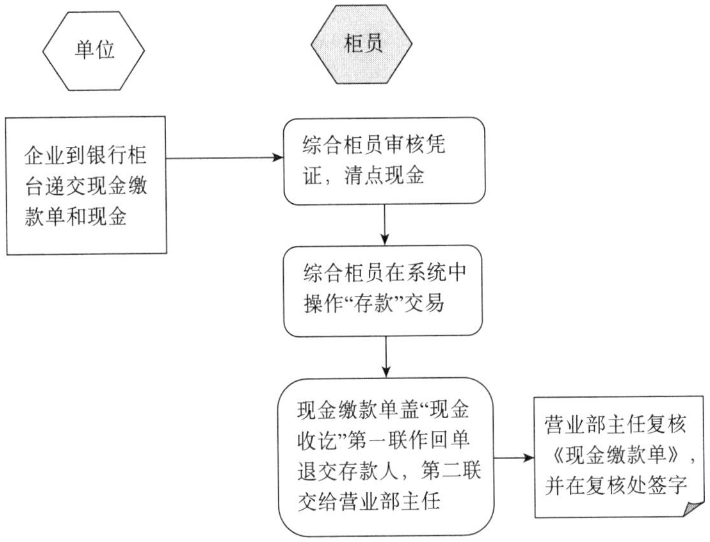

图 6－7　单位现金存款业务流程图

任务实施：

第一步：单位到银行柜台递交现金缴款单和现金。

第二步：综合柜员审核单位填写的《现金缴款单》各要素是否正确，并清点现金。

第三步：综合柜员在银行系统中操作“存款”交易。

第四步：综合柜员在现金缴款单盖“现金收讫”章。第一联作回单退交存款人，第二联综合柜员留存。

任务 6　办理单位现金取款

任务描述：

单位需要支取现金，须使用现金支票。现金支票只能是该单位从银行账户中提取现金时使用。收款人可以是单位，也可以是个人。

取款单位在银行基本存款账户中支取现金时，应出具《现金支票》。

涉及岗位：营业部主任、综合柜员

涉及单据：现金支票

工作流程：

单位现金取款业务流程如图 6－8 所示。

任务实施：

第一步：单位出纳持现金支票，并在现金支票正面加盖在商业银行预留的财务章和法人章，现金支票背面“被背书人”栏内加盖本单位的财务专用章和法人章。（注：使用现金支票，不需要填写进账单。）

第二步：综合柜员审核内容：

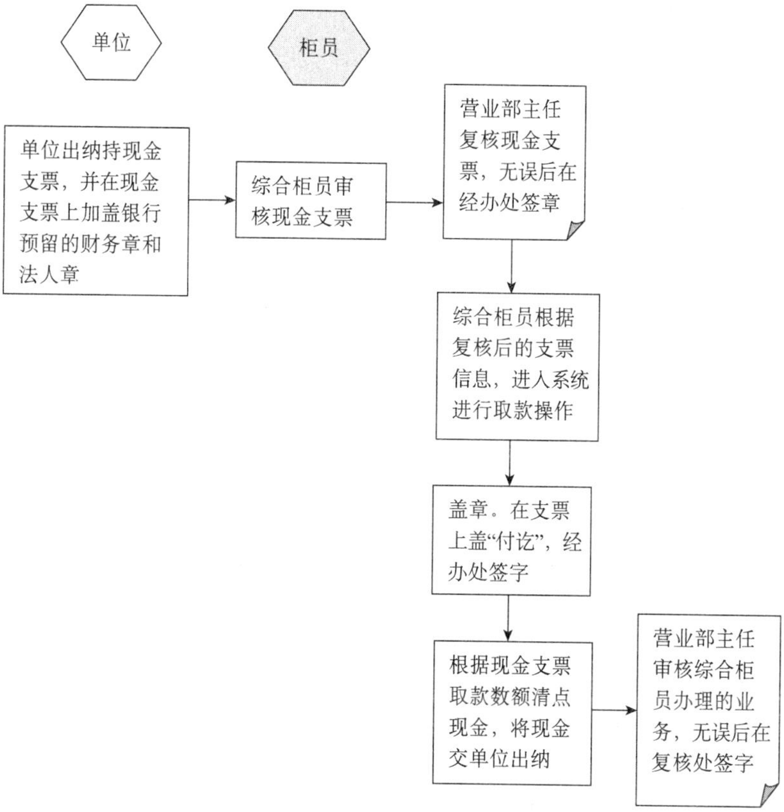

图6－8　单位现金取款业务流程图

（1）支票是否真实，是否在提示付款期限内；出票人账户款项是否足够支付。

（2）支票内容审核：填写的收款人名称是否为该收款人，收款人为单位的，是否在支票背面“被背书人”栏内盖章，并核对其盖章与预留银行印鉴是否相符；支票必须记载的事项是否齐全，出票金额、出票日期、收款人名称是否更改，其他记载事项的更改是否由原记载人签章证明；支票的大小写金额是否一致。

（3）出票人的签章是否符合规定，与预留银行的签章是否相符，使用支付密码的，密码是否正确（验印操作流程详见“我是营业部主任——任务2 业务复核、授权”）。

第三步：审核无误后，综合柜员在经办处签章，将现金支票递交给营业部主任进行复核。营业部主任再次核对支票的真实性及内容的正确性。营业部主任核对无误后，在经办处签章，将支票再次递交给综合柜员。若现金支票的支取金额超过一定的数，还需更高一级别的银行人员授权，如表6－5所示。

表6－5　业务核算操作权限表

业务种类	综合柜员	营业部主任	行长
现金存款业务	5万元以下	5万元（含）至50万元	50万元以上
现金取款业务	5万元以下	5万元（含）至50万元	50万元以上
转账业务	10万元以下	10万元（含）至100万元	100万元（含）以上
银行支票		复核	

续表

业务种类	综合柜员	营业部主任	行长
单位账户开立	账户开立业务操作		对信息录入的审查与授权
询证函	业务处理	业务处理授权	
轧账	轧平自身账	查询银行网点轧账	查询银行网点轧账

第四步：综合柜员根据现金支票相关信息，登录银行系统进行取款操作。

第五步：系统中的取款操作成功后，综合柜员在现金支票上盖“付讫”章。

第六步：根据现金支票取款数额清点现金，将现金交单位出纳；现金支票作为借方凭证银行留存。

任务7　办理单位转账

任务描述：

单位之间商品交换的结算方式主要以转账或票据为主，由银行运用信用职能，通过转账结算方式办理结算。

单位办理转账业务时，应向银行出具《转账支票》及《进账单》。

银行受理转账业务分两种情况：一种是出票人送交支票，另一种是持票人送交支票。根据送交支票单位的不同，办理转账业务的相关操作也会不同。

涉及岗位：营业部主任、综合柜员。

涉及单据：转账支票、进账单。

第一种情况：出票人送交支票。

工作流程：

单位转账业务流程如图6－9所示。

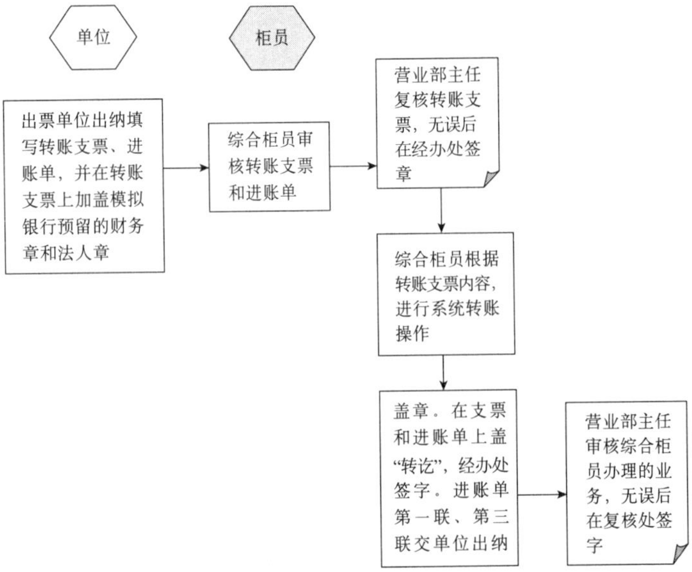

图6－9　单位转账业务流程图

任务实施：

第一步：出票单位出纳填写转账支票、进账单，并在转账支票上加盖银行预留的财务章和法人章（注：出票单位持转账支票，支票背面上不需要加盖印章）。

第二步：综合柜员审核支票是否真实，是否在提示付款期限内；支票必须记载的事项是否齐全，出票金额、出票日期、收款人名称是否更改，其他记载事项的更改是否由原记载人签章证明。出票人的签章是否符合规定，与预留银行的签章是否相符，使用支付密码的，密码是否正确。审核无误后，在经办处签章，将支票与进账单递交给营业部主任。

第三步：营业部主任复核支票上的大小写金额是否一致，与进账单的相关信息是否相符，包括金额、账号、金额大小写。审核无误后，在经办处签章，将支票交还给综合柜员。若转账支票涉及的金额超过一定数额，还需更高一级别的银行人员授权。

第四步：综合柜员根据支票上的内容，进入系统中，进行转账操作。

第五步：综合柜员在支票和进账单第二、三联上盖“转讫”，进账单第一联盖“受理凭证专用章”。进账单第一联、第三联交单位出纳。支票和进账单第二联银行留存。

第二种情况：持票人送交支票。

工作流程：

工作流程如图 6 – 10 所示。

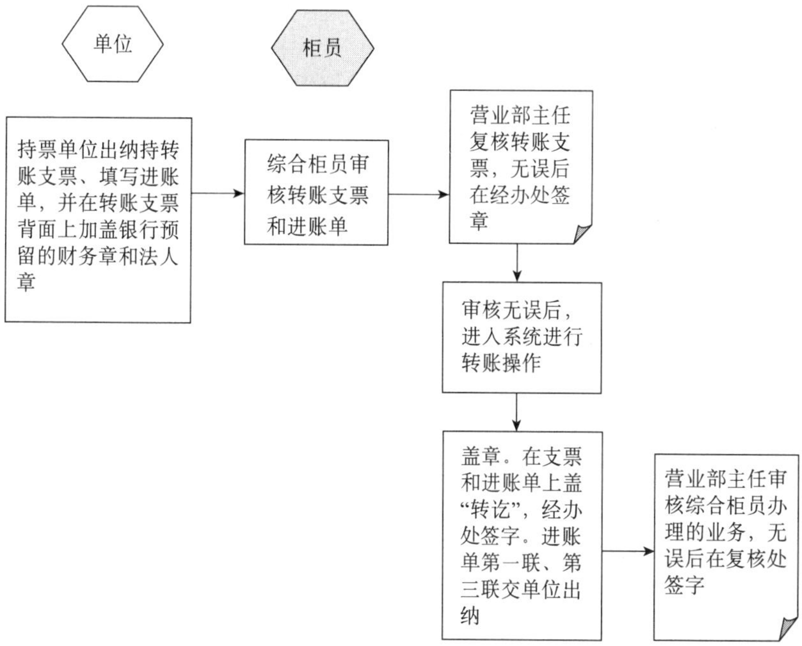

图 6 – 10　单位转账业务流程图

任务实施：

第一步：持票单位出纳持转账支票、填写进账单，并在转账支票背面上加盖银行预留的财务章和法人章（注：持票单位转账支票背面上加盖银行预留的财务章和法人章）。

第二步：综合柜员审核支票是否真实，是否在提示付款期限内；支票必须记载的事项是否齐全，出票金额、出票日期、收款人名称是否更改，其他记载事项的更改是否由原记载人签章证明；出票人的签章是否符合规定，与预留银行的签章是否相符，使用支付密码的，密码是否正确；背书转让的支票是否按规定的范围转让，背书是否连续，签章是否符合规定，背书使用粘单的是否按规定在粘接处签章；持票人是否在支票的背面作委托收款背书。审核无误后，在经办处签章，将支票与进账单递交给营业部主任。

第三步：营业部主任复核无误后，在复核处签章，将支票交还给综合柜员。若转账支票涉及的金额超过一定数额，还需更高一级别的银行人员授权。

第四步：综合柜员根据支票上的内容，进入系统中，进行转账操作。

第五步：综合柜员在支票和进账单第二、三联上盖“转讫”，进账单第一联盖“受理凭证专用章”经办处签字。进账单第一联、第三联交单位出纳。支票和进账单第二联银行留存（同持票人送交支票的盖章相同）。

任务8 日终处理

任务描述：

综合柜员在营业结束后，必须结平现金、核对重要空白凭证、结平账务。

任务实施：

第一步：结平现金。主要是综合柜员在营业结束后，清点现金实物，并将其与虚拟钱箱中的现金余额进行核对 。

（1）综合柜员首先要对实物钱箱中的现金进行清点。

（2）虚拟钱箱和实物钱箱余额进行核对。打印柜员现金日结单和综合柜员轧账表，与库存现金实物进行核对。

（3）核对正确，综合柜员在系统中操作，将虚拟钱箱上缴给金库管理员（由大堂经理兼任）。

（4）现金实物由营业部主任进行复点，并与综合柜员现金日结单核对，无误后在综合柜员现金日结单上签章确认。

（5）营业部主任对现金实物确认无误后，与综合柜员一起，双人将现金实物加锁封包，缴金库管理员保管。

第二步：核对重要空白凭证。

（1）账实核对。每日营业结束，综合柜员应将空白的重要凭证与相关登记簿进行账实核对，确保账实、账账核对相符。

（2）打印综合柜员重要空白凭证轧账单，核对综合柜员保管的各种重要空白凭证的数量和起始号码，并与综合柜员重要空白凭证轧账单上的凭证数量、号码进行核对。

手工核对公式：今日余额 = 昨日余额 − 已使用（售出）凭证份数 − 作废凭证人数 + 领入凭证份数。

第三步：结平账务。综合柜员在营业结束后，需要对当天经办的业务进行账务轧平。

（1）打印报表。综合柜员打印平账报告表。

（2）整理核对交易清单。

核对：交易清单的数量与综合柜员平账报告表上交易清单数是否相符，交易清单上的序号（传票号）是否保持连续。

整理：按传票号从小到大的顺序整理、排列交易清单，原始凭证应作为交易清单的附件。

6.7 我是大堂经理

6.7.1　我的工作职责

大堂经理是银行营业大厅内负责迎宾接待、产品推介、客户疏导、客户维护等项工作的人员，是服务营销和运营管理的重要环节。

（1）服务管理。严格按照规定，协助营业部主任对银行营业部的优质服务情况进行管理和督导，及时纠正违反规范化服务标准的现象。

（2）迎送客户。热情、文明地对进出网点的客户迎来送往，从客户进门时起，大堂经理应主动迎接客户，询问客户需求，对客户进行相应的业务引导。

（3）业务咨询。热情、诚恳、耐心、准确地解答客户的业务咨询。

（4）产品推介。根据客户需求，积极宣传和营销各业务品种，定期总结客户需求，协助信贷部门开拓市场和挖掘潜在客户。

（5）收集信息。广泛收集市场信息和客户信息，充分挖掘重点客户资源，记录重点客户服务信息，用适当的方式与重点客户建立长期稳定的关系。

（6）调解争议。快速妥善地处理客户提出的批评性意见，避免客户与柜员发生直接争执，化解矛盾，减少客户投诉。对客户意见和有效投诉的处理结果在规定时间内及时回复。对客户投诉的重大问题及时向主管领导汇报。

（7）维持秩序。保持整洁的卫生环境；负责对网点的标识、利率牌、宣传牌、告示牌、机具、意见簿、宣传资料、便民设施等整齐摆放和维护；维持正常的营业秩序，提醒客户遵守“一米线”，根据柜面客户排队现象，及时进行疏导，减少客户等候时间；密切关注营业场所动态，发现异常情况及时报告，维护银行和客户的资金及人身安全。

（8）空白凭证保管与发放。

6.7.2　我的工作任务

大堂经理工作任务书如表6－6所示。

表6－6　　大堂经理工作任务书

序号	工作任务	第一期	第二期	第三期	第四期	第五期	第六期	第七期
1	管理服务							
2	迎送客户							

续表

序号	工作任务	第一期	第二期	第三期	第四期	第五期	第六期	第七期
3	推介产品							
4	维持秩序							
5	保管凭证							
6	填写工作日志							

注：①每项任务完成后在对应的框内打“√”。

②此工作任务书作为指导教师监督、检查实训学生的参考依据，也是学生自我管理、自我监督的依据。

任务1　管理服务

任务描述：

严格按照规定，大堂经理应协助营业部主任对银行营业部的优质服务情况进行管理和督导，及时纠正违反规范化服务标准的现象。

任务实施：

大堂经理利用大堂工作的便利，根据银行规范化服务标准，实时监督银行一线工作人员的服务情况，及时纠正违反或不合格的现象，若情节严重，应立即上报营业部主任；若情节特别严重的，可直接上报银行副行长。

任务2　迎送客户

任务描述：

严格按照规范化服务标准，热情、文明地对进出银行的客户迎来送往。银行营业开始，大堂经理要以站姿在营业厅大门入口处，面带微笑迎接第一批客户。从客户进门时起，大堂经理应主动迎接客户，询问客户需求，对客户进行相应的业务引导，协助客户填写各类凭证。

任务实施：

第一步：迎接客户。当客户进入银行，大堂经理应微笑致意“您好，请问您需要办理什么业务?”或“您好，请问有什么事我可以帮忙吗？请这边走”。引导客户到相应的区域办理业务银行内部区域功能包括：

（1）对公现金出纳业务到封闭式柜台办理。

（2）对公结算业务可在开放式柜台办理。

（3）涉及对公信贷业务等到信贷区域办理。

第二步：业务指导。对客户的问询，要求做到：“首问负责制”。不以“不知道、问某某去”等推脱，而是自己首先予以解答，解答不了的贷款营销等问题，立即联系相关营销人员。

（1）热情、诚恳、耐心、准确地解答客户的各类银行业务咨询。

（2）指导客户填写单据，做好相关政策的宣传、解释工作。

任务3　推介产品

任务描述：

根据客户需求，积极推荐或销售商业银行各类产品和服务，定期总结客户需求，协助信贷部门开拓市场和挖掘潜在客户。

任务实施：

第一步：大堂经理利用在营业大厅工作的便利，随时询问、了解客户的需求，广泛收集市场信息和客户信息，充分挖掘重点客户资源，记录重点客户服务信息，用适当的方式与重点客户建立长期稳定的关系。

第二步：记录客户对本行业务及服务工作的建议及表扬。

第三步：定期报告。

（1）定期归纳分析市场信息、客户信息、客户需求及客户对本网点产品营销、优质服务等方面的意见，提出改进的建议，以书面形式每月向银行副行长和银行行长报告一次（遇重大问题随时报告）。

（2）对大堂经理反映的问题，银行行长和副行长应及时研究，并采取有针对性的措施加以解决。

任务4　维持秩序

任务描述：

大堂经理是商业银行团队业务合作的枢纽。大堂经理应维持银行正常工作秩序，减轻柜台压力，降低银行成本。

任务实施：

第一步：保持整洁的卫生环境；负责对网点的标识、利率牌、宣传牌、告示牌、机具、意见簿、宣传资料、便民设施等整齐摆放和维护。

第二步：维持正常的营业秩序，提醒客户遵守"一米线"，根据柜面客户排队现象，及时进行疏导，减少客户等候时间。

第三步：密切关注营业场所动态，发现异常情况及时报告。

第四步：快速妥善地处理客户提出的批评性意见，避免客户与柜员发生直接争执，化解矛盾，减少客户投诉。

第五步：对客户意见和有效投诉的处理结果在规定时间内及时回复。对客户投诉的重大问题及时向副行长汇报。

任务5　保管会计凭证

任务描述：

会计凭证是各项业务和财务活动的原始记录，是办理业务和记账的依据。重要空白凭证实行统一管理、专人专管制度，并纳入表外科目，以"一份一元"为记账单位核算。

大堂经理除了做好本职工作以外，在多专业课程模拟情境中，还承担了票据专管员的工作职责。

任务实施：

第一步：保管银行所有空白凭证，负责重要空白凭证登记本的登记、装订及保管。

（1）从管委会领入银行所需的资料后，填写《重要空白凭证入库单》。

（2）根据《重要空白凭证入库单》内容填写《重要空白凭证登记簿》。

第二步：空白凭证发放。重要空白凭证应按号码顺序发放、使用，不得跳号。

（1）银行柜员根据实际业务量情况，领取需要的凭证种类及数量，填写一式两联的《重要空白凭证出库单》，经营业部主管审核签章后交给大堂经理。

（2）大堂经理审核银行柜员填制的《重要空白凭证出库单》，根据“重要空白凭证出库单”所填凭证种类、数量登记“重要空白凭证保管领用登记簿”，填写凭证起讫号码并签章。

（3）大堂经理根据《重要空白凭证出库单》的内容将凭证调配给综合柜员，并要求综合柜员在《重要空白凭证登记簿》的“签收”处签章。《重要空白凭证出库单》第一联大堂经理留存，第二联交综合柜员。

第三步：每日营业结束后，核对重要空白凭证的库存数，保证账、簿、实相符。

6.8 我是信贷部经理

6.8.1 我的工作职责

信贷部经理主要是协助银行行长做好银行信贷部的管理工作，营销银行产品，负责银行贷款业务的初审及银行对外宣传。

（1）负责信贷部门的日常管理工作，贯彻落实银行各项规章制度。

（2）每期根据部门员工的实际情况，向副行长上报业务培训计划。

（3）不定期组织开始部门员工的竞争活动。

（4）负责信贷业务日常管理工作。审核贷前调查，按权限审查报批各类贷款，督查贷后管理工作。及时向银行行长汇报工作的进展情况及信贷等业务检查中出现的问题。

（5）组织市场营销工作。

（6）定期报告。

（7）组织清收转化不良贷款，提高信贷资产质量。

（8）建立信贷综合台账管理工作，负责信贷的登记、分类、处理；负责各项业务管理的督促检查。

（9）信贷部的对外联络。

（10）银行对外宣传，包括每日的银行宣传报、银行在新闻媒体的广告宣传及银行内部的宣传画报。

6.8.2 我的工作任务

信贷部经理工作任务书如表 6－7 所示。

表 6－7 信贷部经理工作任务书

序号	工作任务	第一期	第二期	第三期	第四期	第五期	第六期	第七期
1	组织市场营销							
2	信贷业务管理							
3	组织员工进行业务学习、竞争活动							
4	银行对外宣传							
5	填写工作日志							

注：①每项任务完成后在对应的框内打“√”。

②此工作任务书作为指导教师监督、检查实训学生的参考依据，也是学生自我管理、自我监督的依据。

任务1 组织市场营销

任务描述：

市场营销是商业银行为满足客户需求，通过创造引导需求和欲望，并且通过产品满足需求和欲望，以创造达到个人和组织的目标，包括目标市场选择、价格、渠道、促销政策的确定等一系列与市场有关的经营活动。

任务实施：

第一步：根据商业银行信贷工作方针，关注和搜集单位发展动态，积极进行信贷营销，以及新兴业务产品的推出营销。

第二步：做好本部门新业务的开发和推广工作。

第三步：定期归纳分析市场信息、客户信息、客户需求及客户对银行产品营销、优质服务等方面的意见，提出改进的建议，以书面形式每期向行长报告一次（遇重大问题随时报告）。

第四步：及时向主管领导汇报工作的进展情况及信贷等业务检查中出现的问题。

任务2 信贷业务管理

任务描述：

信贷部经理负责信贷业务日常管理工作。审核贷前调查，按权限审查报批各类贷款，督查贷后管理工作（贷款业务流程参见我是“信贷专员——任务2 办理贷款”）。

任务实施：

第一步：贷款初审。对经办部门移交作为签订授信合同的基础资料的完整性、有效性，以及和审批依据的一致性进行法律审核，确保签订合同质量。

第二步：贷后管理。负责全面检查贷后检查落实情况，定期检查各类贷后管理资料完成（完备）情况。按照贷后检查间隔期规定，检查核实《贷后检查表》的完成时间、次数，以及《贷款到期催收通知书》《欠息催收通知书》《贷款到期提示通知书》等相关文书的发送和回执。

第三步：组织实施季度客户信用评级、综合授信、押品评估工作。认真审查资料，确保客户信用评级、综合授信、押品评估真实有效。

第四步：负责贷后管理的督促检查工作，按考核办法对各项考核目标进行考核登记。

第五步：建立信贷综合台账管理工作，负责信贷的登记、分类、处理；负责各项业务管理的督促检查。

任务3　组织员工业务学习、竞争活动

任务描述：

定期组织信贷部员工进行业务学习，开展多种形式的业务练兵活动，提供本部门员工互相学习和切磋技能的机会，激励本部门员工提升工作成效。

任务实施：

第一步：每季度根据部门员工的实际情况，向副行长上报业务培训计划。协助副行长对本部门员工进行培训，不断提高员工的业务水平，打造学习型部门。

第二步：不定期组织部门员工的竞争活动，相互激励，如组织吸收对公存款竞争活动等。

任务4　对外宣传

任务描述：

信贷部经理应建立与单位客户之间的联系，协调与各部门的工作关系。在多专业课程模拟情境中，信贷部经理还应做好银行对外的宣传工作。

任务实施：

第一步：对外宣传报道：

（1）负责和新闻媒体的联络，以及宣传活动举行会议时的记者邀请。

（2）负责和新闻媒体建立良好的关系，以及平时的沟通和交流。

（3）及时组织撰写并向新闻媒体提供报道本行新闻和信息的稿件。

第二步：行报编辑：

（1）全面负责行报《川财院模拟银行报》的组稿、编辑、印刷业务。

（2）负责向各部门负责人建立良好的联络，并在每日营业结束前向各部门收集投稿稿件，负责对稿件进行修改、审核、编辑，对各版面内容进行编辑校对后，送行长审核签字，并在每日早上9：30分之前出报，并分发至多专业综合实训管理委员会及各单位。

第三步：设计、美化银行宣传栏：

（1）根据信贷专员向各部门收集的银行宣传资料，进行银行宣传栏的设计、美化、

布置。

（2）负责根据银行产品广告设计方案。

6.9 我是信贷专员

6.9.1 我的工作职责

信贷专员是在信贷部经理的领导下，营销银行产品，具体实施商业银行的信贷业务。

（1）积极开展单位类客户信息的收集、整理和分析，实施银行单位业务发展战略和营销策略。

（2）积极开展单位客户的营销，组织公司客户的联合营销，并负责单位业务的客户咨询。

（3）负责单位客户的贷前调查、贷中管理、贷后检查和收贷收息，以及其他各种产品与服务的综合营销。

（4）积极进行单位客户市场需求的研究，提出开发新产品建议，参与市场调查新产品的设计、开发和测试。

（5）资产保全工作。

（6）信贷档案的收集、整理、装订工作。

（7）协助信贷部经理做好银行对外宣传工作。

（8）负责本部门的内勤工作。

6.9.2 我的工作任务

信贷专员工作任务书如表6－8所示。

表6－8　　信贷专员工作任务书

序号	工作任务	第一期	第二期	第三期	第四期	第五期	第六期	第七期
1	调查营销							
2	办理贷款							
3	整理档案							
4	银行对外宣传							
5	填写工作日志							

注：①每项任务完成后在对应的框内打“√”。

②此工作任务书作为指导教师监督、检查实训学生的参考依据，也是学生自我管理、自我监督的依据。

任务1　调查营销

任务描述：

信贷专员必须对市场营销环境全面了解，进行科学的分析，有针对性地进行营销。

任务实施：

（1）积极开展单位类客户信息的收集、整理和分析，实施银行单位业务发展战略和营销策略。

（2）负责对所发放贷款业务品种的营销工作。

（3）参与本行新产品的开发的研发和推广工作。

任务2　办理贷款

任务描述：

企业贷款是指企业为了生产经营的需要，向银行或其他金融机构按照规定利率和期限的一种借款方式。

（1）贷款对象：经工商行政管理机关（或主管机关）核准登记的企（事）业法人、其他经济组织、个体工商户等，拥有工商行政管理部门颁发的“企业法人营业执照”。

（2）贷款类型：包括流动资金贷款和固定资产贷款（见表6－9）。

①流动资金贷款：人民币流动资金贷款是为满足客户在生产经营过程中短期资金需求，保证生产经营活动正常进行而发放的贷款。

担保方式：信用贷款、抵押贷款和质押贷款。

贷款期限：贷款期限主要根据借款人的生产经营周期、还款能力和贷款人的资金实力，由借贷双方协商确定，一般不超过1年，特殊情况最长期限不超过3年（含3年）。

利息计算：人民币流动资金贷款价格按照中国人民银行有关贷款利率管理规定执行。流动资金贷款额累计超过2000万元，贷款利率上浮；每季度流动资金贷款额累计不足500万元，贷款利率下浮，浮动幅度在1%以内。

②固定资产贷款：是指银行为解决企业固定资产投资活动的资金需求而发放的贷款。企业固定资产投资活动包括：

A. 基本建设是指经国家有权部门批准的基础设施、市政工程、服务设施和新建或扩建生产性工程等活动。

B. 技术改造是现有企业以扩大再生产为主的技术改造项目。

C. 科技开发是指用于新技术和新产品的研制开发并将开发成果向生产领域转化或应用的活动。

D. 其他固定购置是指不自行建设，直接购置生产、仓储、办公等用房或设施的活动。

担保方式：抵押贷款和质押贷款

贷款期限：1～5年的中期贷款或5年以上的长期贷款。

利息计算：按中国人民银行发布的中长期贷款利率执行。固定资产贷款额累计超过5000万元，贷款利率上浮；每季度固定资产贷款额累计不足800万元，贷款利率下浮，浮动幅度在1%以内。

表6－9　　固定资产贷款与流动资金贷款的区别

项目	固定资产贷款	流动资金贷款
用途	解决企业固定资产投资活动的资金需求	满足企业中、短期的资金需求
期限	1～5年的中期贷款或5年以上的长期贷款	1年以内的短期贷款或1～3年期的中期贷款
审核方式	逐笔申请逐笔审核	逐笔申请逐笔审核或在银行规定时间及限额内随借、随用、随还的流动资金贷款额度
还款来源	项目竣工验收投产后的现金或企业自有资金	主要为企业经营收入
风险	外部影响因素多，不确定性和不稳定性因素多，风险较大	集中在借款人、担保人或抵（质）押的风险
收益	长期、稳定收益	短中期收益

（3）贷款额度。

①流动资金贷款需求量应基于借款人日常生产经营所需营运资金与现有流动资金的差额（即流动资金缺口）确定。借款人营运资金量影响因素主要包括现金、存货、应收账款、应付账款、预收账款、预付账款等。在调查基础上，预测各项资金周转时间变化，合理估算借款人营运资金量。在实际测算中，借款人营运资金需求可参考如下公式：

营运资金量＝上年度销售收入×(1－上年度销售利润率)×(1＋预计销售收入年增长率)/营运资金周转次数

②固定资产贷款1000万元以下且不超过借款人净资产10%。单项固定资产、经营性固定资产贷款额度，根据借款人的实际资金需求、偿债能力及所提供的风险保障措施确定。

③抵质押物按照商业银行认定价值的一定比例确定，最高70%。

④以商业银行汇票、商业银行承兑汇票、支票、本票、存款单、国库券等有价证券质押的，质押率最高不得超过90%。

⑤根据客户提供的经由会计师事务所审计后的财务报表数据，信用贷款额度如表6－10所示。

表6－10

资产负债率（%）	40以下	40～50	50～60	60～70	70～80	80以上
贷款额度（万元）	3000	2500	2000	1000	800	0～500

（4）贷款操作。

单位贷款操作包括了贷款发放和贷款归还。

涉及岗位：银行副行长、信贷部经理、信贷专员、综合柜员。

任务实施：

贷款发放。

操作流程：

单位贷款发放业务流程如图6－11所示。

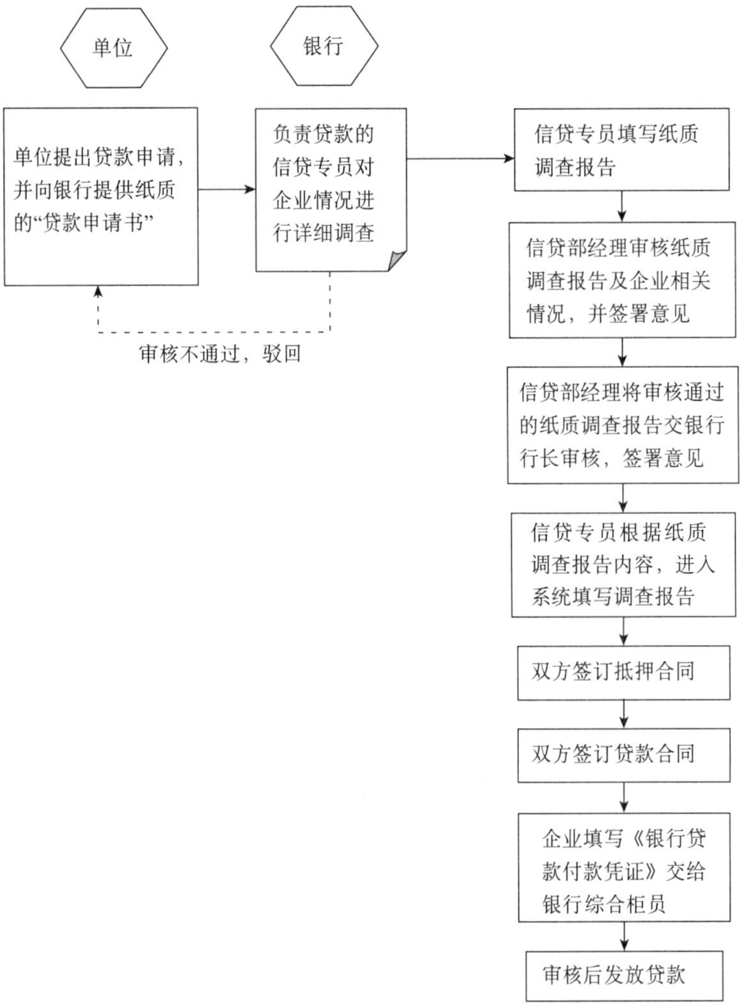

图 6－11　单位贷款发放业务流程图

第一步：单位客户向银行提出贷款申请，并向银行提供盖有单位公章的《贷款申请书》。

第二步：银行负责贷款的信贷专员对该单位的生产经营情况进行全面调查，填写调查报告。

（1）审查内容包括：

①资料及手续完备性审查。

②对影响客户财务状况的主要因素、非财务状况等进行必要的风险分析。

③根据企业财务资料，银行对账单等资料判断企业的现金流情况，合理确定企业的还款能力。

④对担保情况的审查。

⑤完成有关审查意见及必要手续。

（2）根据对客户调查的实际情况，填写纸质的调查报告。

（3）根据纸质版的调查内容，在系统上进行操作。

第三步：信贷部经理审核调查报告及企业提交的相关材料，并签署意见。

第四步：信贷部经理将审核通过的调查报告交银行行长审核，签署意见。

第五步：银行行长、信贷部经理及信贷专员与单位经办人共同协商利率等相关贷款事宜，并签订抵押合同。

第六步：商业银行与单位就相关贷款事宜相互确认后签订贷款合同。

第七步：单位经办人根据签订的《抵押合同》和《贷款合同》，填写一式六联的《银行贷款付款凭证》，盖单位公章，并由银行行长签章，信贷部经理签章，信贷专员签章，若有担保人的，还需担保人签章。

第八步：单位经办人将《银行贷款付款凭证》连同《抵押合同》和《贷款合同》一并交给综合柜员。

第九步：综合柜员审核《抵押合同》《贷款合同》和一式六联的《银行贷款付款凭证》。《抵押合同》《贷款合同》是否加盖相关部门的签章及签字；《银行贷款付款凭证》上填写的内容是否与《抵押合同》《贷款合同》一致；是否加盖单位预留印鉴。

第十步：审核无误后，综合柜员登录系统操作，发放贷款。

第十一步：分流。综合柜员将一式六联的《银行贷款付款凭证》，第二联、三联分别作为贷款单位户借、贷方记账凭证银行留存，第一联、第四联、五联由银行信贷部门留存，第六联为贷款单位收执。

第十二步：综合柜员、信贷专员做好信贷发放记录。

第十三步：信贷部门应随时查阅单位贷款到期日，在到期日前，通知贷款单位准备资金按时还款。

贷款归还。

操作流程：

单位贷款归还业务流程如图6－12所示。

第一步：贷款单位还款时，持转账支票，通知商业银行信贷部门，填制一式四联《还款凭证》，交银行信贷专员，办理还款手续。

第二步：信贷专员对该户贷款的应收利息和应收贷款欠息情况进行查询，由信贷部经理复核并签章。

第三步：信息审核无误后，信贷专员陪同贷款单位，将《还款凭证》、转账支票交银行综合柜员办理贷款还款。

第四步：综合柜员审核《还款凭证》和转账支票，并在经办处签字。

第五步：营业部主任复核《还款凭证》和转账支票，并在复核处签字。

第六步：综合柜员根据《还款凭证》和转账支票内容，进入系统操作。

第七步：综合柜员在转账支票和《还款凭证》上盖“转讫”。

第八步：分流。《还款凭证》第一联交信贷专员留存，第二联银行作为收回贷款本金凭证，第三联银行作为收回贷款利息凭证，第四联退给单位作为还款回单。

第九步：综合柜员、信贷专员做好信贷还款记录。

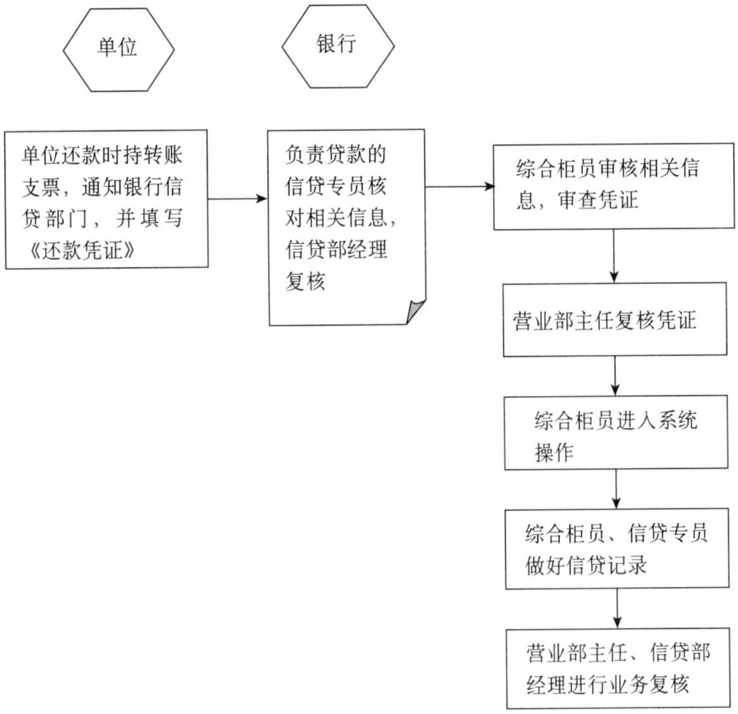

图 6-12　单位贷款归还业务流程图

任务 3　整理档案

信贷业务档案按照集中统一管理的原则进行规范化管理，贷款业务实际发生后，信贷专员要及时收集、整理、装订信贷档案，并对档案资料的真实、完整、有效、保密等负责。

任务实施：

第一步：收集、整理、装订贷后检查记录资料、贷款五级分类资料、建立信贷关系后常规的评级、授信资料，以及客户的各期财务报表、各种证书的年检证明等后续资料。

第二步：认真核实贷款资料的资产准确性；认真核实待处理抵债资产的准确性；及时建立贷款资料台账，及时建立待处理抵债资产台账。

任务 4　银行对外宣传

协助信贷部经理完成银行对外宣传工作（银行对外宣传内容参见“我是信贷部经理——任务 4　银行对外宣传”）。

第 7 章　走进综合服务公司

多专业课程体系中我们设置有制造公司和贸易公司两大类企业，而综合服务公司则明显区别于这两类企业，是服务型企业。设立综合服务公司的目的，就是服务于制造企业和贸易公司，涉及企业工商代办、物流服务、场地租赁等业务，同时也解决一些零碎业务的办理，使其在实训过程中的业务处理与现实无限接近。

7.1 工作职能

（1）工商代办。负责工业园区内所有企业（包括会计师事务所）的工商代办业务，完成企业核名到注册的所有相关资料的收集、整理。

（2）物流服务。向制造企业和贸易公司提供原材料和产成品的物流服务。

（3）招投标。受客户委托向园区内所有制造企业进行产成品的招投标。

（4）职场租赁。园区内所有企业的职场租赁，由综合服务公司代办。

（5）品牌宣传活动。举办工业园品牌宣传活动，组织园区内所有企业参与。

7.2 岗位设置

综合服务公司作为服务型企业，和园区里的其他企业在岗位设置上略有不同。企业中除总经理外，下设财务部、人事行政部和综合业务部。财务部设财务总监、总账会计和外勤会计各 1 名，人事行政部设人力资源专员和行政助理各 1 名，综合业务部设客户经理 4 名。本章重点介绍综合服务公司总经理和客户经理的工作任务和工作流程，其他岗位请参照前几章企业财务部、人事行政部相关内容。

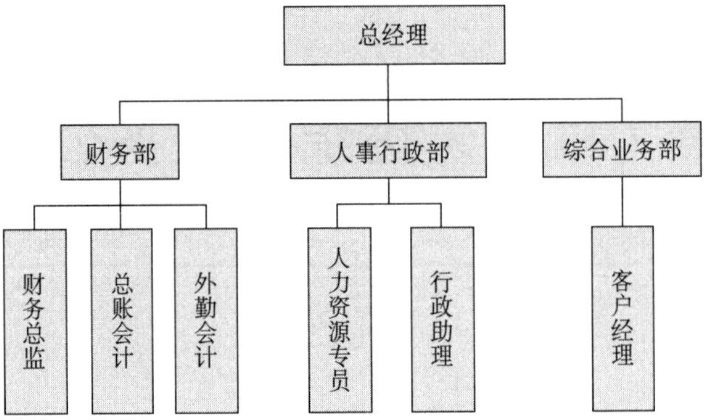

图 7－1　综合服务公司组织结构图

7.3 我是综合服务公司总经理

7.3.1　我的工作职责

（1）进行人员招聘，组建综合服务公司，明确人员分工。

（2）建立健全企业内部各项规章制度，明确各岗位的工作职权，加强调配和使用人员，做好内部人事管理工作。

（3）检查监督企业工商注册代办业务，加强内部业务培训，促使各项工作有条不紊地进行。

（4）规划好物流业务的开展，带领员工核算物流成本、拟定物流协议、落实物流运输等工作。

（5）组织园区内企业著名商标评选、企业年会等活动，督促建立行业协会，帮助搭建企业交流平台，开展企业间交流合作。

（6）负责综合服务公司的日常管理工作，安排好相关数据的统计工作。

7.3.2　我的工作任务

综合服务公司总经理工作任务书如表 7－1 所示。

表 7－1　综合服务公司总经理工作任务书

序号	工作任务	第 1 期	第 2 期	第 3 期	第 4 期	第 5 期	第 6 期	第 7 期
1	团队组建							
2	制定企业制度，打造企业文化							

续表

序号	工作任务	第1期	第2期	第3期	第4期	第5期	第6期	第7期
3	检查和监督企业注册代办业务的开展							
4	规划和落实物流业务							
5	策划并组织实施招投标							
6	组织企业文化推广活动							
7	内部员工绩效考核							
8	填写工作日志和总结							

注：①每项任务完成后在对应的框内打“√”。

②此工作任务书作为指导教师监督、检查实训学生的参考依据，也是学生自我管理、自我监督的依据。

任务1　团队组建

任务描述：

优秀的团队是企业各项工作顺利开展的基础。综合服务公司搭建初期，总经理同样要进行团队组建。按照预期设计的工作岗位进行人员的招聘、选拔和任务分工。

任务流程：

工作流程如图7－2所示。

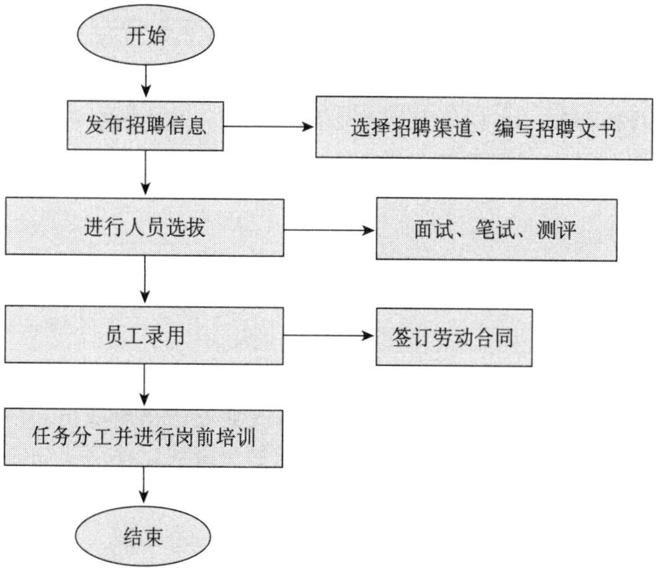

图7－2　团队组建流程图

任务实施：

第一步：根据岗位需求拟定招聘计划，撰写招聘广告，确认招聘流程。

第二步：根据招聘计划，进行员工招聘。

第三步：按照岗位分工参加员工岗前培训工作。

第四步：到园区管委会领取相关办公用品和资料。

任务 2　制定企业制度

任务描述：

国有国法，家有家规。制定完善、规范的管理制度是一个企业良好运行的基本保证。企业团队组建完成以后，总经理就应该带领全体成员着手制定本公司的相关管理制度，包括财务制度、人事管理制度、业务管理制度等。

任务实施：

第一步：组织各部门召开会议，研讨企业基本管理制度，可查阅相关资料进行编写。

第二步：各部门根据业务要求制定岗位说明书，明确任务分工及绩效考核，整理提炼企业管理制度。

第三步：全员学习企业制度，在实施过程中根据实际情况进行制度的修订与完善。

任务 3　检查和监督企业注册代办工作的开展

任务描述：

企业注册代办是综合服务公司的重点业务之一，作为总经理应随时督查业务一线人员，认真核查企业上交的相关资料，严格遵守国家的相关法律法规，高效率地为企业服好务。如果在业务办理过程中出现问题，总经理应及时进行业务指导，并协助客户经理和企业做好沟通交流工作，督促企业尽快重新进行申请办理。

任务实施：

第一步：组织客户经理，对工商局注册业务流程及相关资料进行业务培训。

第二步：学习代理协议，指导填写相关文件，以本公司注册登记办理为模板熟悉业务。

第三步：安排客户经理开展业务，并随时检查办理情况，做好数据统计和业务进度的追踪。

任务 4　规划和落实物流业务

任务描述：

物流业务是综合服务公司利润的最大来源，日常业务的重中之重。作为总经理应带领全体员工做好物流业务的规划，核算物流成本，拟定物流协议，并落实物流服务工作的实施。

任务流程：

规划和落实物流业务流程如图 7－3 所示。

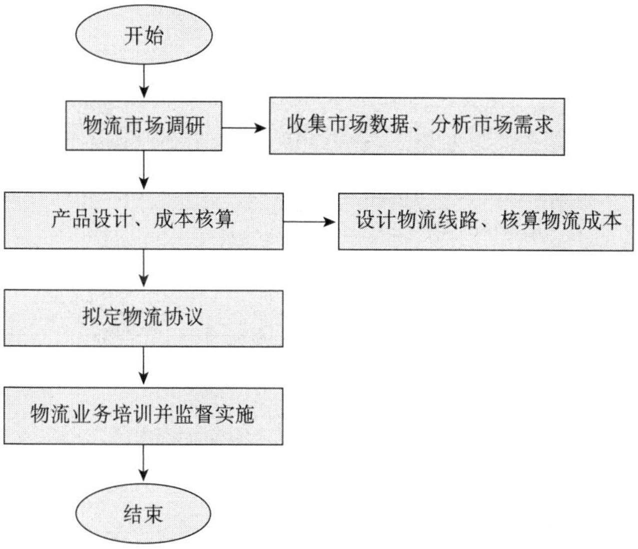

图 7-3 规划和落实物流业务流程图

任务实施：

第一步：安排客户经理收集企业客户信息，了解客户物流需求。

第二步：组织财务部和业务部人员，进行物流业务核算，制订物流运输价格。

第三步：拟定物流协议，制订出物流服务流程，对客户经理进行业务培训。

第四步：随时检查监督物流业务的办理，及时解决问题，提升服务质量。

任务5 策划并组织实施招投标

任务描述：

招投标是在市场经济条件下，进行大宗货物的买卖、工程建设项目的发包与承包以及服务项目的采购与提供时，所采取的一种交易方式。在多专业综合实训中，综合服务公司受终端客户委托面向所有制造公司组织一次产成品的招投标，相当于招标代理机构即招标公司。

任务流程：

招投标工作流程如图 7-4 所示。

任务实施：

第一步：总经理安排客户经理收集园区内所有制造企业的生产情况，并着手进行招投标准备工作。

第二步：确定招标进度计划、采购时间，采购技术要求，主要合同条款，投标人资格，采购质量要求等内容，撰写招标文件。

第三步：招标公司发出招标公告（公开招标）或投标邀请（邀请招标）。投标人看到公告或收到邀请后前往招标公司购买招标文件，并准备投标文件。

第四步：在开标前组建评标委员会，评标委员会负责评标。评委会组成和评标须符合《评标委员会和评标方法暂行规定》。

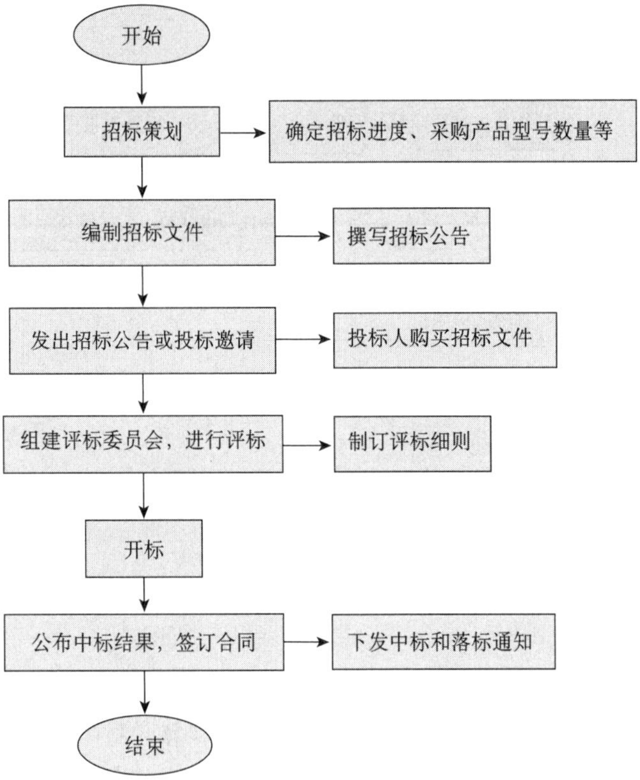

图 7－4 招投标工作流程

第五步：组织招标人、投标人在招标文件规定的时间进行开标。开标包括：招标公司委派的主持人宣布开标纪律；确认和宣读投标情况；宣布招标方有关人员情况；检查投标文件密封情况；唱标（对投标函或投标一览表中的投标人名称/价格/交货期/投标保证金等内容唱标）；完成开标记录并各方签字，开标结束。

第六步：评委会审查投标文件进行初步评审、详细评审和澄清（如有必要），最终确定中标人。公布中标结果，下发中标、落标通知书。

任务 6 组织企业文化推广活动

任务描述：

综合服务公司在园区内还应该搭建企业交流的平台，为推动企业之间的相互了解，增强企业产品的市场竞争能力，全面提高企业的产品质量和服务质量，促进地区经济的快速发展，综合服务公司将定期组织企业文化相关的评选活动，如著名商标评选、员工风采大赛、广告创意大赛、新产品推广会等活动（以下以著名商标评选活动为例）。

任务实施：

第一步：拟定著名商标评选活动计划，发布著名商标评选活动公告。

第二步：收集企业申报著名商标的相关资料。

第三步：按计划进行著名商标的评选，并公布评选结果，对获奖者授予地区著名商标证书[①]。

任务7　内部员工绩效考核

任务描述：

绩效考核是现代企业管理中的重要方面，运用科学的考核标准和方法对员工定期进行考核，实现全面了解员工情况，发现其不足并提出改进措施，改善员工组织行为，促进企业目标实现。多专业综合实训中每一个岗位都会参与考核，企业中的成员不仅将由总经理对其进行评价，而且还要完成360度互评。

任务实施：

第一步：根据各岗位工作职责和考核制度，编制绩效考核方案。

第二步：按照考核指标在部门内先进行民主评议。

第三步：组建考核小组对员工考核期内的表现进行综合评议。

第四步：归纳汇总绩效考核结果，有针对性地进行考核结果反馈。

任务8　填写工作日志和总结

根据每天完成的工作，认真填写工作日志，做好数据统计，为后续工作的进一步开展做好准备。实训结束后，完成实训总结报告一份。

7.4 我是客户经理

7.4.1　我的工作职责

（1）负责与园区内企业签订职场租赁合同，协助财务进行租赁费用的收缴。

（2）负责企业的名称预先核准登记的代办业务。

（3）负责代办企业注册登记及印章业务。

（4）负责日常物流业务的办理，整理物流业务台账，参与成本核算，物流客户的维护工作。

（5）配合局长开展招投标、著名商标评选、企业年会等活动。

---

① 企业著名商标的评选应根据《驰名商标认定和保护规定》的标准来进行，但多专业实训中模拟的情境还达不到这样的要求，故综合服务公司在评选过程中应偏重于企业商标的创新性，力求寓意深刻、造型新颖，更重要的是商标与其承载企业文化的深入程度等。

（6）完成局长交付的临时性、阶段性工作。

7.4.2 我的工作任务

客户经理工作任务书如表 7－2 所示。

表 7－2 客户经理工作任务书

序号	工作任务	第 1 期	第 2 期	第 3 期	第 4 期	第 5 期	第 6 期	第 7 期
1	职场租赁							
2	企业名称预先核准							
3	企业注册登记							
4	物流业务							
5	招投标							
6	著名商标评选活动							
7	填写工作日志							

注：①每项任务完成后在对应的框内打“√”。
②此工作任务书作为指导教师监督、检查实训学生的参考依据，也是学生自我管理、自我监督的依据。

任务 1 职场租赁

任务描述：

在多专业综合实训中，所有企业在工业园区里面进行办公，职场由工业园提供，各企业每月支付相应的租赁费用。租赁业务的办理交由综合服务公司来承担。

任务流程：

职场租赁流程如图 7－5 所示。

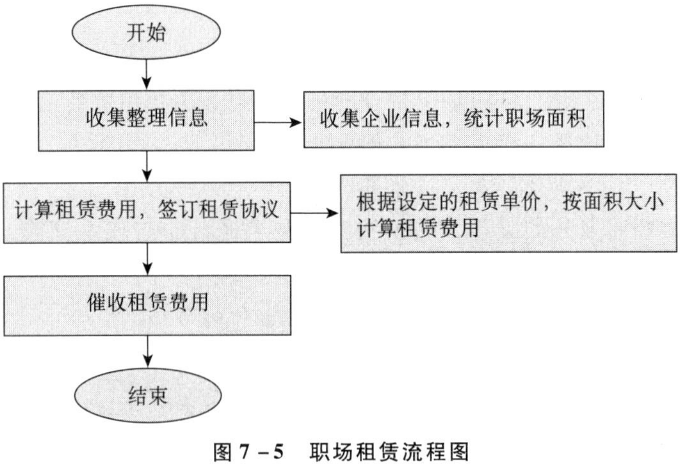

图 7－5 职场租赁流程图

任务实施：

第一步：在园区内各企业成立以后，到管委会收集各职场面积情况，然后调查了解办公职场租赁市场数据。

第二步：向总经理汇报情况，由总经理召集大家共同制订职场租赁单价，财务部核算每个职场的租赁费用，由客户经理通知客户企业的行政人员前来签订租赁合同。

第三步：根据租赁合同，协助财务部催收各企业的租赁费用。

任务2 企业名称预先核准

任务描述：

企业名称预先核准是企业在工商行政管理部门登记注册的第一步。名称预先核准的目的就是要审核企业申请的公司名称是否有和其他相关企业出现重名，如果重名，企业则必须为公司起另外的名字直到工商局审核通过为止。多专业综合实习过程中综合服务公司将代办企业注册的相关业务，由于目前企业名称预先核准都由企业在网上进行直接填写提交工商局审核，所以综合服务公司的客户经理负责指导企业在网上填报。

【知识拓展】

企业名称应符合国家工商行政管理总局在2004年公布的《企业名称登记管理实施办法》。由行政区划、字号、行业、法律形态或组织形式依次组成，法律法规另有规定的除外。例如，成都新锐科技开发有限责任公司，其中“成都”为行政区划，“新锐”为字号，“科技开发”为行业，“有限责任公司”为法律形态。

企业名称中给人印象最深的就是字号。如“四川长虹电器股份有限公司”其中长虹就是字号，字号能够让人们把多个企业迅速的区别开来。企业名称中的字号应由两个或两个以上汉字组成，行政区划一般不得用作字号。企业名称可以使用投资人为自然人的姓名作字号。如“李宁体育用品有限公司”，就是以投资人为自然人的姓名作为字号的。

企业名称不得含有下列内容和文字：

（1）有损于国家、社会公共利益的。

（2）可能对公众造成欺骗或者误解的。

（3）外国国家（地区）名称、国际组织名称。

（4）政党名称、党政军机关名称、群众组织名称、社会团体名称及部队番号。

（5）汉语拼音字母（外文名称中使用的除外）、阿拉伯数字。

（6）其他法律、行政法规规定禁止的。

任务流程：

企业名称预先核准流程如图7-6所示。

任务实施：

第一步：到各企业联系工商代办业务，签订代办协议。

第二步：指导企业网上填写《企业名称预先核准申请书》或收集客户资料，直接代为网上填报。

第三步：提交后3~5个工作日可在网上查阅《企业名称预先核准公告》，及时通知企

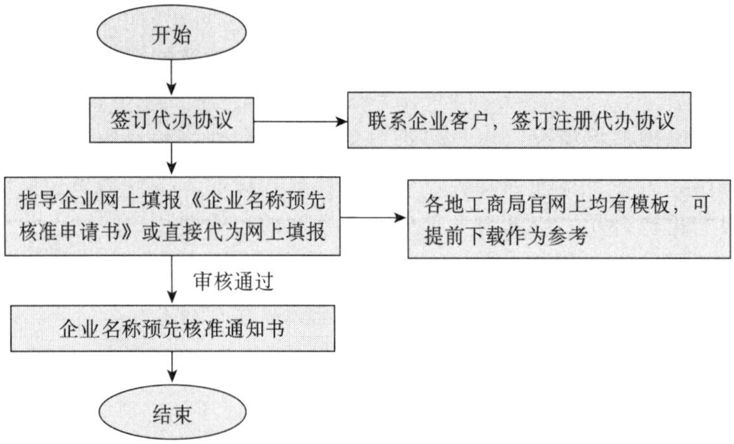

图 7－6　企业名称预先核准流程

业办理下一步手续。

任务 3　企业注册登记

任务描述：

每个进入市场的经济主体都要到工商行政管理机关进行注册登记，以此来获取正式进入市场的资格证。要求企业进行注册登记的目的是为了确认公司的企业法人资格，规范公司登记的行为。综合服务公司负责收集企业注册登记需要的相关资料，帮客户前往工商局代为办理注册业务。

【知识拓展】

公司的登记事项包括：

（1）名称。

（2）住所。

（3）法定代表人姓名。

（4）注册资本。

（5）实收资本。

（6）公司类型。

（7）经营范围。

（8）营业期限。

（9）有限责任公司股东或者股份有限公司发起人的姓名或者名称，以及认缴和实缴的出资额、出资时间、出资方式。

申请设立有限责任公司，应当向公司登记机关提交下列文件：

（1）公司法定代表人签署的设立登记申请书。

（2）全体股东指定代表或者共同委托代理人的证明。

（3）公司章程。

(4) 股东的主体资格证明或者自然人身份证明。
(5) 载明公司董事、监事、经理的姓名、住所的文件以及有关委派、选举或者聘用的证明。
(6) 公司法定代表人任职文件和身份证明。
(7) 企业名称预先核准通知书。
(8) 公司住所证明。
(9) 国家工商行政管理总局规定要求提交的其他文件。

申请设立股份有限公司，应当向公司登记机关提交下列文件：
(1) 公司法定代表人签署的设立登记申请书。
(2) 董事会指定代表或者共同委托代理人的证明。
(3) 公司章程。
(4) 发起人的主体资格证明或者自然人身份证明。
(5) 载明公司董事、监事、经理姓名、住所的文件以及有关委派、选举或者聘用的证明。
(6) 公司法定代表人任职文件和身份证明。
(7) 企业名称预先核准通知书。
(8) 公司住所证明。
(9) 国家工商行政管理总局规定要求提交的其他文件。

任务流程：

企业设立登记流程如图 7 - 7 所示。

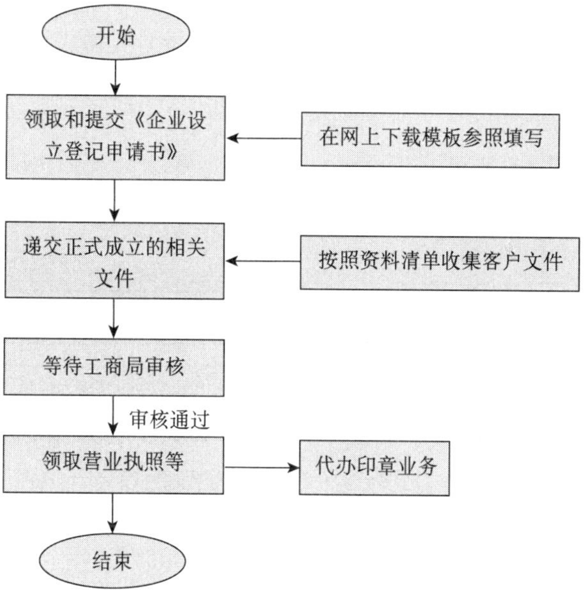

图 7 - 7　企业设立登记流程

任务实施：

第一步：企业名称预先核准通过后，应准备相关文件（企业需提供：《企业名称预先核准通知书》、公司董事长签署的设立登记申请书、公司章程、股东的法人资格证明或自然人身份证明、股东构成证明、住所证明、相关部门证明、公司法定代表人任职文件和证明等），准备接受工商局对该企业的进一步审查，确认企业开展生产经营活动的合法性，保护企业所有者的利益，同时也有利于市场经营秩序的维护。

第二步：待工商局审核通过后，到工商局领取营业执照。目前，全国已经开始实施五证合一，大幅度缩减了办证时限，方便了企业准入，提高了登记效率。

第三步：为客户代办印章业务，如企业财务章、合同章等。

第四步：收集整理工商注册代办业务资料，及时向总经理汇报工作进展。

【知识拓展】

五证合一：2015 年 7 月由浙江省率先实行营业执照、组织机构代码、税务登记证、社会保险登记证和统计登记证的“五证合一”登记制度。国务院办公厅在 2016 年 6 月 30 日发布了《关于加快推进“五证合一、一照一码”登记制度改革的通知》。从 2016 年 10 月 1 日起正式实施“五证合一，一照一码”，在更大范围、更深层次实现信息共享和业务协同，巩固和扩大“三证合一”登记制度改革成果，进一步为企业开办和成长提供便利化服务，降低创业准入的制度性成本，优化营商环境，激发企业活力，推进大众创业、万众创新，促进就业增加和经济社会持续健康发展。

任务 4　物流业务

任务描述：

按照总经理的规划部署，为园区内的制造公司和贸易公司提供原材料和产成品的物流运输服务，负责签订物流协议，做好物流线路规划，协助财务收款。

任务流程：

物流业务流程如图 7－8 所示。

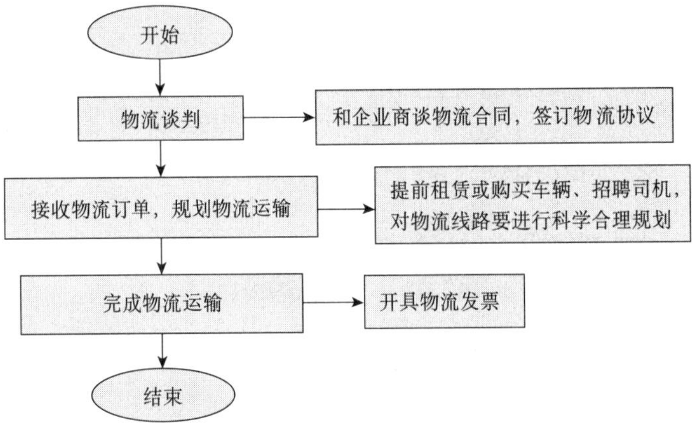

图 7－8　物流业务流程图

任务实施：

第一步：和客户公司协商洽谈物流合作，签订物流协议。

第二步：接收客户物流订单，规划物流线路，选择运输工具，安排运输人员。

第三步：完成物流运输，协助财务部收款、开具物流发票。

任务5　招投标

任务描述：

协助总经理拟定招投标方案，实施招投标，顺利完成招投标工作。

任务实施：

第一步：开标工作启动，协助策划招标方案。

第二步：下发招标公告，通知客户购买招标文件。

第三步：收集投标资料，负责通知开标的时间、地点和相关纪律。

第四步：全程参与开标，统计相关数据，下发中标通知书，签订合同。

第五步：督促中标客户完成标的，进行招投标工作总结。

任务6　著名商标评选活动

任务描述：

根据《驰名商标认定和保护规定》，协助总经理组织辖区内所有企业的著名商标评选活动。负责活动的通知、企业的联系、评选标准的下发以及最终结果的公示等。

【知识拓展】

商标是商品的生产者、经营者在其生产、制造、加工、拣选或者经销的商品上或者服务的提供者在其提供的服务上采用的，用于区别商品或服务来源的，由文字、图形、字母、数字、三维标志、颜色组合，或上述要素的组合，具有显著特征的标志。在商业领域而言，商标包括文字、图形、字母、数字、三维标志和颜色组合，以及上述要素的组合，均可作为商标申请注册。经国家核准注册的商标为“注册商标”，受法律保护。商标通过确保商标注册人享有用以标明商品或服务，或者许可他人使用以获取报酬的专用权，而使商标注册人受到保护。商标不得使用下列文字、图形：

（1）同中华人民共和国的国家名称、国旗、国徽、军旗、勋章相同或者近似的。

（2）同外国的国家名称、国旗、国徽、军旗相同或者近似的。

（3）同政府间国际组织的旗帜、徽记、名称相同或者近似的。

（4）同“红十字”“红新月”的标志、名称相同或者近似的。

（5）本商品的通用名称和图形。

（6）直接表示商品的质量、主要原料、功能、用途、重量、数量及其他特点的。

（7）带有民族歧视性的。

（8）夸大宣传并带有欺骗性的。

（9）有害于社会主义道德风尚或者有其他不良影响的。县级以上行政区划的地名或者公众知晓的外国地名，不得作为商标，但是，地名具有其他含义的除外；已经注册的使用地名的商标继续有效。

任务7　填写工作日志

根据每天完成的工作，认真填写工作日志，做好数据统计，为后续工作的进一步开展做好准备。实训结束后，完成实训总结报告一份。

第8章 走进税务局

税收是国家为满足社会公共需要，凭借公共权力，按照法律规定，强制、无偿地取得财政收入的一种形式。目前绝大多数国家财政收入来源于税收，因此，赋税是政府机器的经济基础。我国税收分别由税务机关和海关负责征税管理，其中海关仅负责征收关税和进口环节的增值税、消费税，其余税收征管分别由国家税务机关和地方税务机关负责，具体来讲，国家税务局是负责征收和管理中央税、中央地方共享税的行政机关，主要负责增值税、消费税、企业所得税和车辆购置税的征收管理，对纳税人的经营决策起到一定的影响作用。地方税务局是负责征收和管理地方税、部分中央地方共享税的行政机关，主要负责城市维护建设税、教育费附加、个人所得税、房产税、城镇土地使用税、车船税、印花税、契税、资源税、土地增值税等税种的征收管理。因此，税务局高效的管理和运转是企业正常生产经营的必要条件，是国家财政收入的主要来源。

8.1 工作职责

（1）制订税务局管理制度和管理办法。明确岗位职责，建立制度化、规范化、科学化的管理体系。

（2）工作计划。每季度编制工作计划，进行工作分析。

（3）税务登记。做好补录涉税基础信息表、财务会计制度及核算软件备案报告表、纳税人银行账户账号报告表、一般纳税人资格登记表的审核或确认工作。

（4）发票管理。发行金税盘，发售发票，审核企业开具发票的情况。

（5）纳税申报受理及审核。按月或季度受理审核纳税人增值税和企业所得税的申报。

（6）纳税检查。定期或不定期抽查纳税人纳税情况。

（7）做好税款统计工作。定期汇总、编制税款征收的统计报表和统计报告。

（8）积极宣传税收。通过多种途径做好税收宣传工作，提高企业外勤会计的办税能力。

（9）解决征纳税争议。及时与企业沟通、协调，解决征纳税中争议问题。

（10）搞好机构建设。不断改进内部管理工作，提高员工综合素质和部门工作绩效。

8.2
岗 位 设 置

税务局具体办理的涉税业务繁多，岗位设置也较多，为方便了解税务局的主要工作和操作流程，实训中只设置税务局局长、征管员两个岗位。

8.3
工 作 流 程

税务局的工作流程根据涉税业务的不同而有所不同，实训课程根据企业办税的主要业务，设计出主要针对企业的常规办税流程，包括企业设立税务登记、纳税事项税务登记、发票领用和管理、纳税申报受理、纳税检查五个主要环节，还会涉及税收知识培训、税收宣传等环节。整个涉税业务流程如图 8 －1 所示。

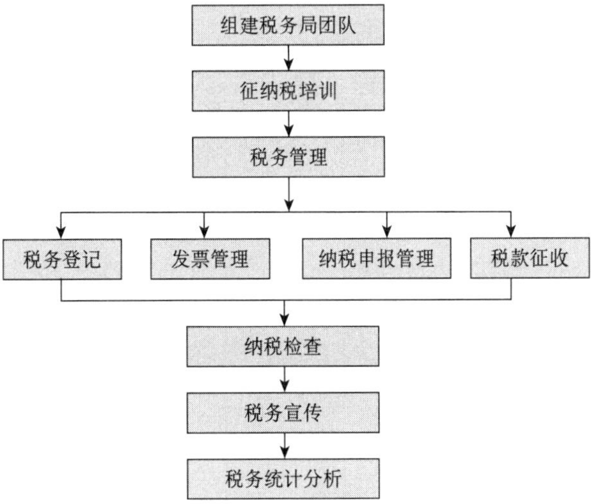

图 8 －1　税务局工作流程

8.4
我是税务局局长

8.4.1　我的工作职责

税务局局长是税务局的负责人，全面组织和管理税务局的所有工作。具体职责如下：

（1）负责税务局的筹建工作。
（2）负责本局各类管理制度的拟定、实施与改善。
（3）负责组织本局人员和企业财务人员进行税收知识的培训。
（4）负责监督执行本局的各项涉税业务。
（5）负责解决各类税务纠纷。
（6）负责办税人员的培养、管理与考核。
（7）负责检查企业纳税申报的正确性和税务资料的完整性。
（8）负责与其他部门的沟通、协调工作。
（9）负责本部门的各项涉税业务的审批审核工作。
（10）组织税收宣传活动，提高团队凝聚力，逐步形成团队文化。

8.4.2 我的工作任务

税务局局长工作任务书如表 8－1 所示。

表 8－1 税务局局长工作任务书

序号	工作任务	第 1 期	第 2 期	第 3 期	第 4 期	第 5 期	第 6 期	第 7 期
1	组建税务局团队							
2	制定税务局管理制度							
3	组织税务知识培训							
4	监督和检查纳税申报受理工作							
5	统计征税数据和评选纳税积极分子							
6	组织开展纳税宣传工作							
7	税务局员工绩效考核							
8	填写工作日志							

注：①每项任务完成后在对应的框内打“√”。
②此工作任务书作为指导教师监督、检查实训学生的参考依据，也是学生自我管理、自我监督的依据。

任务 1 组建税务局团队

任务描述：

税务局团队组建是组织和开展税收征管工作的第一步。筹建工作做的越好，相应准备工作做得越充分，之后的工作任务就能更快更好地完成。在招聘到税务人员后，局长应将人员分配到各自的岗位，并进行系统注册（在系统上注册时要进行工作任务的分配）。组织员工注册完成后，开始进行税务局的布置，制作并张贴办税流程图、税收宣传画、税务局规章制度等。领取和清点各种税务资料、印章，组织员工学习和熟悉各类资料。

税务局团队组建工作流程如图 8－2 所示。

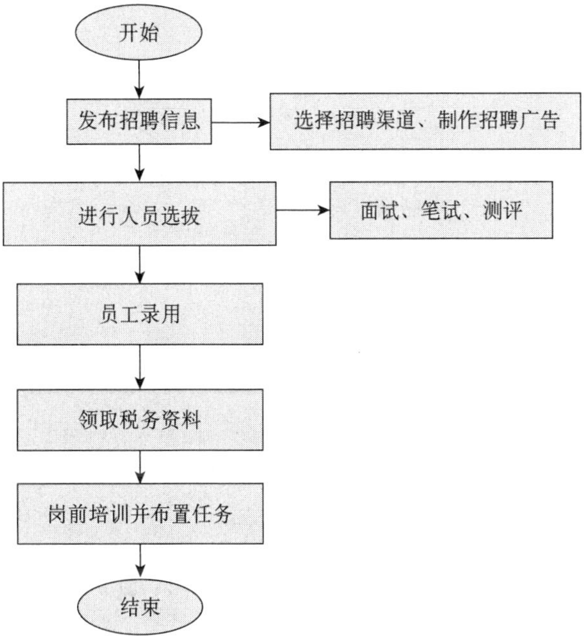

图 8－2　税务局团队组建工作流程

任务实施：

第一步：进行招聘需求分析，确认招聘岗位、人数及任职要求。

第二步：筛选应聘者简历，在职场对应聘者进行面试或测试，优选税务工作人员。

第三步：注册登录实训系统。注意使用正确的注册邀请码，填写真实班级、姓名。

第四步：到管委会领取相关税务资料。

第五步：在指导老师对全体税务人员进行岗前培训后，税务局长再结合培训内容分配工作任务。

任务 2　制定税务局管理制度

任务描述：

局长可以参考国家有关税收管理规定，在规定范围内制定本局的相应制度，内容包括工作纪律、考勤、工作态度、服务质量、纳税资料管理、发票管理等。

任务实施：

第一步：根据工作岗位要求，分析具体工作任务，明确绩效考核的内容，制作绩效考核表。

第二步：通过各种渠道查阅税务局的各项管理制度，组织全局员工讨论，共同制定本局的管理制度。

第三步：将管理制度用海报纸撰写张贴，便于税务人员了解、学习，同时利于纳税人监督。

制定税务局规章制度工作流程如图 8－3 所示。

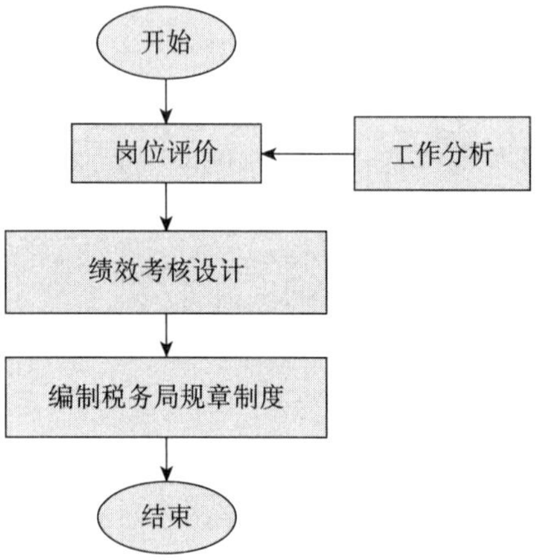

图 8－3　制定税务局规章制度工作流程

任务 3　组织税务知识培训

任务描述：

对于纳税人来说，如何办理税务登记和怎样进行纳税申报是全新的知识。为了让实训课程中的制造企业、贸易公司和会计师事务所等企业按时、足额的纳税，定期进行税务知识培训是必不可少的。

任务实施：

第一步：首先召集全体税务局工作人员，在税务局内部进行业务培训，统一工作要求。

第二步：局长在企业正式开始生产经营之前，召集企业负责人开会，说明税务局对企业涉税事务的管理规定。要求企业负责人派专人负责涉税事务，并按时参加税务局的业务培训。

第三步：局长定期召集企业的外勤会计，并向他们讲解有关税务登记和纳税申报的相关知识和程序，要求他们按期缴纳税款，同时上交规定的税务资料。

第四步：局长指定专门负责几家企业的税收专管员，由他们深入企业，解答税务专员的具体问题，并督促企业准时、准确地纳税。

任务 4　检查和监督纳税申报受理工作

任务描述：

纳税申报是指纳税人或扣缴义务人按照税法规定定期就计算缴纳税款或代扣代缴税款的

有关事项向税务机关提出的书面报告，是税款征收管理的一项重要制度。局长必须定期检查企业纳税申报的相关情况。

任务实施：

第一步：实训时，局长应从第二经营期开始，检查所辖企业上一经营期的纳税申报情况，包括企业是否按期申报，申报表的填写是否正确，应当随申报表报送的财务资料是否交齐。

第二步：局长应对没有按时进行税务登记或纳税申报的企业进行调查并责令改正。若企业无正当理由拒绝纳税，局长应下达税务处罚通知书，并责令企业限期缴纳滞纳金和罚款。若企业拒绝接受处罚，局长可通知银行冻结企业的存款，强制执行处罚。

任务5 统计征税数据和组织评选纳税积极分子

任务描述：

统计各经营期每个纳税人的纳税数据，以此作为评选纳税积极分子的重要指标，同时，综合考虑其他各方面的因素进行评选。

评选纳税积极分子的参考标准：

（1）统计的纳税数据。

（2）企业对涉税业务的处理是否规范。

（3）企业纳税的效率和准确性。

任务实施：

第一步：局长安排征管员统计的企业纳税数据，按企业及经营期编制统计表，每一期在公告栏张贴公布。

第二步：局长可以在第五经营期之后根据企业的纳税综合情况评选本次实训的纳税积极分子。

第三步：公布结果，并上报老师。

任务6 组织开展纳税宣传工作

任务描述：

纳税宣传是税收征管工作不可或缺的辅助手段，税务机关通过纳税宣传普及了税法知识，强调了依法纳税的重要性，促进了和纳税人的沟通交流。因此，税务局局长应重视纳税宣传工作，可以通过绘制宣传海报，组织税法知识竞赛等多种活动来开展宣传工作。

任务实施：

第一步：组织涉税业务填表模板的制作。局长指定1~2名征管员按照老师的提示，先行填制表格模板。其中，国家税务局的表格模板有：补录涉税基础信息表、财务会计制度及核算软件备案报告表、一般纳税人资格登记表、纳税人银行账户报告表、增值税纳税申报表、企业所得税纳税申报表等；地方税务局的模板有：补录涉税基础信息表、财务会计制度及核算软件备案报告表、纳税人银行账户账号报告表、个人所得税代扣代缴报告表，地方各税费申报表等。模板第一版完成后，组织全局工作人员共同检查修订，然后交给指导老师审核，确认后张贴在柜台上。

第二步：绘制宣传海报。分配不同征管员分别完成搜索实训相关业务的法律法规以及制作宣传海报的任务。

第三步：组织税法知识竞赛。一般安排在第 4 ~ 5 经营期进行比赛，但准备工作应在实训开始时，由国税、地税两位局长共同制定方案，规划每个环节，分别落实出题、制作 PPT、审题、主持、计分统计、颁奖等事项的负责人。

任务 7　税务局员工绩效考核

任务描述：

税务局局长应该按照本局制定的内部管理考核方法和标准，对征管员和稽查员的工作实行绩效考核。

任务实施：

第一步：制定考核办法。

第二步：记录征管员平时工作态度，审核工作质量，提取纳税人评价。

第三步：综合各项指标打分，民主评议。

任务 8　填写工作日志

任务描述：

按照规定完成手写和系统中电子工作日志和总结的填写，主要记录本岗位当日工作内容、出现的失误、优化建议及实习体会等。

任务实施：

第一步：每天记录工作日志。

第二步：实训最后一天填写实训总结。

8.5 我是税务局征管员

8.5.1　我的工作职责

征管员是税务局的一线工作人员，直接面对纳税人，负责国家税务局办税大厅中的各项涉税事宜，具体职责如下：

（1）办理税务登记。

（2）办理税种认定登记和一般纳税人认定登记。

（3）办理发票领购事宜。

（4）受理纳税申报。

（5）协助局长进行纳税辅导和纳税宣传。

（6）协助局长进行纳税检查。

（7）整理税务资料。

8.5.2 我的工作任务

税务局征管员工作任务如表8－2所示。

表8－2 国家税务局征管员工作任务表

序号	工作任务	第1期	第2期	第3期	第4期	第5期	第6期	第7期
1	办理税务登记和税务备案							
2	一般纳税人登记							
3	办理发票领用							
4	受理增值税纳税申报							
5	受理企业所得税申报							
6	税务宣传							
7	纳税辅导							
8	纳税检查							
9	统计整理税务资料							
10	填写工作日志总结							

注：①每项任务完成后在对应的框内打“√”。

②此工作任务书作为指导教师监督、检查实训学生的参考依据，也是学生自我管理、自我监督的依据。

任务1 办理税务登记及税务备案

任务描述：

税务登记，是税务机关对纳税人的生产经营活动登记并据以对纳税人实施税务管理的一种法定制度。它是整个税收管理的首要环节和基础工作，是纳税人必须依法履行的义务。实训课程中重点掌握企业设立税务登记。税务机关征管员应审核纳税人携带的申报资料是否齐备，填写的相关表格是否正确，审核确认后进行税务备案。

税务登记流程如图8－4所示。

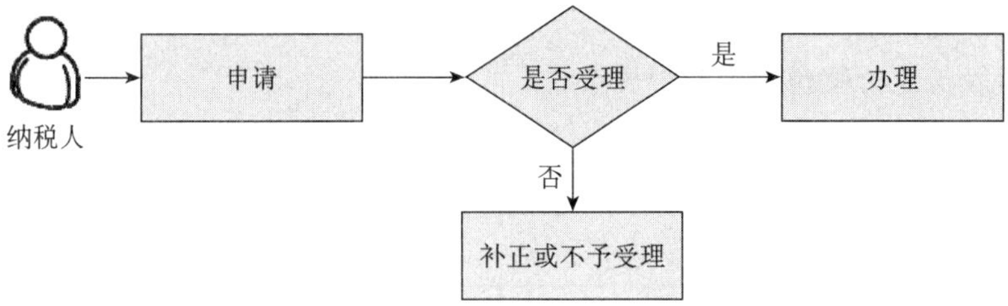

图 8-4 税务登记流程

任务实施：

第一步：纳税人提交资料。从事生产、经营的纳税人（实训中的制造企业、贸易公司、服务公司、事务所）应当自办理工商登记、领取营业执照之日起 30 日内（时间按照多专业课程设置的时间相应的转换），携带相关资料，到税务局办理税务登记。

第二步：税务局受理办结。征管员核实纳税人税务登记资料，报送资料齐全、符合法定形式、填写内容完整的，受理后即时办结。税务人员根据纳税人提供的信息，补录涉税基础信息表，由纳税人签章。

【温馨提示】

办理税务登记必报资料有：

（1）加载统一社会信用代码的营业执照。

（2）法定代表人（负责人）本人及居民身份证、护照或其他身份的合法证件，其他人代为办理则另需提供公司授权委托书。

（3）单位公章。

第三步：税务备案。在办理税务登记后，纳税人在 15 日内将财务、会计制度或者财务、会计处理办法报送主管税务机关备案。纳税人使用计算机记账的，应当在使用前将会计电算化系统的会计核算软件、使用说明书及有关资料报送主管税务机关备案。由税务局提供《财务会计制度及核算软件备案报告书》，纳税人填写后交征管员备案。

第四步：报告存款账户账号。从事生产、经营的纳税人应当自开立基本存款账户或者其他存款账户之日起 15 日内，向主管税务机关书面报告其全部账号。由税务局提供《纳税人存款账户账号报告表》，纳税人填报。

本事项为国税、地税通用业务。

任务 2　办理一般纳税人资格登记

任务描述：

一般纳税人认定是指增值税的纳税人在办理了设立税务登记之后，需要进行一般纳税人的认定，认定为一般纳税人以后才可以领用增值税专用发票。一般纳税人的认定分为依条件的认定（强制认定）和依申请的认定两种情况。实训课程中的制造企业、贸易公司、服务公司均符合一般纳税人的条件，征管员可将其直接认定为一般纳税人。会计师事务所为小规模纳税人。

任务实施：

第一步：纳税人在办理税务登记之后，申报纳税之前，预估生产经营规模能达到一般纳税人标准的，到主管税务局申请增值税一般纳税人资格登记。

第二步：纳税人填写《增值税一般纳税人资格登记表》，国税局征管员审核。

第三步：征管员对经审核符合增值税一般纳税人条件的企业，在《增值税一般纳税人申请认定表》上签署意见。

第四步：纳税人预估经营规模不能达到一般纳税人标准的，则可填写提交《选择按小规模纳税人纳税的情况说明》，征管员审核后在表上签署意见。

任务3　办理发票领用

任务描述：

（1）发票是会计核算的原始凭证，也是税务检查的重要依据，纳税人依法办理税务登记之后，增值税纳税人按生产经营需要，向税务机关申请发票，申请内容包括：增值税税控系统开具的发票种类（包括增值税专用发票、增值税普通发票及机动车销售统一发票、增值税电子普通发票）、单次（月）领用数量及发票的最高开票限额。

（2）征管员对增值税发票申请核定通过后，进行增值税税控系统专用设备初始发行。税务机关在增值税税控系统中将税务登记信息、资格认定信息、税种税目认定信息、票种核定信息、增值税发票系统升级版离线开票时限和离线开票总金额等信息载入金税盘（税控盘）后，已办理增值税发票核定纳税人可以领取发票。

（3）纳税人首次领取发票，应携带相关资料，办理发票领用簿。

（4）纳税人以后再领取发票，应携带发票领用簿，依据其核定的发票种类、数量和限额领取发票。实训中一般采用验旧领新的领票方式。

发票领用流程如图8－5所示。

表8－3　　领用发票报送资料

序号	资料名称	原件/复印件	份数	备注
1	《纳税人领用发票票种核定表》	原件	2	
2	加载统一社会信用代码的营业执照	原件	1	原件核对后退还
3	经办人身份证明	原件及复印件	1	首次办理或经办人发生变化时提供，原件核对后退还
4	发票专用章印模	原件	1	首次申请发票核定时提供

【温馨提示】

（1）纳税人在工商局取得加载统一社会信用代码的营业执照后，在税务局完成补充信息采集，可代替税务登记证件办理本事项。

（2）纳税人在办理完增值税发票核定后，为方便领取发票，请及时购买增值税税控专用设备，并办理发行手续。

任务实施：

第一步：检查资料。征管员检查纳税人领用发票所需的资料是否备齐，包括：经办人身份证件；营业执照；发票专用章印模。

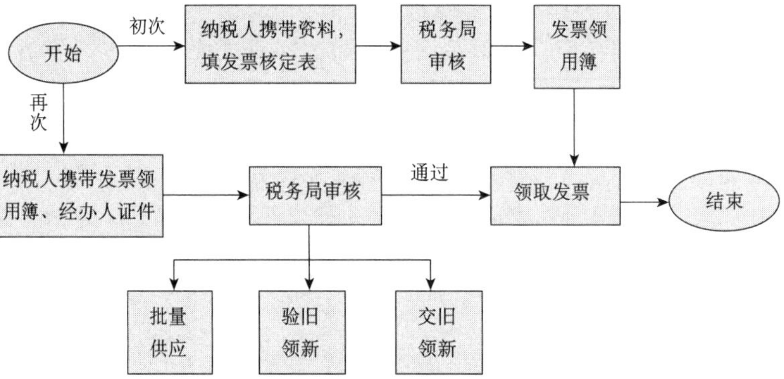

图 8－5 发票领用流程

第二步：审核表格。征管员指导并审核纳税人填写的《领用发票票种核定表》。

第三步：发放《发票领用簿》。报送资料齐全、符合法定形式、填写内容完整的，税务机关受理后在 5 个工作日内办结。对申请增值税专用发票的纳税人，自纳税人增值税专用发票（增值税税控系统）最高开票限额获批之日起 1 个工作日内办结。征管员发给纳税人《发票领用簿》，提醒纳税人根据《发票领用簿》上核准的种类和数量领用发票。

第四步：发票发放。对已办理发票核定的纳税人，需要领用发票时，携带发票领用簿和办税人身份证明，向主管税务机关申请领用发票，税务工作人员在发票领用簿核定范围内，发放发票。

第五步：红字增值税专用发票开具申请。增值税一般纳税人开具增值税专用发票后，发生销货退回、开票有误、应税服务中止以及发票抵扣联、发票联均无法认证等情形但不符合作废条件，或者因销货部分退回及发生销售折让，需要开具红字专用发票的，凭税务机关系统校验通过的信息表开具红字专用发票。

红字增值税专用发票开具申请办理流程如图 8－6 所示。

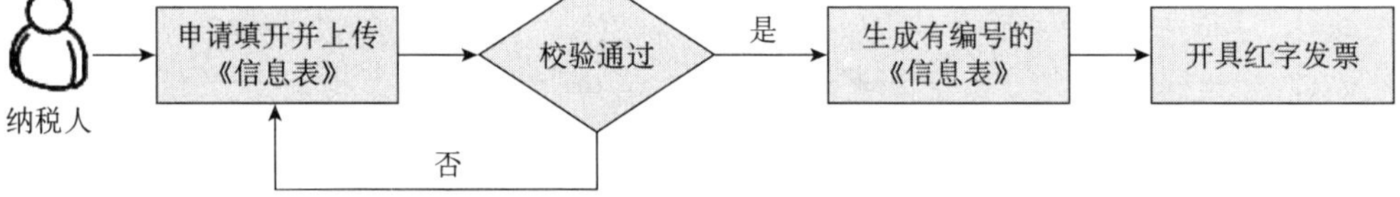

图 8－6 红字增值税专用发票开具申请办理流程

任务 4 增值税纳税申报受理

任务描述：

纳税申报是指纳税人或扣缴义务人按照税法规定，定期就计算缴纳税款或代扣代缴税款的有关事项向征管员提出书面报告，是税款征收管理的一项重要制度。纳税申报的形式目前主要有网上报税和直接申报，下面介绍的是税务服务大厅直接申报方式。

（1）纳税人办理时限。增值税的纳税期限分别为1日、3日、5日、10日、15日、1个月或者1个季度。纳税人的具体纳税期限，由主管税务机关根据纳税人应纳税额的大小分别核定。实训中一般纳税人统一为按月申报纳税，小规模纳税人按季度申报纳税。

纳税人以1个月或者1个季度为1个纳税期的，自期满之日起15日内申报纳税；其他自期满之日起5日内预缴税款，于次月1日起15日内申报纳税并结清上月应纳税款。

（2）税务机关办理时限。报送资料齐全、符合法定形式、填写内容完整，受理后即时办结。

表8－4　增值税纳税申报报送资料

序号	资料名称	原件/复印件	份数	备注
1	《增值税纳税申报表（一般纳税人适用）》及附列资料	原件	2	必报资料
2	符合抵扣条件且在本期申报抵扣的防伪税控“增值税专用发票”“货物运输业增值税专用发票”、税控“机动车销售统一发票”的抵扣联	原件	1	备查资料
3	符合抵扣条件且在本期申报抵扣的中华人民共和国税收缴款凭证及清单，书面合同、付款证明和境外单位的对账单或者发票	原件	1	备查资料
4	已开具的农产品收购凭证存根联或报查联	原件	1	备查资料

增值税纳税申报受理流程如图8－7所示。

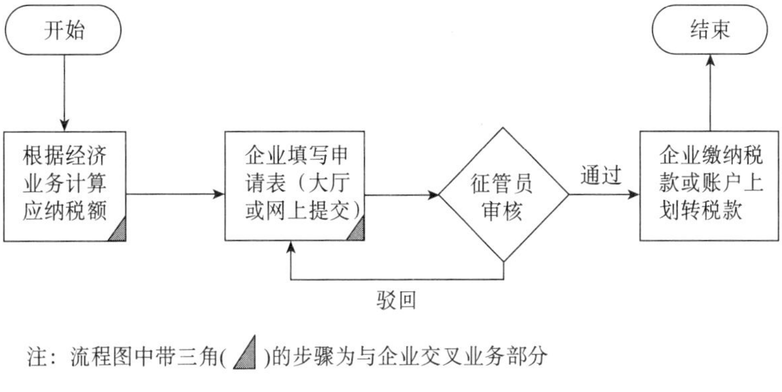

图8－7　增值税纳税申报受理流程

任务实施：

第一步：征管员确定纳税人的纳税申报方式、时间、内容，并发放纳税申报表等有关资料。

第二步：征管员辅导纳税人填报纳税申报表。享受减免税和当期无应纳税额的纳税人，也需按规定期限分别办理免税申报和零申报。

第三步：征管员审核纳税申报表，审核无误后予以开具缴款书，并在纳税申报表和税收缴款书上加盖税收征收章。纳税人应在规定入库期限前将应纳税款解缴到纳税专户。

任务5 企业所得税纳税申报受理

任务描述：

实行查账征收企业所得税的纳税人，依照税收法律法规及相关规定确定的申报内容，向税务机关申报缴纳企业所得税。居民企业所得税纳税申报分为按月（季）度预缴申报和按年度纳税申报两种。按月（季）度预缴的，在月（季）终了之日起15日内，按规定附送财务会计报告和其他资料，向税务机关报送企业所得税预缴纳税申报表，预缴税款。年度终了后5个月内，向税务机关报送年度企业所得税纳税申报表，并汇算清缴，结清应缴应退税款。

纳税申报的形式目前主要有网上报税和直接申报。

实训中所有企业均采取按季度预缴企业所得税。

企业所得税纳税申报受理流程如图8－8所示。

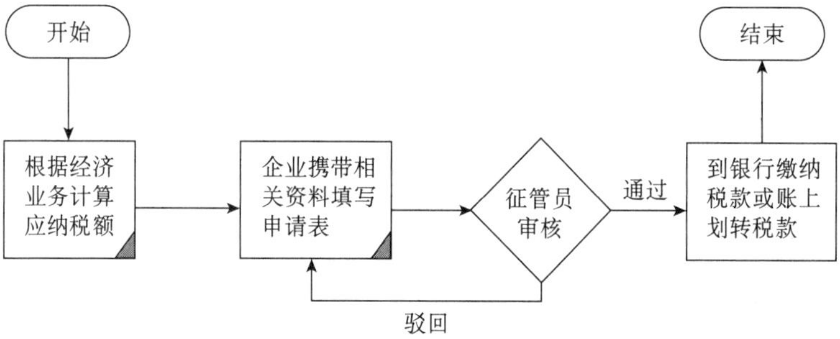

注：流程图中带三角(◢)的步骤为与企业交叉业务部分

图8－8 企业所得税纳税申报受理流程

任务实施：

第一步：纳税人携带季度利润表等资料到办税服务大厅，征管员发放纳税申报表。

第二步：征管员审核纳税人填报的纳税申报表。

第三步：征管员对纳税申报表和相关资料审核无误后，予以开具税收缴款书，并在纳税申报表和税收缴款书上，加盖税收征收章。纳税人应在规定入库期限前将应纳税款解缴到纳税专户。

任务6 个人所得税代扣代缴申报受理

任务描述：

代扣代缴个人所得税，是指按照税法规定负有缴税款义的单位，在向个人支付工资时，按应付工资，减除个人负担的“三险一金”和法定费用标准等，确定应纳税所得额，依适用税率计算个人所得税，从其工资中扣除税额并缴入国库，同时向税务机关报送扣缴个人所得税报告表。企业应向职工支付税后工资。

工薪应缴个人所得税＝(每月工薪收入额－减除费用标准)×适用税率－速算扣除数

个人所得税适用税率见表8－5所示。

表8－5　工资、薪金所得适用税率表

级数	全月应纳税所得额		税率（%）	速算扣除数（元）
	含税级距	不含税级距		
1	不超过1500元的	不超过1455元的	3	0
2	超过1500元至4500元的部分	超过1455元至4155元的部分	10	105
3	超过4500元至9000元的部分	超过4155元至7755元的部分	20	555
4	超过9000元至35000元的部分	超过7755元至27255元的部分	25	1005
5	超过35000元至55000元的部分	超过27255元至41255元的部分	30	2755
6	超过55000元至80000元的部分	超过41255元至57505元的部分	35	5505
7	超过80000元的部分	超过57505元的部分	45	13505

（1）纳税人办理时限。个人所得税扣缴义务人每月所扣的税款，在次月15日内携带工资表，向主管税务机关报送《扣缴个人所得税报告表》，并将税款缴入国库，或通过全员全额扣缴税款软件报税。

（2）税务机关办理时限。报送资料齐全、符合法定形式、填写内容完整，受理后即时办结。

个人所得税纳税申报受理流程如图8－9所示。

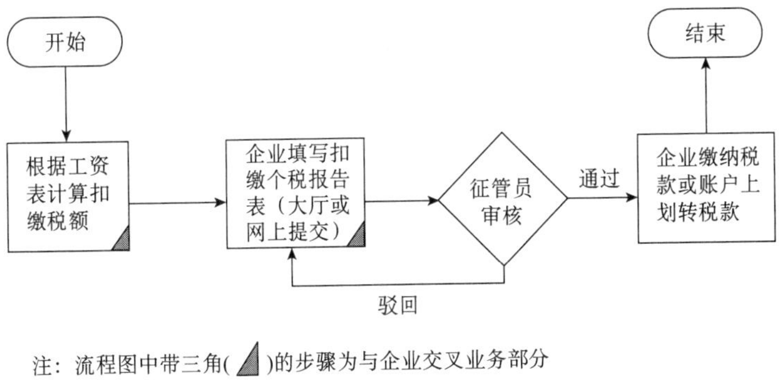

图8－9　个人所得税纳税申报受理流程

任务实施：

第一步：征管员检查企业工资表，并发放扣缴个人所得税报告表。

第二步：征管员辅导纳税人填写报告表。

第三步：征管员审核纳税申报表，审核无误后予以开具缴款书，并在纳税申报表和税收缴款书上，加盖税收征收章。纳税人应在规定入库期限前将应纳税款解缴到纳税专户。

任务7　其他各税费申报受理

任务描述：

纳税人除向税务机关申报增值税、消费税、企业所得税以外，实训中还可能涉及城市维护建设税、教育费附加和地方教育费附加、印花税、契税、房产税、城镇土地使用税等税种的申报缴纳。征管员应根据纳税人具体业务情况，判断企业纳税申报是否准确，并作出相应业务处理。

（1）城市维护建设税、教育费附加和地方教育费附加申报受理。纳税人在缴纳增值税、消费税的同时，应按实际缴纳的税额，依适用税率，计算城市维护建设税、教育费附加和地方教育费附加，并于当月 15 日内向税务局申报缴纳。

纳税人报送资料齐全、填写内容完整准确的情况下，税务机关受理后即时办结。

①应纳城市维护建设税 = 实际缴纳的增值税、消费税税额 × 适用税率（市区 7%、县镇 5%、其他 1%）

②应纳教育费附加 = 实际缴纳的增值税、消费税税额 × 3%

③应纳地方教育费附加 = 实际缴纳的增值税、消费税税额 × 征收率

注：四川省地方教育费附加征收率为 2%。

（2）印花税申报受理。单位和个人书立、领受应税凭证（各类经济合同、产权转移书据、营业账簿等）时，应计算印花税，并自行贴花完税，或到税务局申报缴纳。

纳税人报送资料齐全、符合法定形式、填写内容完整，税务机关受理后即时办结。

应纳印花税 = 合同金额 × 适用比例税率

或 = 资金账簿金额 × 适用比例税率

= 权利许可证照件数 × 5 元/件

印花税税目税率如表 8-6 所示。

表 8-6　印花税税目税率表

税　目	范　围	税　率	纳税人
1. 购销合同	包括供应、预购、采购、购销结合及协作、调剂、补偿、易货等合同	按购销金额 3‰贴花	立合同人
2. 加工承揽合同	包括加工、定做、修缮、修理、印刷、广告、测绘、测试等合同	按加工或承揽收入 5‰贴花	立合同人
3. 建设工程勘察设计合同	包括勘察、设计合同	按收取费用 5‰贴花	立合同人
4. 建筑安装工程承包合同	包括建筑、安装工程承包合同	按承包金额 3‰贴花	立合同人
5. 财产租赁合同	包括租赁房屋、船舶、飞机、机动车辆、机械、器具、设备等合同	按租赁金额 1‰贴花 税额不足 1 元的按 1 元贴花	立合同人
6. 货物运输合同	包括民用航空运输、铁路运输、海上运输、内河运输、公路运输和联运合同	按运输收取的费用 5‰贴花	立合同人
7. 仓储保管合同	包括仓储、保管合同	按仓储收取的保管费用 1‰贴花	立合同人
8. 借款合同	银行及其他金融组织和借款人（不包括银行同业拆借）所签订的借款合同	按借款金额 0.5‰贴花	立合同人
9. 财产保险合同	包括财产、责任、保证、信用等保险合同	按收取的保险费收入 1‰贴花	立合同人

续表

税　目	范　围	税　率	纳税人
10. 技术合同	包括技术开发、转让、咨询、服务等合同	按所记载金额3‰贴花	立合同人
11. 产权转移书据	包括财产所有权和版权、商标专用权、专利权、专有技术使用权等转移书据、土地使用权出让合同、土地使用权转让合同、商品房销售合同	按所记载金额5‰贴花	立据人
12. 营业账簿	生产、经营用账册	记载资金的账簿，按实收资本和资本公积的合计金额5‰贴花	立账簿人
13. 权利、许可证照	包括政府部门发给的房屋产权证、工商营业执照、商标注册证、专利证、土地使用证	按件贴花5元	领受人

（3）契税申报受理。单位和个人购置房地产，应当按合同不含增值税的金额，依适用税率（3%～5%），计算契税，并自签订购买合同之日起，10日内向税务局申报缴纳。

纳税人报送资料齐全、符合法定形式、填写内容完整，税务机关受理后即时办结。

应纳契税＝含增值税购买价格÷(1－11%或5%)×适用税率

注：四川省契税税率为4%。

（4）房产税申报受理。

①取得房屋产权的单位（实训中购买厂房、办公区的企业），应按年计算税额，分期缴纳房产税（分月、季或半年）。

全年应纳房产税＝房产原值×(1－扣除比例)×1.2%

分期应纳房产税＝全年应纳房产税÷12×应税月份数

注：扣除比例为10%～30%，四川省为30%。

②房屋出租，取得租金收入的单位，应按年计算税额，分期缴纳（月、季或半年）。

应纳房产税＝租金收入×12%

纳税人报送资料齐全、符合法定形式、填写内容完整，税务机关受理后即时办结。

（5）城镇土地使用税申报受理。取得土地使用权的单位（实训中购买厂区的企业），应按年计算税额，分期缴纳城镇土地使用税（分月、季或半年）。

全年应纳城镇土地使用税＝实际占用土地面积(平方米)×适用税额

分期应纳城镇土地使用税＝全年应纳城镇土地使用税÷12×应税月份数

纳税人报送资料齐全、符合法定形式、填写内容完整，税务机关受理后即时办结。

其他各税费纳税申报受理流程如图8－10所示。

任务实施：

第一步：纳税人携带相关资料到办税服务大厅，征管员发放纳税申报表。

第二步：征管员审核纳税人填报的纳税申报表。

第三步：征管员对纳税申报表和相关资料审核无误后，予以开具税收缴款书，并在纳税申报表和税收缴款书上，加盖税收征收章。纳税人应在规定入库期限前将应纳税款解缴到纳税专户。

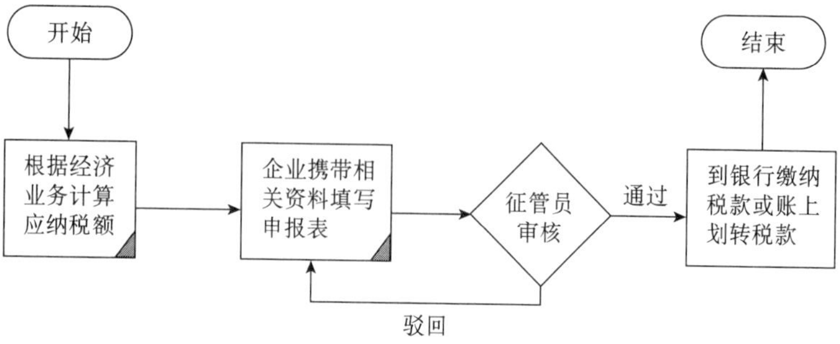

注：流程图中带三角(◢)的步骤为与企业交叉业务部分

图 8－10 其他各税纳税申报受理流程

任务 8 开展税收宣传工作

任务描述：

税收宣传是税收征管工作不可或缺的辅助手段，税务机关通过税收宣传普及了税法知识，强调了依法纳税的重要性，促进了和纳税人的沟通交流。因此，税务局应重视纳税宣传工作，可以通过绘制宣传海报，组织税法知识竞赛等多种活动来开展宣传工作。

任务实施：

第一步：制作涉税业务模板。按照局长分配，在纳税人办理涉税业务前，先行填制表格模板——补录涉税基础信息表、财务会计制度及核算软件备案报告表、一般纳税人资格登记表、纳税人银行账户账号报告表、增值税纳税申报表、企业所得税纳税申报表、其他税费申报表等，交叉检查，最后交给指导老师审核，确认后张贴在柜台上。

第二步：绘制宣传海报。按照局长分配，不同征管员分别完成查找搜索实训相关业务的法律法规、制作宣传海报的任务。

第三步：承担税收知识竞赛任务。税收知识竞赛一般安排在经营后期进行，但准备工作应在实训开始时，由税务局长制定方案，征管员分别承担出题、制作 PPT、审题、主持、计分统计、颁奖等事项。

第四步：指定的外联员负责与征管的企业联络，可以通过实训软件平台、QQ 群等方式，对企业存在的纳税问题及时提示、答疑。

任务 9 纳税检查

任务描述：

纳税检查是税务机关根据国家税法和财务会计制度的规定，对纳税人履行纳税义务的情况进行的监督、审查制度。税务检查是税收征收管理的重要内容，也是税务监督的重要组成部分。

任务实施：

第一步：会计报表审查，主要审查以下事项：

(1) 资产负债表审查，重点审查的项目包括其中的“应收账款”“预付账款”“应付账款”和“预收账款”项目，审查其中是否隐匿着已经实现的产品销售收入或其他业务收入；对各项存货项目进行审查；对待摊费用、预提费用项目的审查。

(2) 利润表审查，主要审查的内容有营业收入、营业成本、销售费用和营业外收支。核查的主要方法是将收入与计划和上期对比，看是上升还是下降。如果生产发展了，销售收入反而下降，就要审查企业是否存在收入未通过收入账户核算，漏报收入、少计税收的情况。销售费用必须符合制度规定的开支范围和开支标准。对营业外收入的检查，应注意企业有无将应列入销售收入的款项或收益直接记作营业外收入，漏报流转税。

(3) 现金流量表审查，主要审查核对现金表有关项目数字来源及计算的正确性，即主要核对经营活动、投资活动和筹资活动产生的现金流量。

第二步：会计账簿审查、分析，主要审查以下事项：

(1) 对现金日记账和银行存款日记账进行审查，注意有无白条抵库或坐支等违反现金管理规定的情形。

(2) 对总分类账进行审查，审查出现的问题作为查账的线索，不能作为定案的依据，审查的重点应放在明细账簿的审查上。

(3) 对明细账、分类账进行审查和分析，审查的主要方法有：与总分类账进行相互核对；上下结算期之间相互核对；审查账户余额的借贷方向是否正确；对账实相符的情况进行审查。

第三步：会计凭证审查，主要审查原始凭证和记账凭证，是纳税审查中核实问题的重要依据。

任务10 纳税辅导

任务描述：

税务人员在进行日常工作及纳税检查时，对企业纳税时遇到的困难应给予相应的辅导，指出企业纳税的问题所在，同时告知企业正确的税务处理方法。

任务实施：

第一步：询问纳税人，查看资料和纳税申报表，发现纳税人纳税存在的问题。

第二步：告知企业正确的税务处理。

任务11 统计整理税务资料

任务描述：

税务人员在进行在每个经营期结束后，统计每项涉税业务的完成情况，并向局长汇报，同时告知未按期完成涉税业务的企业。

任务实施：

第一步：建立包含所有征管企业的统计表。

第二步：下期期初在统计表中录入相关信息。

第三步：经营期末通知未完成业务的企业。

任务12 填写工作日志

任务描述：

按照规定完成手写和系统中电子工作日志和总结的填写，主要记录本岗位当日工作内容、出现的失误、优化建议及实习体会等。

任务实施：

第一步：每天记录工作日志。

第二步：实训最后一天，填写实训总结。